解码学校文化

叶和丽　编著

东北师范大学出版社

长　春

图书在版编目（CIP）数据

解码学校文化/叶和丽编著. —长春：东北师范大学
出版社，2021.4
ISBN 978 - 7 - 5681 - 8024 - 5

Ⅰ. ①解⋯　Ⅱ. ①叶⋯　Ⅲ. ①校园文化—研究
Ⅳ. ①G640

中国版本图书馆 CIP 数据核字（2021）第 077574 号

□责任编辑：刘玥婷　□封面设计：优盛文化
□责任校对：刘兆辉　□责任印制：许　冰

东北师范大学出版社出版发行
长春净月经济开发区金宝街 118 号（邮政编码：130117）
电话：0431—84568021
网址：http：//www.nenup.com
东北师范大学出版社激光照排中心制版
定州启航印刷有限公司印装
河北省定州市西城区大奇连工业园
2021 年 4 月第 1 版　2021 年 5 月第 1 版第 1 次印刷
幅面尺寸：170 mm×240 mm　印张：21　字数：375 千

定价：79.00元

序

陈如平

教育部教育发展中心副主任　研究员

教育学博士

当前，我们正处在百年未有之大变局时代，也是教育决定未来社会、经济、文化的时代。当教育的时代背景发生变化，那么学校的资源环境也就发生相应的变化，随之而来的新的价值需求就会产生。

2020 年，一场突如其来的疫情让教育者学会了更深层次的思考：不仅要活在当下，更要思考未来；不仅能设计确定的未来，更要有胆略面对不确定的未来。近一段时间，关于未来教育的话题、主题、命题、课题，日渐增多；关于未来教育的形态、方式、手段、技术、模式的议论和研究，也层出不穷。需要提醒的是，绝对不能被眼花缭乱的言论所迷惑。我们亟须对教育和学校的本质、目的和价值进行深思，而非停留在嘴边、纸上、墙面。教育的根本任务就是"育人"，首要问题就是要解决"培养什么人"。党的十八大进一步强调把"立德树人"作为教育的根本任务，道出了教育的本质，揭示了德育在人的全面发展中的突出地位，强调了德行成长是人的全面发展的根本保障。何为全面发展的人？习近平总书记深刻指出，一个健全的人既要有丰富的知识和文化内涵，又要有健康的精神和强健的身体。他从全面发展的角度，给我们描画了一个完整的人、一个完全的人乃至将来一个完美的人的样态。新样态学校的一大任务，就是用教育的思维和方式做好顶层设计和整体规划并创造实施，促进学生的健康成长和人性的养成，其关键又在于滴水穿石、驰而不息的修行和修炼。无疑，培养全面发展的人必须贯串教育的全过程。

广州市广外附设外语学校（以下简称"广外外校"）脱胎于广东外语外贸大学，秉承大学"明德尚行，学贯中西"的理念，放眼世界，立意高远。他们从"全人教育"的视角，践行并坚守着"为每个学生的终身发展负责"的教育情怀，把"培养走向世界的

1

现代人"作为行动目标。办学二十多年来，结合本土优势，坚持走变革之路、创新之路、文化内生之路、内涵发展之路，最终闯出了一条属于自己的特色品牌之路。目前学校形成了六大优势特色：外语教育、活动育人、生本课堂、艺体校本课程、劳动教育、国际化办学。

几年前，当"新样态学校"蹒跚起步时，我们给出了这样的定义：所谓"新样态学校"，就是基于学校内在的文化基因，结合学校自身的优势条件，在力所能及的范围之内，整体突出学校的优点，打造属于自己独特样态的学校。今天看来，这其实就是新样态学校的初心和使命，也是新样态学校的原点和原理。从学校文化基因出发，寻找理论支撑，确立办学理念，提炼发展主题，对学校育人体系、课程体系、教学体系、管理体系等进行整体建构、系统建构和有效建构，通过创新实施最终形成属于自己独特的学校样态，做回真正的自己。新样态学校还从学校面临的实际问题出发，站在学校的立场上思考未来，应对挑战，走出捷径，发展自己。开放包容、集智共享是其基本特征和行动方略。新样态始终抱有一个强烈的信念：方向对头、信心百倍、大胆创新，才会达到办学育人的极致。

美国西北大学荣誉退休教授阿兰·柯林斯在其《什么值得教？技术时代重新思考课程》一书中呈现了一种重构学校教育、把 21 世纪技能和知识交给21 世纪学生的愿景，在书中架构了我们需要的健康而有活力的课程，即激情课程。这种课程的目标设置成对学生动机和学习有重大影响、能让学生更好地为自己即将进入的复杂世界做好准备的学校教育。叶和丽校长的《解码学校文化》一书全面展现了一所学校在价值观内涵建设、学校课程顶层设计以及他们课堂上所发生的系列"静悄悄的革命"和多年来他们在"阳光评价"等方面的探索。既有成功的经验，也有失败的反思；既体现了他们在办学过程中的真思考、真实践、真反思、真作为，也回答了当初田慧生主任研究员对新样态学校提出的三个转变方向。一是由研究以教为主向研究以学为主转变；二是由基于经验的教学研究向基于事实和数据的教学研究转变；三是由注重统一性教学要求向注重个性化服务的转变（见田慧生《学校课程新样态》"序"）。

世界上不乏宏大有效的先进教育理论和高深莫测的理念信条，关键在于让这些理论、理念真正落地，真实地推进学校教育的改革发展，取得提高办学育人水平的实效。在很多学校看来，做到这一切似乎很难，理论、理念落地的"最后一公里"乃至"最后一米"怎么走，很艰辛。究其原委，好多理论、理念，除却尚处于口号、倡导水平外，对如何落地还是缺乏创新的思路和办法，缺少必要的路径、方式和手段，甚至是模式和机制。在此我们欣喜地看到广外外校在实施课堂"静悄悄的革命"中很好地解决了让理念落地的问题。无论是他们对"生本课堂"理论与实践的双重建模，还是对"乐学·高效"思维进阶课堂的四个系统建设，都在理论和实践之间搭起了让老师们可以攀爬的脚手架，很好地接通了让理念落地的"最后一米"。

我们始终强调，新样态学校本着"去功利，致良知"的教育追求，用"新"去解决"旧"的矛盾，坚持"整体育人，课程再造，文化内生，系统构建"的框架思路，为学校的创新发展找到了正确的打开方式。

从创新的意义上说，设计感是未来创新的核心动力和重大标志。《全新思维》一书中曾把设计感列为21世纪6大全新思维之一，设计感即品位，反映对美的认知。新样态秉持"文化内生"这一核心主张，去努力发现学校的内生点、发展的内生力，提出创建"有人性、有温度、有故事、有美感"的"四有"特征。其中，"有美感"隐含了"设计"这一关键词，要求综合各方面要素，譬如前沿教育理论，先进教育理念，创新的教学方法、手段，等等，设计出理想的属于自己的学校。

今天，第二次教育革命正初见端倪，教育正从学校教育过渡到终身学习的大概念领域，而技术成为这次革命的驱动力，学校教育的变革恰恰是要从当今世界所处的信息化技术化变革的波澜壮阔中，努力寻找促进人类学习和发展的钥匙——一种良好的信息化思维习惯和素养，即让学习者看到和明白这个世界本质上是一个包罗万象的信息源，同时让学生学会运用这些信息解决实际问题，完善自己的人生。广外外校已经找到了这个"密匙"——让学生站在学校教育的中央。我们从《解码学校文化》一书中看到，他们提出的"以生为本"的课堂，以学生"自育"为前提的成长概念，"心有灵犀"的团队共育文化，智慧校园的人才创新计划等，既带有学校个性的原创色彩，又符合当前以学生为核心的育人理念。正如康德所说，教育是由个体设计、自我选择、自我构建、自我评价的过程，是自我能力的发展，它体现着社会意志和教育者与受教育者平等自由地、审视严肃地共同探究的机理，不是"指令"，不是"替代"，更不是让茧虫的幼蝶曲意迎合或违心屈从。

设计"未来的自己"，并且正在改变"现在的自己"，这已为大量的学校实践及案例所证明。现在的这个自己，无疑是今天、此时此刻，之前的每年每天每分每秒所做出的选择和行动的积累的结果。新样态学校更多考虑未来，思考"未来的自己",即从现在、此时此刻开始到未来的某个时间点,自己所有的选择和行动经过时间的推移积累的结果,譬如 5 年、10 年,甚至 30 年。未来充满着希望,充满着理想,充满着激情,充满着对美好教育的憧憬。广外外校无论是对当初"培养走向世界的现代人"的目标定位,还是在"五课一评"(课程、课堂、课型、课题、课时,阳光评价)的实践探索中所积累的可以推广的成功经验,还有在此基础上立下的"办卓越百年名校、幸福人文外校"的宏愿,都让我们看到了作为教育者仰望星空的远视洞见,更看到"人"字立于学校教育中央的脚踏实地。

2020 年 11 月 1 日　于广州

前言

解锁教育「生长」密码

广州市广外附设外语学校　总校长

万清华

教育即生长，这是 20 世纪美国著名实用主义教育家杜威关于教育本质的观点之一。他明确指出，教育即生长，除它自身之外，并没有别的目的，我们如要度量学校教育的价值，要看它能否创造继续不断的生长欲望，能否供给方法，使这种欲望得以生长。叶圣陶说过"教育是农业而不是工业"，教育者需要尊重每个生命自然生长的特性和规律，让每一个生命选择最佳的方式生长，成为最好的自己。此种论述道出了学校教育的实质和规律，尊重人的成长规律，探求学校文化、制度、管理、课程、课堂、活动等可以不断发展和成长的内涵，我以为就是找到了学校文化内生的密码，而学校自身生发出来的强大生长力恰是能让学校走向卓越发展的"百年基业"密码。

"黄华楼的舞台编织着未来戏剧工作者的梦想，图书馆浩如烟海的藏书足够填满每一个绵长的放学时光，高三饭堂的饕餮美食牵动着每颗在上午最后一节课躁动的心。外校的美在于对学子们的包容和理解，在于慷慨提供挑战自我和试错的机会。"这是我校 2019 年被成功保送到南京大学的李未央同学在毕业纪念册里留下的感言。

在学校，李未央创建了自己的音乐剧社团，利用校园广播分享音乐剧的魅力。在李未央看来，母校是一个能够提供"万物生长"的生态园，每个学生个体差异巨大，能力、兴趣、追求不尽相同，但每个人都能在这里找到最适合自己"生长"的一片园地。是"成长"，就会有成功的欣喜，有过程的迷茫，甚至有新生的阵痛。作为学校，应该给学生

1

提供的就是成长的土壤、阳光、水分、足够的营养……是一个有成功也有失败的试验园，也是一个讲究各方平衡的生态园。在这样一个生态园中，作为园丁的教师需要有工匠精神。工匠精神在教师身上的体现，一方面在于勤奋务实、严谨细致、精益求精的工作态度，另一方面是匠心独运、执着创新、追求卓越的上进之心。匠心之师又要跟随时代的脚步，以社会未来的需求为方向，用具有前瞻性的教育方式培养未来的人才。

一所学校从育人目标体系的确立到课程体系的建立，从课堂学习方式的变革到教师、学生精神气质的涵养，从学校管理制度的优化到学校质量特色的不断提升，实际上就是学校文化的系列"生长"之旅。

记得一位经济学家说过，2019 年相对于前十年是经济增长速度较慢的年份，但也许是未来十年中最好的年份。在这场疫情带给我们的改变和思考中，作为教育工作者，首先应该思考的是：教育如何让我们的孩子去设计自己美好的未来，同时具备面向不确定未来的胆识和智慧。我认为，2020 年应该成为教育在意识形态上发生改变的又一个新起点。

过去恰是通向未来最好的历史见证。过去的二十多年，在文化和机制不断内生的前提下，我们始终把"人的价值"作为教育的核心，再思考教育教学的改革方向，我们在践行着由内而外地对自己学校内涵重构的同时，一直把"问题解决"作为着力点，即先干起来再反思、总结、提升和改进。"动起来，更精彩！"积极的行动力恰恰是我们保持强大"内生力"的源动力。可否把我们几十年面向教育的思考、探索、理解或困惑做个记录？可否把一所学校二十几年来的发展、反思及成长做个留影？可否把我们的成长经验惠及同行并使其获得成功的体验？这就是《解码学校文化》这本书的初心和使命。

全书聚焦学校"文化内生"这个支点，探索了一所学校价值文化和管理文化的生长基因，阐述了学校课程从顶层设计到具体落实的框架措施，演绎了课堂主阵地从理论建模到无模实践的文化"革命"过程，剖析了个体自我发展与团队共育文化的"共生"关系，列举了学校在智慧校园和创新型人才培养方面的有效举措。希望本书成为"我们"（外校和外校人）一起成长的见证，同时对我们的强大"内生力"进行自证！

有一句话说得好：未来不是我们要去的地方，而是我们要去创造的地方。

未来的教育是什么样子？我认为，一所学校师生的精神长相来自学校价值体系的文化滋养。1998年《广外外校发展教育模式》中详细阐述了广外外校在全人教育模式下，"走向世界的现代人"的三个维度：家国情怀、现代意识、世界视野。这种办学价值观脱胎于大学（广东外语外贸大学），但内涵的"生长力"源于自身肌体，这种"内生力"载着我们的办学宗旨，在穿越18年后，与2016年的中国学生发展核心素养不期而遇。本书第一章详细阐述了广外人对价值体系在"文化内生"过程中的思考与精进。

未来的品牌学校一定是源于它的品牌课程，课程是学校发展的核心产品。广外外校以国家课程校本化、地方课程整合化、校本课程专题化作为实施策略，依据党的教育方针，致力于培养具有民族情怀和国际视野的走向世界的现代人。本书第二章对我校"攀登"课程体系从顶层设计到有效落实，从策略到文化层面的生成进行了详细的阐述。

课程实施的主阵地在课堂，学生生命成长的主阵地也是课堂。本书第三章详细论述了广外外校从"师本"到"生本"的扭转，从"生本·生成"的课堂建模到"四有"无模课堂的演进，再到"乐学·高效"思维课堂的文化追求。我们既看到困惑中的成长，更看到成长中的阵痛，难能可贵的是对现实课改的真实记录。课程、课堂的效果如何？评价必须跟上，本书第四章通过精密的论证和翔实的案例，展现了从"循证评价"的初步尝试到多元评价为教育教学把脉导航的实施效果。

终身成长是未来教育的新模式，也是每个人发展的源动力。本书第五、第六章分别论述了个体"自育"理念下的成长机能，描述了团队共育的文化生长场景。

日新月异的技术正在改变着我们的世界，同时改变着教育的方式。作为全国首批"智慧校园"建设示范学校，我们将在"外一章"读到这所学校的教育场景如何因技术而改变。随着教育场景的改变，最终带来的是学生学习方式的改变和人才培养模式的迭代升级。

全书结构清晰，内容前后呼应，每个章节前有论述，后有案例。理论论述部分全部采用实践场景中的话语方式，通俗易懂，自成体系，可以提供给学校管理干部进行单独的剥离型阅读。案例部分全部来自学校老师们的原创，附在后面的"案例"还有"案中案",即先通过通俗易懂的策略论述,后面又附上操作性极强的案例,便于一线教师阅读。如果您阅读整本书,就可以收获"清明上河图"式的从理论建构到实践操作的全景立体式构图。本书是学校管理者和初上讲台者的一本案头实用宝典。

希望这本书带给您共鸣与共情。

2020 年 11 月 1 日于广州市广外附设外语学校

目　　录

第一章 学校价值体系的文化内生

一、从价值内生到文化内生

（一）内生价值的内涵

广州市广外附设外语学校（以下简称"广外外校"）成立于 1993 年 9 月，是广东省涉外型重点大学——广东外语外贸大学全资所有并直接管理的一所十二年制全寄宿中小学。广外外校的母体广东外语外贸大学位于白云山脚下，承接云山文化之根，涵养钟灵毓秀之魂，扎根白云，胸怀世界。母体广东外语外贸大学以"明德尚行，学贯中西"为校训，激励每一个广外外校人借"云山"之基，达"攀登"之志。广外外校以"实施全人教育，为每个学生的终身发展负责，培养走向世界的现代人"为办学宗旨，以"锻炼健强体魄，塑造健全人格，提高综合素质，突出外语特色"为育人特色，注重对学生综合素质的培养，强调"先做人，后成才"，培养学生的责任感和行动能力，引导学生学会做人、学会生活、学会学习、学会发展，为学生的健康成长以及进入社会打下坚实的基础。

广外外校创办之初，硬件条件非常有限，家长却愿意把孩子送进来。为什么？因为他们认同学校的办学理念和价值体系。我们在 1998 年的《广外外校发展教育模式》中对"培养走向世界的现代人"这一办学宗旨，是从"生命""自我""文化""社会""世界""现代"六个维度进行定位的。随着时代的发展，在围绕"立德树人"教育根本任务的前提下，我们的目标内涵也在不断丰富和完善，如今我们从如下六个维度阐释"走向世界的现代人"的内涵（见下图）：家国情怀与社会责任，国际视野与创新思维，现代意识与实践能力。

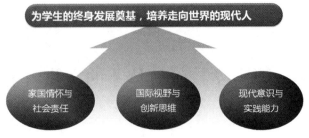

（二）内生文化之魂

文化，是一个众说纷纭却难以穷尽其本质内涵的概念。根据国际社会科学界的一致共识，著名英国人类学家泰勒（Edward B. Tylor）在其《原始文化》一书中所提出的"文化"概念到目前为止被界内人士认为是最为准确的："文化是一个复杂的总体，它包括知识、信仰、艺术、道德、法律、风俗以及作为社会成员的人所获得的其他任何能力和习惯。"文化是人类不断完善自身，实现人类的最高本质，追求自由，自觉活动的过程；同时指人类在这一过程中的客观成就和外化形态，以及人类在认识自然、社会和人类自身方面的成熟程度和所达到的深广度。作为社会文化中最高层次的亚文化——校园文化，不论是其蕴含的动态的文化活动抑或静态的文化成果，都具有丰富的教育意义与教育价值。

校园文化是学校物质文明和精神文明的总的体现。它包括物质文化、制度文化和精神文化。物质文化是校园文化的表层结构，制度文化是校园文化的中层结构，精神文化则是校园文化的深层结构。精神文化指学校的风气、文化生活、人际关系和心理氛围，是校园文化的核心内容。

作为学校文化的"场"，它是由师生共同的价值观形成的内心的坚定信念，这种扎根于内心的信念通过外化显现，在每一位师生的行动准则上体现出来。文化一旦成为每位师生行走的状态、行动的标识和精神的特质，那么，文化的有机组成部分生成了，学校文化也便内生有"魂"。

广外外校创办 28 年来，在广东这块改革开放的热土上，在广东外语外贸大学的管理之下，以广外的品牌和优质教育资源为依托，充分发挥体制优势，锐意改革，开拓创新，创造性地走出了一条国有民办学校的成功之路。广外外校教师的坚忍、豁达、睿智、乐观和广外外校学生的健康、自信、向上、向善成为"广外基础教育"最靓丽的精神气质名片。学校形成了以教师发展为前提、以学生发展为目的、以学校发展为保障的三位一体的完善高效管理体系，积累了丰富的办学经验，取得了丰硕的办学成果，已成为广东基础教育的一个知名品牌。

二、从制度文化到品牌文化

制度建设和完善是学校管理工作的重要组成部分。在这里，我们强调的是，制度建设要避免过分的功利主义倾向，避免形成制度本位主义，必须充分考虑制度的文化价值，以先进文化的标准建构和规范制度。制度建设对人的作用主要体现在行为层面，即强调对人的行为的规范和约束。我们在制定任何一条规章制度的时候，都得用人文精神的尺度去衡量一下，看其是否合乎人文精神，是否体现着对人的尊严与价值的尊重和发展，要特别警惕陈腐价值观念通过新的包装穿着规章制度的外衣再次出现。让我们在制定任何一条规章制度的时候，都别忘记这句话：教育的前提是研究人，尊重人，满足人；目的是成就人，发展人。发展是生命最本质的抵达，热爱是通往发展的唯一道路。

(一) 情理相融的制度文化

作为一所国有民办学校，创办初期，广外外校便有了将自己的某种教育理想尽可能大地付诸实践的空间和机会。小学部因为有了学校发展的纲领性文件《广外外校发展教育模式》做指引，所以在教师、学生、学校三位一体的发展中坚持"教师优先发展"的原则。无论是面对新课改的到来，还是后来民办学校的重新定位与转型，我们都可以说是气定神闲，没有手忙脚乱的感觉。以下是几个有代表性的我校独有的"教师优先发展"制度。

1. 教师队伍的优化"生长"

民办学校最大的优势是体制上的优势，而体制优势的核心是用人的自主权。要保证学校的不断发展，必须保持教师队伍的优化生长。要保证教师队伍的优化生长，必须保持教师队伍的正常流动。我校的教师队伍一直保持在5%的合理流动范围。所以，每学期我们都要招聘一些新教师补充到学校的机体中来。"寻找比我们更优秀的人"是外校招聘教师的理念。比"我们"更优秀的教师，既保证了教师机体持续不断的向上活力，又为其他教师提供了自我发展的榜样和目标。

2. 干部的竞聘式"生长"

"三年一聘，能上能下"已经成为我校选拔中层干部的常规制度，让"有为者有位，有位者更有为"是外校中层干部遴选制的指导思想。通过这样的遴选和竞争上岗，激励每个在位的中层领导不断产生新的想法，不断推出新的举措。同时，为更有能力的人随时提供发展的机会和舞台，从而保证了整个干部队伍机体的更新式"生长"。

3.滚动式校内职称

教师职称评定是国家尊师重教、规范教师管理的重大举措，对我国教育事业的健康发展产生了积极而深远的影响。但就具体的微观教育单位而言，终身制的教师评聘制度明显存在弊端——职称或许代表着教师的资历和曾经达到的水平，但不能即时反映教师的奋斗、进步与成长；或许反映了旧教育环境下教师的适应能力，但没法代表教师对新教育形势的适应和创造；更不能反映教师现时的教育教学效果与能力。

我校实施以业绩和能力为唯一标准的动态评聘制度。其基本原则为：以我校教师学期考评结果为主要依据，确定教师校内职称，并据此确定教师的基本工资；根据教师校内职称为教师安排相应的工作岗位。教师校内职称与岗位两个因素将决定教师的待遇层级。

实施动态评聘制度的意图：使职称、岗位真正反映教师的现时教育教学水平，强化教师的敬业精神，促进教师的专业化成长，体现"能者多劳，多劳多得，优劳优得"的分配原则，从而最大限度地调动教师的工作积极性。

4.责任目标下的绩效奖励

学校对教师的评价重业绩重能力，强化激励机制，分配动态制，实行"能者多劳，多劳多得，优劳优得"，不搞平均主义和"大锅饭"。我校教师收入主要由三部分组成——基本工资、岗位工资、绩效奖金。教育教学能力强的教师有机会担当多种工作角色，收入因责任和岗位的增加而相应增长。教师学期考评的结果将决定教师学期奖金和课时工资等级。学校校长与部门主任、部门主任与基层管理干部、基层管理干部与毕业班教师，层层签订目标责任书，实行目标管理，根据对目标任务的完成情况实施奖励和处罚。

5.动态管理体制下的优存劣汰

我校对教师进行每学期一次的综合考评，考评分排名处于最后5%的教师被认定为"不称职教师"。连续两次"不称职"者，即被自动解聘。"优存劣汰"原则是优化我校教师队伍的需要，也是保障学生"接受优质教育"权益的需要。

6.竞争与合作平衡下的科组管理文化

要最大限度地调动教师个体的工作积极性，也要提倡教师团结协作，减少教育资源的浪费，避免不必要的"内耗"。强调淘汰而忽略教师在集体中的进步、提高与成长，不利于形成和强化我校教师团队的整体实力。

科组责任制强调科组层面的教师之间的学习、切磋与合作，并将其视作强化教师队伍、提升综合校力的重要举措。我校将教师从事教育教学与科研的基本活动单位定位在教研组和年级组，在教师考评时给予相应的权重倾斜。

实行年级组负责制,年级主任对整个年级组的教育教学进行全方位管理。在教学教研层面,注重教研组活动,强调备课组对学科任课教师工作的协调,尽量促成教师对教育教学资源的共享,创造教师间互相交流和学习的机会。全面推行以"科组责任制"为核心,旨在融汇共识、促进合作、形成合力的管理体制改革。

科组责任制的核心在于协调,促成竞争与合作相互平衡的科组文化,提升团队的整体素质。

(二)共生共长的校园生态文化

广外外校是一所全寄宿学校,近6000多名学生和800多位教职员工在日常上课时间全部在350亩的校园里。所以,营造丰富的校园文化生活、打造良好的校园生态环境是学校文化建设的重要组成部分。

1. 形成正向的校园舆论文化氛围

舆论一般指非正式的,但又对一定群体的价值取向和行为方式起着一定导向和决定作用的群众言论。校园舆论处于校园精神文化的最深层,教师和学生用一定的话语内容和话语方式,折射出心灵深处最微妙、最深刻的有关学校的感受和结论。此种舆论我们称之为校园的"亚文化"现象。

"亚文化"现象也是师生精神风貌的晴雨表。学校教育的成功与否,一定会通过相应的方式体现在教师和学生的舆论上——积极抑或消极。一般来说,校园舆论与学校"官方"推崇的主流意识越接近,那就意味着学校目标被"民间"的认同度越高,学校的工作也就越趋向成功。

对消极的舆论,无法通过正式的组织、行政手段予以规范,而只能通过改善学校工作的出发点和方式方法,以一种潜移默化的方式来予以消弭。及时了解不同人群、不同层次的校园舆论,对改进学校工作意义重大。学校校园网的"民生连线"是匿名的,"民怨"可以随时在"线"的一端进行沸腾,而"线"的另一端的及时回复和问题的"立时"解决制度不仅成为"止沸"最好的良药,更成为学校工作改进的良机。有了这样接纳包容的环境,校园的正向舆论文化便会渐次形成。

除了对舆论的"纠偏"导向,学校还可以在主动性上大有可为:对师生进行社会主义核心价值观、正确的人生观、世界观教育,及时树立教师和学生中的正面典型并通过一定的机制予以宣传、激励和褒奖,积极开展丰富多彩的师生文化活动等,都是学校把握正确舆论导向的有效方式。

2. 校园文化活动

广义地讲,人的所有活动都具有文化意义。这里所说的校园文化活动,狭义上指学校开展的以师生为主体的文艺、体育、娱乐和学术活动。

校园文化活动是贯彻学校教育理念、推广学校主流意识、使学校获得师生认同、形成和谐融洽的校园人际关系的重要平台。学校每年五大球类（足球、篮球、乒乓球、羽毛球、排球）、四大棋牌类（围棋、象棋、国际象棋、桥牌）的教职工比赛，节假日主题活动，学生的各种主题活动，一年一度的厨艺大赛等，都已经成为学校特殊的文化符号。

3. 校园亚组织

所谓"校园亚组织"，指学校主流组织之外的由教师和学生个人自发形成的组织与团体，这种团体和组织往往是由一些有着共同意愿和观念的成员在无意识之中组合而成的。

"亚组织"现象是社会主流组织的必要补充，其主要作用在于给其成员提供情感和心理上的支撑与保障。与校园舆论一样，"亚组织"与主流组织的意识、目标越接近，学校的内在凝聚力相应就越强，反之则越弱。学校关注师生"亚组织"现象，并给予最大的宽容和接纳，设法使其成为校园精神文化建设的积极力量。

4. 校园人际关系

校园人际关系主要包含干部与教师的关系、教师与学生的关系、教师之间的关系、学生之间的关系。

我们认为，干部与教师关系的主导者在于干部，其结果主要取决于干部是否秉持现代管理理念，是否具备精湛的管理艺术。教师与学生之间关系的主导者在于教师，其结果主要取决于教师是否秉持现代教育理念，是否具备精湛的教育艺术。教师之间的关系取决于教师群体的素质，以及学校在理念、管理等方面的引导与要求。学生之间关系的质量反映着学校教育的质量，反映着学校办学理念、教育教学水平等综合能力。

人际关系还取决于学校提供的人际交流机会是否足够，气氛是否融洽，体制保障和舆论导引是否到位等因素。学校一直秉持人文化的管理理念，制定合情合理的规章制度，坚持"学生主体"的教育方略，这是优化校园人际关系的根本所在，也是广外外校提出"建设卓越百年名校、幸福人文外校"的宗旨所在。

（三）心有灵犀的教研文化

新基础教育"生命·实践"的原创者叶澜教授一直强调："教育学要发展，必须把教育学中的'人'找回来。""新基础教育实验"在教研中直面问题，称之为"捉虫"，在团队教研中更强调"喔"效应。在这一点上，我们广外外校提出的"创建'心有灵犀'的团队教研文化"和叶教授的"喔"效应是一脉相承的，这样的团队文化才是高效的，不仅有"人"，更有"心"。

1. 从评课制度走向评课文化

文化是超越制度层面而存在的，是一个无形的"场"。当这种文化在经验的基础上发展起来，成为教师们的一种习惯和日常生活方式的时候，那么，这种文化就成为一种导向，而且会不断成长。我校教师的评课文化一直经历着这种成长。

最初，教师评课用得最多的是评价性语言，批评指责远远多于合理性的建议，而且教师们的评课大多拘泥于某些细节，停留在就课论课上。后来我们认为，评课应该在指出不足的同时提出合理性的建议，并从宏观层面来把握。渐渐地，教师们的评课多了一些理性，也变得更为客观。

那么，如何让教师们的评课上升到更高的理论层次呢？各教研组最初提出评课的要求是要上升到新课程理念、学科性质、学段特点的高度来评课。

如何让执教者成为评课活动的最大受益者？最初的评课都是评课者唱主角，而作为执教者大多处在被动地接受和倾听的位置。我们认为，作为教研文化主角的执教者，不能仅局限于倾听别人的评课和指导，更重要的是，要学会反思和消化。所以，评课要在指出问题的同时给出合理性的建议。

比如教学目标是一节课教学的起点，也是终点。但是在日常的听评课中我们发现：执教者每个人都能够把教学目标写在教案和学案的前面，但在实际的教学执行中又把"目标"当成了"摆设"。那么，如何让教学目标成为评课的重中之重？我们提出教学目标制定的四个依据：课程标准、教材的文本特点、学情和教学风格。以上四个元素排在最后的是教学风格。但是在实施中我们发现：有的教师"任性"地把最后的一个元素"前置"了，而丢掉了另外三个元素。例如，让三年级的学生分析司马相如那句"一二三四五六七八九十百千万"（少"亿"）和卓文君的《怨郎诗》是远远超出年段目标和学生理解水平的。针对这种情况，我们在评课中把目标制定的四个依据按照先后顺序标上序号，并在集体备课中落实。如何更好地体现评课的民主性，发挥每位教师的评课积极性，进一步提升对评课文化的理性思考？如何通过评课促进教师队伍的梯队建设？这些一个个具体的问题都通过我们在评课中用"捉虫"的方式，给执教者提出来并给出改进建议，然后通过执教者的不断反思、不断矫正，最后得以总结和提升，最终形成宝贵的经验。

2. 创建"轻负高质"的课堂文化

"轻负荷，高质量"是我校的教学理念。"轻负荷"对学生来说应该是适当的负荷，这种轻负荷是相对而言的，相对于学生过于繁重的课业和心理负担而言，相对于大量的重复性习题而言。如果学生在愉悦的状态下，思维能高速运转，即使智力的负荷再大一些，仍然没有过重的负担。由此，我们得出结论：只要学生是在愉悦的状态下主动地获取知识，就能带来高效率。"轻负荷"相对于教师来说，应该是有效的负荷、高效率的负荷，我们现在应该避免事倍功半的负荷或无效的为了面子的负荷。"高质量"要和课堂的高效率对应起来，要和学生的高素质对应起来，和学生持续的兴趣和发展能力对应起来。"轻负荷，高质量"的教学特色经由最初的顶层设计"目标"到后来的特色，走过了从经验到文化的生成之路。

（1）从思想到思路

如何在课堂上落实我校"轻负荷，高质量"的教学理念？首先，我们要让教师们明白、理解和认同这样的理念。通过讨论和解读以及对学校"轻负荷，高质量"的理解，我们形成了如下的思路："轻负荷，高质量"应该有高效高质的课堂教学，而高效高质的课堂教学的前提是有效的课堂教学；有效的课堂教学的基本表现是师生人人皆有收获。因此，有效课堂应该是因材施教的课堂、师生互动的课堂、生生互动的课堂、教学相长的课堂。

（2）从生本到生成

华东师范大学教授叶澜在《重建课堂教学价值观》一文中指出，课堂上"生本"的体现应该是学生的主动，主动"既体现了活动状态，又内含了主体自觉，还指向了关系事物，且道出了追求期望"。学生只有主动，课堂才有生成。所以，我们一直把"生本"和"生成"作为教师观课、研讨以及评课的两个焦点。从"生本"到"生成"，是教师从理念走向行动的一个界碑，是教师教学从思想到实践智慧的一次跨越。

（3）从会说到会做

如何让教师们更好地践行"轻负高质"这一理念，提高思想认识是第一步。基于这一考虑，我们先在两个学期分别举行了两次"有效课堂教学"的说课比赛。因为认识的深浅靠"说"来体现，只有"说"到位了，才有可能"做"到位。

（4）从有效到高效

根据有效教学可以量化的理论和我校的育人方向和教学特色，我们必须追求高效的课堂。我们所追求的"高效"是相对的，是横向比较而言的。相对"有效教学"的两个 70%，我们提出课堂的两个 80%，即"80% 以上的学生获得课堂输入 80% 以上的信息量"。

高效的课堂，其要素有很多，我们先找到落脚点和出发点：即主要看在课堂上学生有没有收获和发展（知识、技能、智力、情感等的发展）。要让学生有收获和发展，那么教师必须做到以学生为主体进行因材施教。从这个出发点考虑，我们提炼出"有效课堂"三要素：目标分层、过程互动、反馈自主。

案例 **"变脸教案"成长记**

广州市广外附设外语学校　叶和丽

教案能变脸吗？

老师们心里都清楚：备课不等于写教案。但领导们都希望看到工工整整、详细的教案，因为这是衡量教师工作态度的一把尺子。

所以，便有了许多老师挑灯夜战补教案的剪影。教案真的只有写在教案本上这一种形式吗？然而，又有多少老师在上课时需要摊开教案本照本宣科呢？况且，新课程理念下的新课堂并不完全是预设的，它更多地来自实际课堂的精彩生成。真正的好教案是在老师们精心备课后融合于心的预设，预设得越充分，生成得就越精彩。

那么，教案能变一变脸吗？当心中刚一冒出这样的念头，我也被自己吓了一跳。对多少年来的传统要做出变更吗？目前，在一些教育杂志上正因为有些地方倡导"0教案"而争议得沸沸扬扬。我深知自己是一个工作认真的教师，然而，我又是一个经常要在学校检查前突击补写教案的人，因为我写在教案本上的教案和我上课用的教案就像在两条轨道上行驶的列车。我喜欢将查阅的有关资料及自己的读书体会密密麻麻地记在书上，所以我深为学校检查教案而苦恼。那么，还有没有其他人有这种行为呢？我决定先在暗地里摸底调查。我暗访了学校里20几位平时工作认真的老师。结果，除了一位入职不久的老师能做到按时写教案，其余老师都有在学校检查前熬夜补教案的经历。于是，我心中有底了，教案可以变脸！但怎么变呢？教学毕竟不是搞试验，失败了可以重来，如果失败了，损失就无法挽回了。

怎么变？变什么？

对于一些杂志上颇有争议的"0教案"我不太赞同，如果没有教案，就失去了对一部分老师的约束，有可能出现不备课就上课的现象。怎样让老师做到既认真备课，又不机械地写教案呢？集体备课应该是一种很好的方式。以备课组为单位，做到周前集体备课，备课的形式可以是围坐在一起讨论，也可以是网上交流。好比一人交换一个苹果，每人还是一个苹果；一人交换一个点子，每人将获得无数个点子。

集体备课的内容是一周一个单元，要求人人发言，个个写建议。具体到每一课时怎么上，则是个性化的教学行为，每位老师可以根据自己的教学风格、班级学生的实际情况进行个性化的教学设计，同时根据自己的教学思路写一个简案。例如，语文课的教案可以是一个板书，因为一个精心设计的板书就是一个微型教案。

于是，我将自己的想法和论证提交给了小学部徐主任，没想到徐主任爽快地说："只要经过周密的论证，那就试试吧。"得到领导的首肯，我们便开始行动了。顺应集体单元备课和个性化教学设计的要求，我们首先改变了原来教案的格式，把文本分成两部分：第一部分是以单元模块形式出现的适合集体备课用的，主要记录每位老师对本单元的总体认识及教学思路；第二部分是课时教案，主要记录每位老师每一课时的教前分析、教学思路和课后反思。要想成为一位学者型教师，必须把功夫下在课前，教前分析包括教材分析、理念分析、学情分析等。作为一名成长型的教师，首先必须学会反思，应做到每课必反思。这种反思可以是具体详细的"长篇大论"，也可以是经过提炼的"只言片语"。目的是让老师们通过反思进行理性的思考，向学者型教师迈进。

教案变脸后

最初，老师们没有弄清教案变脸的目的，以为写简案就不用花太多时间备课了。一段时间以后老师们发现：备课的任务并没有减轻，而且要求比原来更高了。于是，有些老师开始抱怨：这花在备课上的时间不是更多了吗？还不如以前省事呢。

针对这种情况，我们专门利用教师例会时间给老师们讲有关备课和简化教案的意义。精心备课是作为每一位合格教师必须完成的作业，特级教师于永正老师至今仍是每节公开课前必写一个完整的教案，哪怕这已经是101次讲这篇课文。我们需要纠正的是不备课而抄教案的风气，而不是省去老师们备课的环节。

正当少部分老师还在抱怨时，低年级语文组的老师们已经开始了名副其实的集体备课，他们以新课程为载体，开展集体教研。几乎每一节下课，他们都会坐在一起讨论上节课的教学效果，说到得意之处忍不住和大家一起分享，也会一起研讨课堂上遇到的困惑。这种随时随地的教研方式促使大家畅所欲言，灵感被激发，激情受感染。贾老师上完《猴子捞月亮》之后，走进办公室向同事们夸赞自己这节课上得很成功，并说起她十几年前上同样的课，也获得了成功，但两次的感受却不一样。"上同样的课用不同的教法，都获得了成功，感受都不一样，这种比较很有意思。赶紧坐下来，把你这节课的成功写下来。"有老师提议。不久，贾老师的"一样的教材不一样的感受——《猴子捞月亮》教学对比谈"一文在《小学语文教学》（2003年7—8期合刊）上发表，并作为重点文章在杂志封面上被推荐。

"王老师在培养学生的说和写方面很有一套。"听课的老师还没来得及放下凳子就围在一起讨论开了。"我认为他这节课的特色就是把口语交际和作文训练进行了成功的整合。""王老师的这节课让我看到了新课程理念在闪光，这才是真正平等对话的课堂。"这些是低语组老师们在听完王老师的随堂课以后的即兴讨论。不久，我们在《中国小学语文教学论坛》（2004年第5期）上看到了王老师的文章《在平等对话中打开生活之窗——记一节口语交际与习作训练的整合课》。

办公室的教研氛围就这样被渲染着。当看到一位位老师在这种教研氛围中突破了自我并获得了提升的时候，那些还在抱怨的老师也逐渐地闭上了自己的嘴巴，加入这样的教研氛围了。我想，这样的教研氛围最终会在全校各个教研组弥漫开来。

未完的叙事

这样乐观的愿望在我走进高语组后遭到了冲击。

根据学校工作的调整，上学期我被安排带六年级语文课。也许是因为高段老师课业的繁重，或者是因为多年来形成的不同于低语组的工作方式和氛围，我感觉每次的集体备课好像都在无奈中开始，在无效中结束，过后，备课组长复印一份教案发给大家。后来，集体备课终于在繁忙的日常工作中无疾而终，每单元开课之前只是由备课组长发给大家一份教案。面对这种状况，我心里一直隐隐地担忧，但看到老师们书上密密麻麻的批注和相互间传送的精美课件，我也就打消了顾虑，觉得只要老师们能够把课上好，就没必要把教案也完美地呈现出来。

校长有一次告诉我多数英语老师上课不带教案，问他们就说教案在电脑里。针对这种情况，小学部和教导处利用一个下午的时间对课堂进行了突击检查，结果发现大部分老师上课没有教案，追查发现一部分老师的教案在电脑里面，一部分老师用的是集体备课的那份共同教案，还有部分老师干脆拿着一本教参进课堂。

此事发生后，我思考了很多：是"变脸教案"惹的祸吗？如果是，我们还要不要回到以前的那种写详细教案的体系中去？但现在是信息化时代，在网上可以下载详细的教案，那么对教师的备课情况还是无法了解。干脆改用最原始的手写详细教案的方式？但那和现在现代化的办公根本不相匹配，况且老师们的时间也不允许。

为了进一步了解这种现象产生的原因，小学部协同教学处召开了教研组长会，毕竟他们都在第一线，最清楚老师们的日常教学。在教研会上，教研组长们一致否认了学校对"老师们不备课就上课"的质疑，他们认为每位老师在上课前都会认真备课，包括制作课件、查阅资料，等等。只不过有些老师没有时间把这些都详细地记录下来。还有老师认为，备的课都记在心里了，无须写下来。在激烈的争论中，我们了解了事情产生的根源：一是老师认真备课了，但没时间写下来，或者认为没必要写下来；二是有的老师的确没认真备课，直接把集体备课的教案拿去上课。

针对这种情况，小学部和教学处达成统一的要求：1. 即使再充分的准备也需要有个梳理的过程，书写就是对教学思路的最好梳理。所以，要求每位教师每一课时必须写教案，可以是简案，但必须详写教学目标，因为目标是每节课的教学起点。2. 认真写每一课的教后记，因为教师的成长首先从教学反思开始。3. 对于集体备课，提倡非正式的教研方式，可以随时、随地、随机就教学中的问题进行研讨。如果大家在教学中出现相同的又一时无法解决的问题，或要针对哪一位老师的课例进行研讨时，可以召开比较正规的教研会议进行集体备课。4. 作为基层的教学监督负责人，教研组长和备课组长加强常规的教学检查。

虽然我们还没有找到最好的教研管理方法，但我们相信，我们终会找到一条或更多条适合外校的校本教研之路，走出具有外校特色的教育之旅，让一批又一批合格的外校学子从这里起步，走向世界。

未尽的思索

备课是一种个性化的行为，教师的责任心和素质不同，备课的态度和效果也就不同。所以，备课是内隐的，有时无法通过外显的行为来界定它的效果。那么怎样约束教师的这种相对比较内隐的行为呢？我认为需要学校制度的制约，更需要来自科组文化的濡染和熏陶（比如低语组的教研文化）。

文化是一种规范性的准则，只不过这种准则不是强制性的，更不是需要惩罚来强调服从的规范。它是一种解救策略，是把人们从社会的、自然的以及自身的牢笼中解放出来的策略。这种文化得靠科组老师们的价值追求、生活观念去形成，同时反过来它又会影响和促进教师的价值观念和行为方式的进一步转变。当一个科组内老师们的价值观念、行为方式走向趋同的时候，那么这个科组便有了自己的文化。

"教案变脸"仅仅是一种方式，教学管理需要建立一种积极向上的科组文化，在文化的背景下形成学习型组织，让每位教师在这种学习型组织中逐渐地改变和成长。

(四) 活动育人的品牌文化

学校德育教育最大的问题是学校教育是在脱离真实现场的非生活化的教育场景下进行的德育教育，是脱离了学生现实生活的德育知识的灌输。

我们国家讲"立德树人""德育为先",这是"大德育"概念,包括思想教育、政治教育、心理教育、法治教育等诸多方面的内容。而我今天所讲的学校德育则是相对而言的"小德育",即"德育就是道德教育"的概念。这里所谈的"小德育"是以人的品德发展为主要价值追求,首先承认人的道德发展与人的整体人格的建构是统一的,与人的社会性发展也是一致的。所以,我们着眼于学生在真实的教育现场中过一种"有道德的生活",继而成为一个"有道德的人",这就是我们广外外校所说的"先做人,后成才"的教育理念。

1. "活动"定义:我们认为"活动"即"大课堂",凡是能够给学生以习惯培养和智慧成长的地方皆为"课堂"。我们按照容量、空间、时间以及参与的人数,将学校的教育教学分为"大""小"课堂。传统的在教室里完成的教学、班会等称之为"小课堂",而大型的全校性活动称之为"大课堂"。"大课堂"包括:校园五大节(读书节、英语节、体育节、艺术节、科技节)、年级组养成教育系列活动、教研组学科系列活动、少先队主题系列活动、班级教育系列活动……"小课堂"有小课堂的养成规范,"大课堂"有大课堂的育人常识。

2. "育人"过程:我们按照"四维度""三阶梯"进行"育人"。"四维度"指的是我们学校的德育教育按照"习惯养成——公民意识——人格品质——理想教育"四个维度设置了十二年一贯制的顶层目标体系,在践行目标体系的过程中我们将"育人"的过程划分为三个阶梯:一是规训——我们遵循习惯成自然的规律;二是感化——"育人"首先要"育心",心里接受是教育实效化的基础;三是内化——习惯养成的最终结果是变成受教育者自觉自愿的行为方式。

3. 课程化实施:"活动育人"就是让学生在"活动"这个大课堂上学习相应的知识,锻炼相应的能力,熟悉必备的常识,形成相应的习惯,为情感价值观的形成打下基础。我们将每项"活动"都进行课程化设计再实施,每次活动的备课分三步。

第一步,师生共同参与,制订方案计划;第二步,实施活动,学生为主体,教师为主导,辅助学生;第三步,活动结束后进行总结和反思,提出改进措施。例如,我们的校园五大节、年级组系列主题活动、生活部的"生活一日常规"、每周一讲、升旗仪式、校内外实践活动等都是有目标、有体系、有过程、有评价的。

目前,"活动育人"已经成为我校的特色之一。

案例 "活动育人" 育 "全人"

广州市广外附设外语学校　叶和丽

"全人" 理解

我们对"全人"概念的理解是：所谓"全人"，首先是一个完整的生命个体。全人（holistic person），从字面上理解，可以看作具有整合人格、得到全面发展的人。我们的"育全人"概念在这里用一句通俗的话讲就是把"桃树培育得结桃子，让李子树结李子"。学校将完整的生命个体的"人"字写进我们教育理念的核心，高扬在我们教育教学的大旗上。

作为学校中的"人"，一是学生，二是老师。

"人"在纲中：以教师发展为前提，以学生发展为目的，以学校发展为保障，形成一个动态开放的发展系统，是我们发展教育模式的定位。

"人"在墙上：走进广外外校的大门，首先应入眼帘的是宽阔的地球广场和矗立于广场上的十个大字"培养走向世界的现代人"，国际化的办学方向让我们的校本课程建设始终聚焦在"国际视野和现代意识"上。"先做人，后成才"的教育观，"轻负荷，高质量"的教学特色，"为学生的终身发展负责"的教育承诺，"锻炼健强体魄，培养健康情感，塑造健全人格，提高综合素质，突出外语特色"的育人目标，为培养走向世界的现代"全人"打下了坚实的基础。

"人"在心中：作为基础教育中的基础，我们小学对学生作为"人"的期待首先尊重他们每个人都是独一无二的具有生命个体特征的人。他们来到学校，我们要把他们培养成适应群体生活并遵守学校规则的外校人。在受教育的六年中，他们应该朝着社会人的方向发展，我们要培养他们具有初步的公民意识。成为什么样的社会人呢？就是我们高高悬挂在墙上的"走向世界的现代人"，即具有国际视野、现代意识，通晓国际规则，接纳多元文化并能够进行跨文化交流的人（如下图所示）。

教师作为学校另外一个主体，则应该是一个完整的优秀的人。我们一直

认同学校对于教师发展的四个维度的定位，即生命的、文化的、社会的、职业的。教师作为一个有生命的人，他（她）应该用自己的勃发生命滋养另一个生命，像一朵云推动另一朵云；教师作为一个文化人，身上肩负着传承文明的特殊使命，他（她）应该学识渊博、品德高尚；教师作为一个社会人，他（她）应该全力奉献社会，同时得到社会的承认；教师作为一个职业人，他（她）应该具有专业的特长和职业的操守，并不断实现自身的专业化成长（如下图所示）。

以下是对小学部校园五大节的简介，文字资料由各教研组提供，教学处整理、审核。

读书节

"一本好书，可以影响人的一生"。读书不仅可以开阔视野，增长知识，培养良好的自学能力和阅读能力，还可以融会贯通，形成"立体"的、牢固的知识体系，更对道德素质和思想意识有重大影响，进而打造健康、向上、和谐、发展的校园文化特色。由此，每年从三月份第一周到四月份最后一周的读书节应运而生。

读书节不仅重视培养学生的读书习惯，提高读书能力，还积极倡导师生静心读书，用读书净化心灵，进而改变行为，促进身心发展。我们的目标是打造书香校园，促进快乐阅读，共享智慧人生。

活动进程	执行时间	具体内容
第一阶段：宣传阶段	二月底	1. 制订"读书节"活动方案，在学校主要场所悬挂横幅，张贴口号。 2. 各班级制作以读书为主题的黑板报、墙报，组建班级图书角，营造读书氛围。 3. 各年级语文老师推荐年级必读书目、选读书目。 4. 联系校报、电视台进行宣传和报道。 5. 给每名学生印发《天鹅湖畔：童心书屋》系列阅读校本课程教材

续　表

活动进程	执行时间	具体内容
第二阶段： 启动阶段	三月的第一 个周一	1. 在升旗仪式上举行读书节仪式。 2. 国旗下讲话：由一位教师、一名学生读书标兵发出读书倡议。 3. 校领导致辞，并宣布广外外校读书节开幕
第三阶段： 实施阶段	两周一次	读书讲座（内容从推荐阅读的必读书目中选取）
	教学开放日	图书换购（三至六年级学生以班级为单位分组参加，一二年级学生直接参与换购）
	四月第一周	一年级汉语拼音测试
	四月第二周	二年级必读书目知识竞赛
		三年级观察日记展示活动
	四月第三周	"书香童年"课外阅读漫画大赛
		"书香童年"课外阅读习作大赛
	四月第四周	"书香童年"课外阅读知识大赛
		小学生捐书晋级及星级读者评选活动（以班级和年级为单位，分学科向学校图书馆捐赠图书及纸质、电子阅读材料。图书馆根据捐书情况向学生个人颁发"星级读者"证书，学部向突出的捐赠者给予表彰）
		"阅读之星"和"书香班级"评选活动（每班推荐2名学生，每个年级推选5个书香班级）
	三月第一周 至四月最后 一周	"图书漂流"和"图书展销"活动 1. 读书节活动启动后，图书馆为每班发放40本新图书，供学生阅读，活动结束后回收，以备下次活动再用。 2. 联系正规的图书公司，提供有益学生的各类书籍，在图书馆和黄华楼前进行图书展销活动
第四阶段： 闭幕表彰	四月的第四 周周一	1. 在升旗仪式上举行闭幕式。 2. 国旗下讲话：由一名学生代表发言，穿插诵读等多种形式分享在读书节上的收获。 3. 领导颁发各项活动的奖状。 4. 校领导致辞，并宣布读书节闭幕

英语节

为了丰富校园文化生活，拓展教学空间，并为学生提供锻炼英语能力的舞台，增强学生英语学习的体验，丰富学生英语学习的经历，将学生带入快乐的英语世界，英语节成了我校的固定节日。英语节通过生活化、实用化的活动方式，寓教于乐，激发学生学习英语的热情和主动性。英语节让学生走出课堂，聚会校园，展示说英语的能力，同时培养了学生的合作创新精神，达到了学以致用的目的。

英语节包含的活动内容有：

1. 校园英文标识、警示语有奖征集

2. 外文经典电影展播、校园英语节目展播

3. 英语书法比赛

4. 英语阅读比赛

5. 英语手抄报比赛

6. 班级英语黑板报比赛

7. 英语学习方法讲座

8. 英文儿歌比赛

9. 英语电影配音比赛

10. 英语课文模仿大赛

11. 英语戏剧比赛

艺术节

为了进一步丰富校园文化生活，搭建师生展示自我才华的舞台，营造积极向上、清新高雅、健康文明的校园文化氛围，我校组织了丰富多彩的艺术节系列活动。

• 标志、吉祥物设计比赛

每年一届运动会和艺术节都是校园活动的大事，我校本着"活动育人"的教育理念，小学美术组已经开设"标志设计""吉祥物设计""海报设计"等设计类校本课程。从第七届小学生运动会起，运动会的会徽及吉祥物都由小学部四、五、六年级的孩子们自己设计，这既是一场运动的竞技，也是一场艺术设计的盛宴。

• 现场绘画比赛

现场绘画比赛是我校推动国画校本课程建设而开发的一项比赛活动。该活动每年举办一次，约 200 个孩子同时现场进行书画展演，迄今已经成功举

办了八届，为我校爱好书法绘画的孩子们提供了一个展示自我特长的舞台。

· 钢琴大赛

我校拥有100多间标准琴房，约500多名钢琴爱好者，每年一届的钢琴比赛以独奏、重奏的形式进行展演，为学习钢琴的孩子们搭建了一个展示、交流和互相学习的平台。同时，该项活动也给孩子们提供了一个锻炼自我的机会，极大地调动和激发了孩子们的练琴热情。

· 舞蹈大赛

每年一届的舞蹈大赛上，孩子们以芭蕾舞、民族舞、现代舞、街舞、爵士舞、国标舞、踢踏舞、独舞等不同的舞种，以双人舞、三人舞、群舞等不同的表现形式，为我们呈现了不同民族、不同风格的精彩表演。

· 师生书画作品展

艺术节系列活动之"师生书画作品展"，是我校传承民族文化、推动国画校本课程建设的又一项系列展示活动。该活动有效提升了孩子们对国画艺术的认识，深受老师、家长和孩子们的喜爱。

· 元旦晚会

元旦晚会是我校传统的综合展演项目，辞旧迎新之际，孩子们以他们喜爱的方式庆祝新年的到来，欢歌笑语中一场场精彩纷呈的表演也将成为他们快乐童年的美好记忆。

体育节

体育节是我校小学生众多活动中最喜爱的活动之一。小学部体育组落实全国学校体育工作会议精神和《教育部 国家体育总局 共青团中央关于全面启动全国亿万学生阳光体育运动的通知》精神，以及结合我校教学工作实际，积极贯彻"健康第一""每天锻炼一小时，健康工作五十年，幸福生活一辈子"的现代健康理念，以全面实施《学生体质健康标准》，大力推进体育大课间活动，举办好我校每学年度的体育节。

每学年度的体育节，创新体育活动内容、方式和载体，增加体育活动的趣味性和吸引力，着力培养学生的体育爱好、运动兴趣和技能特长，大力培养学生的意志品质、合作精神和交往能力，使学生掌握科学锻炼的基础知识、基本技能和有效方法，让每个学生学会至少两项终身受益的体育项目，养成良好体育锻炼的习惯和健康的生活方式。

在活动中，我校小学部体育组按照《小学生体育素养达标》的要求，设置各项体育比赛项目，使体育课、体特课和课外体育活动互相补充，充分调动学生的学习积极性，从而增强学生的体质，切实贯彻好我校"锻炼健强体魄，塑造健全人格"的办学理念。

广外外校小学部体育节活动介绍

体育节项目	比赛时间	参赛年级	活动简介
体育节活动启动仪式	4月份	小学部全体学生	宣传、明确内容及形式
阳光体育——环校接力赛	4月份	四、五、六年级学生	环绕校区约1000米的距离，主要目的是提高学生的耐力素质，增强学生的心肺功能，培养学生的团队意识和拼搏精神
阳光体育——羽毛球赛	4月份	四年级学生	学校的传统体育项目之一，也是四年级体特课的必修课程，主要目的是使每一个外校学生都能掌握一项或多项健身运动
阳光体育——篮球俱乐部赛	5月份	五、六年级学生	学校的传统体育项目之一，也是小学五六年级体特课的必修课程，主要目的是提高篮球竞技水平，发现篮球人才
阳光体育——趣味接力赛	5月份	一、二、三年级学生	趣味接力赛要求各班全员参与，主要目的是培养学生参与运动的积极性，提高学生参与运动的兴趣，加强学生的合作意识，增强班级的凝聚力
阳光体育——足球射门	5月份	一、二、三年级学生	学校的传统体育项目之一，也是小学一、二、三年级体特课的必修课程，主要目的是提高学生对足球的兴趣，培养学生的合作意识
阳光体育——跳绳比赛	6月份	小学部全体学生	跳绳是我校小学生体育素养达标必修项目，要求每名学生人手一根绳，主要目的是提高学生的身体素质，增强学生的体质
小学部田径运动会及体育节闭幕式	11月份	小学部全体学生	活动分四天进行，不仅有个人项目，还有集体项目（例如，全员参与的300米迎面接力，每班至少20组以上家长带着孩子参加的两人三足迎面接力赛等）

科技节

为了培养学生的科学素养和创造能力，小学部于2003年开始举办第一届科技节。科技节主要由四个板块构成。

一是科学知识普及：科普板报，科普讲座，科普展（如联系广州青少年科技馆来校布展），科普剧（如联系广州青少年科技馆来校表演剧目），参观广州青少年科技馆和广东科学中心，科技图书展销（如联系广州科技书店来校布展）。

二是科技作品展："三小"（小发明、小论文、小制作）作品展，电脑类（电脑绘画、电子报刊、动画设计、图像设计）作品展，科学幻想绘画展等。

三是科技竞赛：科普知识竞赛，"三小"（小发明、小论文、小制作）竞赛，电脑操作（电脑打字、绘画、电子报刊等）竞赛，头脑奥林匹克竞赛（如鸡蛋撞地球之类），模型制作（建筑、车辆、航空、航海、机器人等）与操作竞赛等。

四是种植与养殖活动等（包括学校的种植、养殖活动，也包括家庭的种植、养殖活动）。

在成功举办前八届小学部科技节的基础上，2011年，中小学开始一起举办学校科技节，科技节成为学校五大节之一。2013年，科技节在内容、形式上较以前有所改变，部分项目和上级有关部门的竞赛活动紧密结合，比如建筑模型、航空模型、航海模型、车辆模型、机器人等项目，既是校内科技节的比赛项目，又是各种比赛的选拔项目。

科技手工制作展鼓励学生利用身边的废旧物品进行设计、制作，每年都吸引大批学生参与，作品越来越多，质量越来越好，学生的动手、动脑能力大大提高了。

学校有30块学生种植园，每年春天的种植活动也是学生极为喜欢且参与面极广的项目。每到这个时候，孩子们在种植园内翻土、松土、播种、浇水，忙得不亦乐乎。在相当长的一段时间（植物生长的整个周期）里，学生都会关注自己种植的植物，除草，施肥，精心照料，认真观察。

养殖（蚕）活动是低年级学生喜欢的科技节项目。每到养蚕时，孩子们每天都兴奋不已，给蚕换桑叶，清理粪便，观察蚕宝宝，写观察日记，围着老师问这问那，那认真劲儿，俨然是一个个小生物学家。

科技节的电脑打字、绘画比赛，是在班级层层选拔的基础上，选出优秀选手参加学校的比赛，优胜者还代表学校参加省、市、区的比赛。参赛者成绩优异，为校争光。

建筑模型、航空模型、航海模型、车辆模型、机器人等项目是我校的优势项目，每年都在省、市、区，甚至全国赛中获得大奖，既锻炼了学生，又为学校争得了荣誉。近几年，在这些项目上，我校已出现多位全国冠军。

在每年的春游和秋游活动中，学生实地参观、考察，例如参观工厂、农场、田园、科技实验基地、高新企业、植物园、动物园、科技场馆（如图书馆、科技馆、博物馆、少年宫），考察家乡的地形地貌、工业污染、水质情况等。

校园科技节为学生提供了一个叩开科学之门的机会，大家自己寻找钥匙，勇敢地开启那扇新奇、神秘而又充满魅力的大门，把一件件闪耀着创造火花的智慧结晶献给学校。我们开展科技活动，让学生在科技的海洋里遨游，就是希望以此来培养他们的创新意识和创造能力，为社会培养出具有创新意识和创造能力的人，也许未来的科学家就在他们之中。

三、从扁平化到精细化的管理文化

"规划、组织、领导与控制组织成员的行为表现，善用各种资源，以达到组织预定目标的过程"，这是从"概念"层面对管理的定义。但是管理的概念不应是单一的，而是多位一体的：管理作为一种方法，一种工作程序，一种文化，一种品质，其原则是科学的，其运用是艺术的。俗话说，有一个好校长就有一所好学校，好的校长善于决策、用人、带队伍。但是这只做对了一半，对于一所学校的管理文化来说，人比事更重要，人的工作做好了，事就自然好办了。所以，管理要以人为核心，其重点在于建立融洽的人际关系，充分利用、优化各种资源及其配置，以满足人类的物质和精神需要，在尊重社会发展终极目标的前提下，求取最高的团队工作效率。

广外外校从最初的"决策、用人、带队伍"的"校长负责制"，到"年级项目负责人制"的扁平化结构体系，再到如今的"管理精细化"的品质追求，在管理版本的不断升级中，始终把"人"和"人性"的要素考虑其中，正像美国当代管理学大师麦格雷戈所言："在每一个管理决策或每一项管理措施的背后，都必有某些人性本质和人性行为的假设。"通过目标管理、参与管理、绩效考核、薪资与升迁管理来创设一种环境，这种环境将鼓励职工对组织目标形成一种内在的承诺，同时为职工提供更多的机会，使职工得以最大限度地发挥其聪明才智与创造精神，达到自我实现的目标，达到个人、团队与学校的三赢局面。

基于此，我们确立如下管理理念：研究，规范，服务，变革。我们把精细化管理定位为：秩序，过程，文化，品质。

（一）扁平化管理理念

1. 管理即研究

《广外外校教育发展纲要》这样阐述作为研究性质的管理理念：研究就是探求事物的真相、性质、规律。研究是从事一切工作的前提，研究的目的在于认识真相、遵循规律。管理的核心在于人——管理者和被管理者。管理者只有在充分理解人的前提下，才可能既规范人又尊重人，既调动人又成就人。同时，管理者还要反思自我，突破局限，取得持续的进步并不断超越。至于统筹安排各种资源，达成配置和流程的优化，那更需要研究精神。管理研究的实质在于为团队行为寻求一种可靠的理性指引，从而避开情绪和经验的陷阱。

2. 管理即规范

教育是一个专业化极强的行业，管理的首要任务就在于必须保证我们的工作是合乎教育规范的。所谓"管理就是规范"，这里存在两层意思：其一，管理就是建立、明确规范的过程；其二，管理就是实施规范的过程，必须保证工作按照规范运行，不允许违规操作。建立健全的学校各级各类规章制度，并在实际工作中保证其运行畅通，是学校管理工作的基础任务。

广外外校 2005 年出版的《管理手册》是在历次修改中第一次正式出版的行动纲领和操作指南，在 2011 年经过再次修改和完善，包括章程总则、岗位职责、工作规范、考核条例四大板块，里面有近百条目，厚达 300 多页。这是一本永远走在"修订"和"完善"路上的管理经典。

目　录

3. 管理即服务

管理者的身份就是员工工作的服务者，服务于人的创造力。管理者通过分权让每个人在他所接受的授权范围内独立自主和创造性地工作。

我们管理方略的要点为：管理人员要具备人际关系处理技能；让员工参与决策；注重上下沟通，建立上下之间有来有往的固定沟通渠道；实施提案制度，尊重员工的建议和意见；实施与员工面谈制度，让员工自由公开地讲出不满和意见，抚慰他们的情绪，使其有家的感受。

管理应充分调动人的智力因素，培养人的工作能力，营造一个能发挥人的创造力的环境。

4. 管理即变革

管理就是变革，变革的意义在于创新。

创新管理有三种互有联系的不同含义，一是对创新活动的管理，二是管理要创新，三是创新型管理。这里指的是最后一种含义。创新型管理的前提和结果必然是管理创新，其内容也理应包括对创新的管理。创新型管理不同于守旧型管理，它把创新贯串整个管理过程。我们必须使学校管理随着宏观、微观教育环境的变化而变化，把创新作为活动的主旋律。创新管理是学校生存和发展的根基。学校的创新管理有助于促进学校的全面创新，使创新活动由单项创新转向综合创新，由个人创新转向群体创新。

（二）精细化管理文化

管理精细化最早从企业管理借鉴而来，目前已经成为高品质学校发展的必然追求。

1. 精细化重在秩序

秩序决定优劣，细节决定成败。广外外校的各项职能部门互相交叉，每项任务的落实需要各部门的联动配合，在管理秩序的定位上必须明确：服务部门要归属专业部门的管理和调度，专业部门必须制订更详细的流程图以示"联动"的程序和秩序。下面是我们实行的精细化管理流程图：

广外外校精细化管理流程图

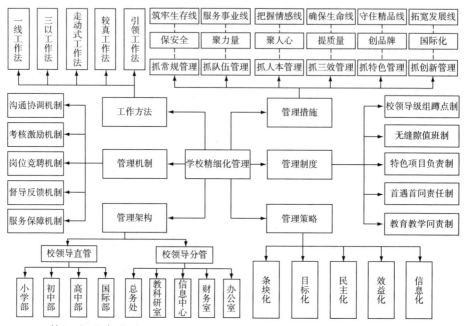

2. 精细化重在激励

我们尊重员工对自身合法权益的追求——物质的和精神的，并将其视作最基本的管理资源。

激励的方式主要有三种：物质激励——随着学校的发展，不断提高教师工资，贯彻"能者多劳，多劳多得，优劳优得"的分配原则；精神激励——帮助员工制定明确的工作目标，在其工作过程中不断给予鼓励和支持，对优秀工作者进行褒奖；情感激励——尊重员工，加强与员工的感情沟通，使员工始终保持良好的情绪和工作状态。

3. 精细化重在全局

在实施精细化管理过程中，容易过多关注细节而忽视大局，我们既要看到"细节决定成败"，又要看到"大局决定命运"。如果过多地关注细节，只见树木不见森林，就会分不清主次。如果不注意调控，容易出现部门间不平衡、不协调，甚至不时出现纰漏，导致达不成目标。也容易使管理者要始终瞄准目标，明确方向，控制全局，凸显整体优势，发挥精细化管理的优势。

4. 精细化重在品质

学校精细化管理是一种为教育教学、为师生服务的高品质管理，主要分为三个层面：一是"精"，将管理责任具体化、明确化，关注过程，关注细节，本着尊重个体差异、尊重生命成长需要的原则，通过提供优质的管理服务实现高效的管理，在具体的工作中把小事做细、细事做精；二是"细"，即学校管理要覆盖各项工作的每一个环节，将规则系统化、细致化，把工作做细、管理做细、流程做细；三是"化"，即学校管理要求树立规则意识，强调制度化、程序化、数据化和信息化。

案例一　以"五课一评"为核心的精细化教学管理的探索与实践

广州市广外附设外语学校　刘文娟

"精细化管理"一词源自企业。所谓"精"，就是高标准、高质量、精益求精；所谓"细"，就是建立流程、注重细节、追求实效。精细化教学管理则是针对学校的实际情况，通过不断探索、反馈和调整，形成符合教学规律的管理系统和基本规范。为此，我校小学部以"五课一评"为核心，实施精细化教学管理，扎实推进教学改革，全面提高教学质量。

一、课程——精细化教学管理的主要载体

一所学校拥有怎样的课程设置，在很大程度上决定了这所学校的学生拥有怎样的校园生活。因此，课程是精细化教学管理的主要载体。

从学科建设出发，我们引领各教研组在学科建设中抓住核心，找准支点，做出亮点，进而形成具有外校特色的课程体系。如："读"树一帜的语文课程体系、有"研"相伴的数学课程体系、"1＋X"的英语课程体系、"一专多能"的体育课程体系、"一主多辅"的艺术课程体系等。

从课程校本化实施的目标出发，我们鼓励教师研发校本教材，为学生的全面发展提供多元化的教学内容，创建学校特色。近年来，我们研发了《天鹅湖畔》《有研在先》《英语文本再构》《"成"教育》《草头格习字》《国画》《种植与养殖》《武术》《舞蹈》等校本教材，极大地丰富了课程内容。

从教师的专业成长出发，我们提倡教师研发班级特色小课程，如班级阅读课程、班级书法课程、班级思维训练课程等，既丰富了现有课程的内涵，提升了课程吸引力，又锻炼了教师的课程设计能力及课程执行能力。

从"活动即课程"的大课程观出发，我们构建了《小学部学科素养活动序列》，有序、有效地开展学生学科素养活动，充分发挥隐性课程的作用。

二、课堂——精细化教学管理的核心阵地

课堂教学是学校教学的主要形式，教学的实质就是教师引导学生自己学习的过程。"四有"课堂便是探索如何让学生更好地学习，从而切实提高课堂效率。根据学生的学习与身心发展规律，"四有"课堂教学理念的"四有"追求是"有序、有趣、有法、有效"。

有序：课堂教学的基本保证。核心内涵是课堂的秩序、规范，知识的前后联系及循序渐进。

有趣：课堂教学的重要动力。核心内涵是能够吸引学生的注意力，并给予学生学习的愉悦感及成就感。

有法：课堂教学的必修内容。核心内涵是解题方法的传授、学习方法的引领、学习过程的指导及学生用所学方法来建构自己的知识结构。

有效：课堂教学的根本追求。核心内涵是课堂的生本、生成，学习目标达成度，教师教学计划实现度与课堂教学效果拓展度。

在"四有"课堂的教学实践中，我们首先要避免对"四有"课堂教学理念的表面化解读。如为了"有法"而生硬地总结出个学习方法，为了"有趣"而开展偏离了课堂核心的游戏，等等。我们要真正领会"四有"课堂的内涵以及"四有"对课堂的内在要求。

三、课型——精细化教学管理的有效抓手

课型是指教师在课堂教学过程中，在一定的教育理念指引下，以一定的标准、一定的内容、一定的方法所精心设计并组织起来的授课的形式。它既是课程与教学理念及教学过程之间的中介，又是一定课程标准及教学思想转化为教师实际的教学技术和艺术的中介。因此，课型建设是精细化教学管理的有效抓手。近几年来，通过各教研组的探索和总结，我们构建了各有特色的各学科课型体系：

语文	单元通读课	数学	感受课	品心	课堂主题教学课	
	教材品读课		新授课		个体辅导课	
	表达交流课		练习课		大型集体课	
	知识整理课		整理复习课		主题综合实践活动课	
	复习评研课		评研课	音乐	歌唱课	
	拓展阅读课		思维拓展课		欣赏课	
	书法课		数学文化课		综合课	
	生本识字课	英语	单元整体教学课		小器乐课	
	群文阅读课		绘本阅读课	体育	体育基础课	
	文化专题课		报刊阅读课		体育特色课	
	报纸杂志赏读课		文化专题课		体育文化课	
	群文阅读课		电影欣赏配音课		武术、舞蹈课	

对各学科课型体系的研究，有助于教师从整体上把握教学内容，区别对待和处理好每一个课型，以保证教学工作的针对性和有效性，从而有效地推动了教师在新课程标准下教学技能的成熟及专业能力的提升，有力推进了高效课堂的建设。

四、课时——精细化教学管理的有力支撑

除了课程的建设，我们还思考从时间上给予课程强有力的支撑。为此，我们把课时管理作为精细化教学管理的基本要素，研究与实践"长短课时"，设有 5（或 10）分钟的课间英语跟读课、15 分钟的午间习字课、20 分钟的早读、35 分钟的一二年级常规课、40 分钟的三至六年级常规课以及一个小时的第二课堂活动课等课程。

"长短课时"的改革，让学校有了更大的校本课程空间。同时，"长短课时"以学生的时间节奏来安排课程表，使原来单一的时间节奏变得富有变化，让学生的校园生活更加灵活、有趣。

五、课题——精细化教学管理的基本前提

精细化教学管理以人为核心。因此，要推行精细化教学管理，离不开教师的专业化成长。

课题研究是我校教师专业化成长的主要途径之一。我们的课题研究立足于解决课堂教学改革中的实际问题，让研究回归工作本位，将课题研究服务于日常教学。遵循这样的理念，我们建立了开展课题研究的一般范式。

1. 发现问题。我们认同"问题即课题"的观点，提倡教师在自己的工作实践中找到既平凡又有价值的课题。课题可以来自我们的困惑、我们在教学中遇到的问题，也可以来自我们的阅读、我们的经验反思。总之，基于教学，关注事实就是课题选择的基本原则。

2. 寻求办法。对于此环节，我们提倡教师以读书、查阅资料为支撑及指导，结合实际进行分析和研究，寻求解决问题的办法，确定解决问题的策略及步骤。

3. 解决问题。即用找到的解决问题的方法解决自己遇到的教育教学问题。这是一个行动—反思—修正—再行动的过程。

4. 经验总结。即把自己解决这一问题的过程总结出来，形成典型经验。呈现形式可以多样，提倡"泛成果化"。

5. 实践运用。即把总结出来的方法运用到实际教学中。这是第二次从理论到实践，既解决了教学实际问题，又对研究成果进行了验证。

六、综合评价——精细化教学管理的重要手段

评价具有导向作用。如何通过评价来促进精细化教学管理的深入实施及教学质量的全面提高？目前，我们改变传统的单纯的书面测试方式，运用多种方法，对不同的目标、不同的内容进行项目评价及过程评价，做到过程测评与结果测评相结合、项目测评与综合测评相结合、校内测评与校外测评相结合。以语文为例：

考试方式：综合测评50％＋区期末考试成绩50％＋附加题20％

综合测评侧重对学生语文基本素养的考查，具体包括：

（1）读：朗读文段

（2）讲：即兴表述

（3）写：书写、写作

（4）记：本学期所学的字词

（5）积：背诵积累

实践证明，实施精细化教学管理是提高教学质量的有效途径。但精细化教学管理不是一味地求精求细，也不是细致周密地规定限制，更不是全时空、全方位地控制，而是目标引领、理念认同、科学计划、共同执行、关注细节、自主创新、检查反馈、有效调控、以人为本、专业成长。只有这样，才能既保留企业"精细化管理"的优势，又适应学校工作及新课程的要求，从而实现教与学的和谐共鸣，促进师生的共同成长。

参考文献：

［1］贾剑峰.对教学精细化管理的思考［J］.山西教育，2009（7）.

［2］邓玉明，李国华.对学校"精细化"管理的反思与认识［J］.当代教育论坛，2011（4）.

案例二 《教师月量化表》"变形"记

广州市广外附设外语学校小学部 杨文霞

年级管理是一门精深的学问，对于我来说，要想工作得轻松并不是一件容易的事。如何有效管理年级？如何让年级组的一切工作尽快地走上我想要的轨道？结合年级层级管理目标，我首先想到了《教师月量化表》。我决定在这个表格上做文章，把表格为我所用，让它成为我工作上的好帮手。

原始表格：

年级组教师月份考评量化表

项目 ＼ 姓名	1	2	3	4	5	6	7	8	9	10	11	12	13	14
1. 出勤														
2. 集队、集会														
3. 家校联系														
4. 班队会														
5. 材料上交														
6. 年级组的工作														
7. 安全教育														

填表说明： 在我过去九年的年级管理工作中，这个表格一直起着重要的作用，每个月 26 日前对组内教师进行优、良、合格的评价。

反思表格： 表格里面优、良、合格的等级操作，并没有真实的数据作为评价的依据。每个月的评价都大致相同，没能起到真正评价的作用，也没能真正把量化工作与学期末的考核相结合。它形同虚设，更成为年级主任工作中的一个负担。

《教师月量化表》第一次"变形"：

2013 年 9 月，我从工作了九年的低年级组来到了高年级组。刚来第一周，我就感到《教师月量化表》改革的必要性。

问题列举：

周四要出第一周的《家长信》了，我们设计第一周《家长信》的老师完成了初稿，然后问我："老杨，我把《家长信》发给你检查啊！"我说："好，请同时发给第二位班主任，我负责检查内容是否恰当、是否全面，由另一位老师检查信中的错别字或病句！"办公室的另一位老师立即大声说："啊？要这样吗？我们原来都是年级主任一个人搞定的啊！"听到这里，我笑着说："对，那是原来，从现在开始，我们年级组的事就要大家一起做，更希望年级组的事大家能主动去做！"

《家长信》的安排总算告一段落，紧接着班会设计也出了问题。由于某老师没能提前准备好与班会相关的灯片和资料，导致了一次班会没能准时召开的事故。

楼层值班，本来也不是什么大事，但在这里我又一次碰壁：一位老师就因为多了一次值日而叫苦连天。

占用非统考学科进行补课的问题……

如何改变这些以往存在的旧习，让年级组教师呈现出一种积极向上且不斤斤计较的面貌呢？这是一件迫在眉睫的事。

工作急需智慧，但更需要耐心。要想迅速改变过去一切懒散、自由、得过且过的工作状态，首先要建立一个正确的月评价机制。经过几天的思考，我决定发挥《教师月量化表》的作用。以下就是《教师月量化表》的第一次"变形"：

四年级（　　　　）月《教师月量化表》

第一周	具体时间	姓名	检查记录	等级评价
第二周	具体时间	姓名	检查记录	等级评价
第三周	具体时间	姓名	检查记录	等级评价
第四周	具体时间	姓名	检查记录	等级评价

使用说明： 本表适用于对教师平时的工作进行检查、记录和反馈。对本职工作出色的、集体工作积极的、本职工作不能按时完成的、在完成过程中

出现错误的，等等，都及时记录下来。

效果：月量化表，顾名思义，对教师的工作做到一月一反馈。本表能把一个月以来年级组教师为年级组做了什么、本职工作完成的情况等详细地记录下来。虽然陈述的只是一个事实，但是在某种意义上来讲，也起到了表扬和激励的作用。相反，对那些平时工作不积极、不主动，自己的本职工作也不能认真完成的教师起到了提醒和批评的作用。

不足之处：一个月一评价，时间有些长，不能及时反馈年级组的工作，不能及时防范一些工作中出现的纰漏。

《教师月量化表》第二次"变形"：

安全重于泰山！为了防止学生在上下楼梯中出现意外，为了消除学生上下楼梯的安全隐患，我们学校在开学初就制定了大课间及晚自习值班制度。年级组为了落实楼层值班制度，在开学初就制定了楼层值班表格。然而，时间已经到了九月中旬，每天大课间、晚自习后，仍出现有人不按时到岗的现象。每到值班的时候，我提前提醒，到处找人，找不到人时自己多次顶上。

一天大课间，我又去检查老师们的值班情况，可出去一看，两个岗都没有老师，此时的我恨自己没有分身术，到底站在哪里呢？没办法，只好派学生去叫值班老师，值班老师过来后只跟我轻描淡写一句："忘了！"整个九月我几乎都在值班的岗位上或在寻找人值班的路上，这让我心烦不已！

工作中出现问题当然需要及时调整，我想：《教师月量化表》一个月反馈一次，由于时间久而不能起到很好的督促作用，要不改成一周一反馈？于是，我果断地把《教师月量化表》变为《教师周量化表》。

四年级（　　）周《教师周量化表》

日　期	姓　名	检查记录	评　价
周一			
周二			
周三			
周四			
周五			

使用说明：本表适用于对教师一周的工作进行记录，记录表现突出及工作不足的地方，每周日准时向老师们做本周的工作反馈。

效果：《教师周量化表》的产生，给年级组工作带来了较大的起色。由于反馈及时，老师们对本周的工作记忆犹新，做得好的地方得到领导的肯定，让老师们的内心得到一种满足；对于工作中出现的问题得到了及时的提醒，便于提高下一周工作的效率和质量。年级组有叶校、蒋主任及周主任这几位领导，他们也能看到每次的反馈工作所发的邮件，这无形中提高了老师们的重视度。此表从去年十月份起沿用至今，效果一直不错，并在其他年级组内推广及使用。

1. 每周的《家长信》，由于程序清晰、责任明确，几乎再也没有出现过"质量问题"。

2. 能根据学校及年级组的工作进行班会设计，保证了班会的正常开展，保证了年级养成教育的有序推进。

3.《教师周量化表》的及时反馈也让年级组的楼层值班工作面貌一新，楼层值班再也没有出现迟到、无人的现象，保证了学生上下楼梯的安全。

4.《教师周量化表》也对全体教师的补课行为进行了规范。

5.《教师周量化表》的有效落实，更好地规范了教师的教育与教学行为，统一了年级组教师的教育价值观，使年级组的氛围和谐顺畅、年级组的工作有条不紊。正因为如此，四年级上学期的工作获得一等奖的佳绩。

使用《教师周量化表》对年级主任提出更高的要求：

1. 身正。要求老师们做到的，年级主任必须先做到，要以身作则，亲身示范。

2. 心正。对待每一位教师要一碗水端平，公平公正地做记录。

3. 言正。从不在公共场所发表不利于学校、不利于工作的言论，多传播正能量。

4. 眼正。多看，及时记录，用心记录。

使用《教师周量化表》的意外收获：

从第一周到最后一周，老师们平时的工作表现在表中记录得清清楚楚。期末考核时只需要根据记录折合成分数，自然分出等级，既省事又公平。

"变形"后的思考：

《教师周量化表》的设计如何能更好地体现班主任和任课教师的工作性质？对于学校组织的活动，如何区分积极与消极怠工的现象？如何设计出更好的表格把表扬的和提醒的工作记录自然分开？这是以后工作中应完善的方面。

案例三　小学数学精细化课堂教学的实践与思考

——以人教版二年级上册《数学广角：排列》的课堂教学为例

广州市广外附设外语学校　徐培敏

精细化课堂教学是小学数学课堂教学观念的转变，是以精细化课堂教学观念打造数学课堂教学的全新模式。怎样进行数学精细化课堂教学？下面以人教版二年级上册《数学广角：排列》的课堂教学为例，谈谈我对小学数学精细化课堂教学的实践与思考。

一、精细化课前研究

教材提供的学习材料如下图。

1 用1、2和3组成两位数，每个两位数的十位数和个位数不能一样，能组成几个两位数？

能组成□个两位数。

学习数学的过程就是解决问题的过程，教材的设计也体现了这一点。例1要探索用非0的3个数字1、2、3组成没有重复数字的两位数的个数。教材分两个层次进行编排：一是找出所有满足条件的两位数，二是数出满足条件的两位数的个数。教材通过第一幅图呈现两名学生独立思考、自主探索的情境。左边的学生随意摆放数字卡片，右边的学生借助数位表，按交换两个数字位置的方法进行探索。第二幅图呈现的是学生进行交流的情况，体现了学生对解决问题过程的思考，渗透了有序思考问题的方法。当然，除了教材上呈现的有序思考的方法——调换位置法外，还有其他的方法。如固定十位法，在十位上固定数字1，在个位上和2、3搭配得到12、13；在十位上固定2，在个位上和1、3搭配得到21、23；在十位上固定3，在个位上和1、2搭配得到31、32。固定个位法同理。二年级的学生通过课前学习研究能获得什么？因此，我以课本上的原题为探究题，让学生预习课本后完成。

《数学广角：排列》课前小研究：

用1、2和3组成两位数，每个两位数的十位数和个位数不能一样，能组成（   ）个两位数（用数字卡片摆一摆，写一写）。

学生完成后，我分类对学生的研究方法进行统计，结果如下：

二年级上册《数学广角：排列》课前研究结果统计					
	有序思考			无序思考		合计（人）
	交换位置法	固定十位法	固定个位法	找出6个两位数	不足6个两位数	
人数	16	8	6	4	7	41

从学生完成课前研究的统计数据看，能用教材提供的方法找全6个两位数的学生占39%，用不同方法找全6个两位数的学生占34%，无序但能找出6个两位数的学生占10%，无序且不能找出6个两位数的学生占17%。

建构主义认为，"学习"不是简单的信息积累，它是新旧知识的相互作用，以及由此而引发的认知结构的重组。通过课前精细化研究及学生数据收集统计，对学生已有的知识情况做到心中有数。也就是说，学生的学习是在已有的知识经验中生长，它必须以学生原有的知识经验来实施建构。在课堂教学中，我们要依据学生已有的知识经验作为新知识的生长点，引导学生生长出新的知识经验、方法及策略。这就是精细化课前研究的目的所在。

二、精细化课堂观察

镜头回放1：猜年龄。

课堂教学从猜老师的年龄开始了。

师：我的年龄是由数字1和4组成的一个两位数，我今年多少岁？

生1：我认为是41岁。因为1和4可以组成41。

生2：还可能是14岁，1和4还可以组成14。

生 3：不可能是 14 岁。

师：为什么我不可能是 14 岁？

生 4：14 岁还在上初中呢？（迫不及待，全班学生都笑了。）

……

在引入环节中，借助猜测老师的年龄，很好地调动了学生的学习兴趣。设计这一环节的目的不仅为了激趣，学生无心的猜测"还可能是 14 岁，1 和 4 还可以组成 14"还为合理的猜测进行了铺垫。在解决问题的过程中，学生无形中通过"生活—数学—生活的认识途径"，运用合理猜测的数学思想。这一细节看似无心插柳，实则都是精细化课前研究的"有心栽花"，把交换位置的方法和生活实际紧密结合，在朴素的游戏中体验和感受数学方法。

镜头回放 2：交流讨论。

接下来的小组交流中，我特别关注未找足 6 个两位数的学生。毕竟二年级的学生年龄小，小组交流时，绝大部分学生都沉浸在自己的想法中。特别关注的几名学生均未根据他人的答案进行修改。

萧伯纳说过：你有一个苹果，我有一个苹果，互相交换，各自得到一个苹果；你有一种思想，我有一种思想，互相交换，各自得到两种思想。如果在小范围的交流中不能进行思想的碰撞，那么就在全班讨论中进行思想与方法的交换吧。

全班汇报时根据精细化课前探究的数据，我特意选取了 6 种不同的研究成果进行展示和讨论。

用 1、2 和 3 组成两位数，每个两位数的十位数和个位数字不能一样，能组成几个两位数？

十位	个位
1	3
2	3
3	2
2	1

用 1、2 和 3 组成两位数，每个两位数的十位数和个位数字不能一样，能组成几个两位数？

十位	个位
1	2
2	2
2	1
3	1
2	3
1	3

用1、2和3组成两位数，每个两位数的十位数和个位数字不能一样，能组成几个两位数？

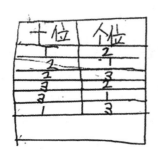

用1、2和3组成两位数，每个两位数的十位数和个位数字不能一样，能组成几个两位数？

十位	个位
1	2
2	1
2	3
3	7
3	1
1	3

用1、2和3组成两位数，每个两位数的十位数和个位数字不能一样，能组成几个两位数？

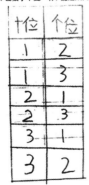

十位	个位
1	2
1	3
2	1
2	3
3	1
3	2

用1、2和3组成两位数，每个两位数的十位数和个位数字不能一样，能组成几个两位数？

　　在课堂教学中，以两个数字的排列为起点，以三个数字的排列为重点，从研究数字不足开始，经历无序排列、交换位置排列、固定十位数字、固定个位数字及连线法的讨论和研究。这样，教师不会在低层次的思维方法和策略上机械重复，而是一环扣一环地引导学生向较高思维层次递进，渗透给学生数学方法和解决问题的策略、思路，同时引导学生在"学会"的过程中向"会学"迈进。

　　精细化的教学研究和课堂教学观察顺应学生的思维脉络，既为课堂教学的生成保留了空间，又为教师调控课堂教学进程提供了抓手。这样不仅尊重了学生已有的研究，还使学生不断拓展思路，体验用不同的数学方法解决问题的策略。在生动活泼的学习氛围中，学生形成积极的情感体验，教师只是对其加以点拨、引导和调控。

三、精细化课后思考

小学数学精细化课堂教学中，只要教师舍得花时间，让学生充分展示思维过程，数学课堂就能绽放"生成"之花。尽管教学是一个动态生成的过程，但教学的生成性并非不需要预设。精细化课堂教学是教师在精心预设与生成之间寻求的一种平衡。

精细化课堂教学是一个不断生成的过程。这一过程既有教师课前精细化的思考与研究，又有教师课堂教学精细化的观察与策略。教师只有全面地掌握学情，才能使学生积极地参与学习，并使其思维达到更活跃的状态。同时，教师也能胸有成竹地驾驭课堂。

案例四　小学一年级数学作业精细化管理

广州市广外附设外语学校小学部　张霞

【摘要】 提高学生作业质量，使其养成好的作业习惯，从小学一年级抓作业的精细化管理很有必要。文中从书面作业的布置、批改、评讲等几方面做了阐述。

【关键词】 精细化、管理、作业

精细化管理就是"小事做细，细事做精"。万丈高楼平地起，细末之处见真功。

长期奋战在教学第一线，多年的小学低段数学教学经历，今年又恰逢遇到一年级的小可爱，看到学生的作业时，我就会回想起龙飞凤舞的笔迹、随心所欲的涂鸦、五花八门的标记……这哪里是数学作业，倒像一幅幅抽象的美术作品。于是，我便有了试探一年级数学书面作业精细化管理的想法。

如何精细化？一年级的孩子刚入校，就像一张白纸，师在白纸上涂什么色彩就是什么色彩。

一、狠抓四个第一

老师第一次的明确要求，学生第一次的认真作业，家长第一次的详细反馈，老师第一次的精心点评……万事开头难，好的开端就能为以后做好铺垫。第一次作业前的准备工作：日字格本、口算练习册、教辅配套练习册一本、单行本一本。老师提前帮学生在规定位置写好学号、姓名，并要求学生妥善保管作业，不得在封面和封底涂画，保持平整，所有的数学学习资料放在专门的数学文件袋内。老师要明确对第一次作业的要求，让这些刚刚踏进小学校门的孩子明白什么是作业，为什么要写作业，写完作业得上交，小组长收齐交给课代表。学生必须书写工整，姿势正确，按时上交。如果家长第一次没有反馈，老师就要电话联系告知："您的关注，会让孩子更快进步！"并且做好家长反馈情况记录。第一次的点评同样很重要，所有的孩子都期望得到表扬和鼓励。老师是学生发展的促进者、引导者，评价是为了学生的全面发展，要关注每一个孩子。

二、数量适中，保证时间

数学作业应体现"数量要适中，形式要灵活，针对性要强"的原则。一年级的孩子年龄小，作业不宜过多，不留课后作业，作业当堂完成。每天课堂作业量保证所有孩子在 5 分钟之内完成，以基础知识和课本为主。口算可在写完必做作业后练习。

三、要求明确，指导具体

1. 形式多样，激发兴趣。如口头作业、动手操作、实践活动、亲子游戏、数学阅读等，既有利于对基础知识的巩固、基本能力的培养，又有利于培养学生的动手实践能力和创造性思维能力。做到少而精，避免机械重复、大量抄写的作业。

2. 严格要求，养成习惯。姿势端正，格式整齐，书写认真，学会检查，按时上交，按时订正。对于作业潦草或不及时完成的学生，要认真分析原因，耐心指导。

3. 学会读题，做好标记。一年级孩子作业的最大问题就是不会读题，要告诉孩子"小手指、点着字"，左手压本、右手点字读两遍题，然后让孩子自己读一遍题，培养读题能力。边读边做标记，圈出关键字和数学信息，用波浪线画出问题。对于刚入一年级的孩子，老师要带领孩子做，孩子养成好习惯后，老师再慢慢放手，让孩子独立完成作业。

4. 标准具体，便于落实。日字格作业，数字要按照日字格的格式规范书写；单行本作业，字要沿底线书写，大小匀称，疏密有致。一律用铅笔，做完一道题要空一行再做另一道题。在进行竖式计算时，竖式写在横式下面居中的地方。要求每天作业写上日期，如 9 月 6 日，在左上角写"9-6"。

四、批改及时，个性激励

1. 老师批改作业要统一用红笔，在右上角批阅。准确度使用百分制，书写分为 A、B、C 三个等级，如"100A"。

2. 教师批改要认真、及时，评价要恰当。提倡使用激励性、启发性、指导性批语，可使用笑脸、五角星等。对于错题，可以圈起来或者画问号，避免出现刺目的红色大"×"。作业订正后补满100分，调动孩子做作业的积极性。

五、评讲鼓励，超越自我

每次作业得100A的学生可以在封面（便于统计）加一颗星，10颗星换一份小礼品，连续10颗星换一张大奖状。每周、每月都要进行作业的评比或展览，同时可以进行适当的物质奖励或精神奖励，如帮老师倒杯水、有机会做值日、和老师拍张合影等。设定在学期末评选"优秀作业"，激励所有孩子的上进心。

六、家校配合，齐抓共管

作业一个月带回家一次，让家长了解孩子在校的作业情况，便于查漏补缺。对于周末作业和寒暑假作业，建议家长写反馈。反馈要从孩子的作业态度和准确度两方面进行，提倡以"表扬信"和"温馨提示"的形式，如"宝贝作业认真，全部正确，提出表扬"或"第2题有误，已订正，某个知识点掌握得不好，希望老师多关注"等。家长的反馈为老师更好地教、学生更好地学提供了依据。作业三问：你是怎样想的？还有别的方法吗？哪种方法更简单？学习数学需要思考，家校应共同关注孩子的思考过程，引导孩子养成思考的习惯。

七、严抓细化，促其养成

万丈高楼平地起，细末之处见真功。精细化管理不仅仅是口头上的一句空话，还需要进一步完善制度。让我们一起树立精细化管理的意识，制定规范的制度，以人为本，认真严谨，一切为了全体孩子的发展。力求"点点滴滴求合理，细微之处见管理"，将"精、准、细、严"进行到底！

后记：老师在布置作业前精心设计、明确要求，作业中关注过程、详细指导，作业后认真批改、及时评价。布置作业要注意趣味性和层次性、形式的多样性。用多种作业方式让孩子巩固知识，形成技能，提升思维品质，提升数学素养。让孩子在作业中学会学习、学会思考，在思考中感悟数学思想、积累经验。让孩子学会用数学眼光观察世界，用数学语言表达世界，用数学思维思考世界。老师要把握数学本质，做好作业的精细化管理，提升孩子的数学素养，促进孩子的全面发展，真正培养走向世界的现代人。

附：作业设置与批评要求表

小学一年级数学作业设置与批改要求

类型	作业量	学生书写要求	教师批改要求
作业本	以周为单位，不少于2次	①学生做作业要整洁、规范，字迹要工整，作业边角不要翘起。	①正确。批改作业时不得出现知识性错误，坚决避免错批、误批现象发生。
数学书	每堂一练	②一年级上学期用日字格，下学期用单行本。③使用铅笔书写。④不准在作业本上乱涂、乱画、打草稿。	②严格。作业的书写格式、解题过程都应按规范严格要求。错误率达70%时要让出错的学生重写。
配套教辅（自选一本）	每课一练	⑤做完一道题要空一行再做另一道题。每次作业学生的书写量以不低于半个页面为宜。⑥在进行竖式计算时，竖式写在横式下面居中的地方。⑦有错题必须订正，在原题旁边订正	③及时。当天批改，全批全改，作业必须由教师亲自批改，不得让学生代为批改。④仔细。批改作业要认真细致，不可通篇使用两三个批改符号。对学生的共性错误和突出问题要认真做好批改记录，集中进行讲评与指导。⑤规范。批改作业一律使用红笔，等级统一为"ABC"。批改符号统一为：正确的打"√"，错误的圈起来或画问号。批语用词确切，以正面鼓励为主。等级、批语写在作业的右上角
周末作业	每周一份数学报	读、写数学报	
寒暑假作业	寒暑假各一份	必做：数学报综合练习 选作：举一反三，口算天天练	

附：周末作业反馈表

第5周数学周末作业反馈

学号	姓名	按时上交	答案正确	智力冲浪	书写	家长反馈
10301	刘俊骅	√	良	A	B	温馨提示A
10302	姚继懿	√	优	A	A	表扬A

续　表

学号	姓名	按时上交	答案正确	智力冲浪	书写	家长反馈
10303	陈睿桐	√	优	A	A	表扬 A
10304	余家米	√	优	A	A	表扬 A

附：寒假作业反馈表

一（3）班数学寒假作业反馈　反馈人：张老师

学号	姓名	按时上交	全部完成	答案正确	书写	家长反馈
10301	刘俊骅	√	√	优	A	B
10302	姚继懿	√	√	优	A	A
10303	陈睿桐	√	√	优	A	B
10304	余家米	√	√	优	A	A

第二章　学校品牌课程的文化内生

一、从课程管理到课程领导

（一）课程要素解析

"课程"一词源于拉丁文，意为"跑道"，然而，作为学校的课程，"非单纯为学生预设的'跑道'，而是让学生沿着'跑道'跑的过程"（钟启泉《课程的逻辑》）。对于学校来说，非专门研究概念为目的，教育部教育发展研究中心副主任陈如平在一次新样态学校研究的报告中，用通俗易懂的话阐述了"课程"相对于学校的意义。他认为，课程对于一所学校来说，是学校的核心竞争力，是办学理念的根本体现，是学校文化最主要的载体，是提升教师专业水平的重要路径，是校长最重要的领导力，也是实现培养目标的基础工程，更是学校特色建设的基本保障。他提出"一事一物皆教育，时时处处有课程"的观点。

日本教育家佐藤学把课程定义为"学习经验之履历"，指出要重点把握课程的三个视点。

第一个视点"教师即课程"：教师自身必须摆脱"公共框架"的束缚，根据自身的想象力与设计力形成新的课程见解。

第二个视点"学习经验之和"：把课程视为课堂中引起儿童学习经验的总体，应当根据课堂学习的实际情况进行探讨。

第三个视点"开放的发展的进程"：把课程视为师生的教育性经验的创造性手段和创造性经验的产物。

一套完整的课程结构一定要具有以下六大要素：

1. 课程目标：课程目标关于课程实施的方向和定位，课程目标的制定要依据学校的总体办学目标和培养人才的方向，属于学校办学总目标下的在功能表述上更为具体的子目标。

2. 课程功能：今天的课程功能已经从单纯传授知识转变为培养学生适应未来社会需要的必备品格和关键能力，特别是培养学生适应未来社会所具有的健全人格、创新精神和实践能力。

3. 课程内容：包括教材、资源、活动等一切可以整合为学生成长资源的外延总和。

4．课程实施：课程落地的途径和方式。

5．课程评价：评价是保证课程有效实施的重要导航杠杆。

6．课程管理：保证课程实施的规章制度和流程。

以上是学校课程的基本要素。新一轮基础教育课程改革，从管理角度看，正是从课程管理走向课程领导的一场变革。

（二）课程属性解读

课程的属性具有完整性、进化性、关联性和教学性，切入角度不同，其样态也不相同。从管理层级来看，有国家课程、地方课程和校本课程之说；从课程形态来看，分学科课程、活动课程；从课程领域来划分，可以分为德育课程、语言课程、数学课程、科学课程、艺术课程、体育课程、劳动课程等；从课程功能上看，可以分为基础课程、拓展课程、选择课程、定制课程、综合课程等；从学习方式来看，可以分为必修课、选修课；从课程表现形式来看，可以分为隐性课程和显性课程。

（三）教师即课程

未来品牌学校的定位看学校的品牌课程，而课程的有效实施关键和前提在教师。教师是课程的一部分，又是课程的创造者。广外外校要求每个教师都应具有课程意识，成熟教师具有整合、研发课程的能力。教师可以在学校课程的整体框架下，结合班级实际需要，整合、研发适合本班适用的课程，我们称之为"班本课程"。下文案例一是海晏老师在学校"'读'树一帜的语文阶梯课程"框架下，以《克雷洛夫寓言》为主题进行的"班本课程"实验。

案例 从课内到课外，从课文到课程

——以《克雷洛夫寓言》为例谈班本课程"整本书阅读"的实施

广州市广外附设外语学校小学部　海晏

适用年段：小学中年段

实施年级：小学二年级

使用教材：《克雷洛夫寓言》（彩图注音版）（北京教育出版社）

实施意图：

从一年级的大量识字，到单篇阅读、绘本阅读再到多篇阅读，学生的阅读能力在一步一步提高，整本书阅读又是一个新的台阶。它让知识的容量扩大，使学生接触足够的、丰富的语言材料，为学生带来阅读的成就感，同时在培养良好的阅读习惯方面起着重要的作用。

对于寓言，学生并不陌生，但很难跳出寓言的故事本身而联系现实生活，从而领悟寓言的"灵魂"——寓意。学生从之前零散地学寓言到现在读一本寓言，可以利用这个时机集中、系统地阅读寓言并学习写作方法。

课程目的：

1. 培养专注阅读整本书的习惯。在一段时间里潜心读一本书，可以持续地受到作品的写作方式、语言风格、人文思想的影响。

2. 得法课内，得益课外。在课内获得精读的方法，如概括主要内容、联系上下文理解课文、领悟寓意、提炼寓言的写作方法，在浸泡式地阅读整本书时会得到更深入、更持久的习得、运用与内化。

3. 提供思维得以深入的可能性。学生通过大量阅读，获得大量信息，与自身对照后进行反思，使自己的思想不断成熟。交流和讨论又能使学生与他人的观点进行比照，做出新的思考和判断，为学生提供思维得以深入的可能性。批注、阅读分享、模仿写作等表达的练习，让学生有时间整理自己的思想，在表达中不断提高思考的频率，让自己的思想更加清晰，同时养成思考的习惯。

实施步骤：

第一阶段：先读，导读

第二阶段：初读

第三阶段：深入阅读

第四阶段：尝试寓言的写作

第五阶段：延伸阅读

实施的时间与形式：

第一阶段的先读与导读、第二阶段的初读，可利用学期初的两节语文课进行。设计整本书阅读的启动仪式，用浓浓的仪式感、充满诱惑的推荐语开启学生的阅读期待。

第三阶段的深入阅读，则利用每日语文课前五分钟进行，这个阶段一直持续到学期的中后期。每节课课前，寓言班长就会提醒大家："课前小故事——"，大家就会齐应："增长大才智！"每次学习一则寓言。刚开始老师读，学生听，后来点名读，之后齐读、分角色读，在最后一个阶段可以让学生默读或快速浏览。读之后进行阅读分享。

第四阶段的尝试寓言的写作，一般作为周末作业。读写结合，读写同步，更有利于阅读的深入。

第五阶段的延伸阅读，则作为特色寒假作业进行布置。

课程实施的具体过程：

第一阶段：先读，导读

1. 老师深入阅读，为学生选定合适的版本。

2. 开启学生的阅读期待。做好读前的宣传工作，使学生对即将开始的阅读旅程充满期待。以下是导读的内容：

（1）《克雷洛夫寓言》和古希腊的《伊索寓言》、法国的《拉封丹寓言》并列为世界三大寓言集，克雷洛夫也是世界上最有影响的寓言大师之一。

（2）这本书里的《狼和小羊》《狐狸和乌鸦》《狐狸和葡萄》等名篇家喻户晓，还被收入我国的小学语文教材。

（3）名人的评价：

普希金推崇他是"最具人民性的诗人"，果戈理把他的寓言尊崇为"民族本身睿智之书"，别林斯基说他把寓言"提高到了极度的完美"，列宁在自己的著作中引用克雷洛夫的寓言多达五十几处。

（4）名人书评：

克雷洛夫的寓言是一部记录人民智慧的书。

——俄国批判主义作家　果戈理

克雷洛夫的寓言像明亮的镜子一样反映了俄国人民的智慧。

——俄国文学评论家　别林斯基

克雷洛夫是俄国人民的精神代表，他的寓言表达了人民的爱憎。

——俄国诗人　普希金

克雷洛夫在《驴子与夜莺》这篇寓言中对夜莺的歌声做了细腻入微和绘声绘色的描写，许多文学家认为这是俄国诗歌中前所未有的典范的描写。

——苏联心理学家　维果茨基

第二阶段：初读

1. 了解作者

对初入阅读海洋的小学生来说，教师有必要逐步引导学生关注作者，了解作者所处的时代。

在阅读活动期间有一道周末作业题，就是查找有关作者的资料。在阅读分享课上，大家对此进行分享："关于克雷洛夫，我知道（　　）。"学生用这个句式来说话，通过师生间相互补充、印证，作者的形象在学生面前清晰起来。

2. 初步交流

这项交流是在大家阅读过程中进行的，也是为后面深入交流做的热身运动。目的之一是激发学生间阅读的竞争心理，目的之二是将散落在各个角落的"个性化阅读体验"的珠子用这条线穿起来。

在语文课的课前三分钟，根据二年级学生的特点，列举了一些句式，引导学生说出自己的阅读感受：

(1) 我印象最深的是这则寓言。

(2) 我觉得这则寓言写得最有趣。

(3) 我读了这则寓言，明白了一个道理：_____。

第三阶段：深入阅读

1. 书中经典句子赏析

《克雷洛夫寓言》中的许多诗句已经逐渐演变成了格言和谚语，进入了俄罗斯语言宝库。例如：

口头上的友情美妙而且动听，真正的朋友却结识在患难中。

——《两只狗的友谊》

傻瓜遭难才只会哭泣。聪明人该想出办法，尽快逃出这座监狱。

——《夜莺》

事情不能做到底，切勿匆忙去吹嘘。

——《山雀》

不论你干活多卖力气，若不能替人类造福谋利，就不能指望获得什么荣誉。

——《猴子》

弱小之敌能进行顽强的反击，切不可过高估计自己的能力！

——《狮子和蚊子》

师生一起诵读这些经典的句子，激励学生去书中找类似的句子，感受克雷洛夫含蓄、简洁、幽默、生动、一针见血的行文风格，激发学生的阅读成就感和积累欲望。

2. 引出寓言的学习方式

寓言是一种独特的文学体裁，所以学习它就应该有独特的方法，你们知道学习寓言有哪些好方法吗？梳理学生的答案，然后出示法国寓言诗人的名言：

寓言分为身体和灵魂两部分，故事好比是身体，给予人们的教训与道理才是寓言的灵魂。 ——法国寓言诗人 拉封丹

要想关注寓言的"灵魂"，我们就应该读懂寓言中的故事之后能跳出故事，联系生活，想想这个故事带给我们什么启发和道理。同时，我们要关注

寓言的"身体"，想想为什么人们乐于接受这个道理。一定是故事写得生动有趣。

3. 师生交流分享

学生经过大量阅读获得大量信息，需要有一个平台与其他学生交流。教师应引导学生在阅读中和其他类似文章联系，和自己生活经历联系，在自己初步梳理、比较的过程中有新的发现，能引发阅读中较高质量的思考。

前一天晚自习，学生在生活老师的带领下进行集中阅读，并且做好批注，为第二天语文课的交流分享做好准备。

在交流分享这个环节中，开展民主、互动、多元的对话，为了保证每个人都能找到感兴趣或者适合自己的表达方式，激发学生的表达欲望，教师设计了如下阅读分享的句式：

(1) 我积累了一个好词——（　　　　　　　　），请跟我读。

(2) 我积累了一个优美的句子，请听我读。

(3) 我觉得有个地方写得非常有趣，请听我读。

(4) 我想把一个词语送给文中的主人公：（　　　　　　）。

(5) 读了这则寓言，我有个问题：（　　　　　　）。

(6) 这则寓言告诉我一个道理：（　　　　　　）。

(7) 这则寓言让我想到了另外一个故事：（　　　　　　）。

(8) 读了这则寓言，我想到了（创作了）一句名言：（　　　　　　）。

(9) 读了这则寓言，我想到了我们生活中（　　　　　　）。

(10) 这则寓言讲述的道理，我觉得可以用一个成语或者一句谚语来体现：（　　　　　　）。

4. 比较性阅读

利用孩子们喜欢找相同点和不同点的特点，教师在课前阅读指导中提出这个寓言和中国的哪个寓言或你曾经看到的哪一个故事讲的是同一个道理？又或者可以用什么成语或谚语来体现这则寓言的寓意？让学生加以对比，使学生由此及彼，并进行组合积累，实现类化迁移。

以下的例子是学生在阅读时发现的：

《小匣子》：猜不透怎样打开匣子这个谜，其实打开这个匣子轻而易举——不费吹灰之力，易如反掌

《老农夫和他的长工》——吹毛求疵　恩将仇报

《夸海口的山雀》——九牛一毫莫自夸，骄傲自满必翻车

《挑剔的待嫁姑娘》——机不可失，时不再来　金无足赤，人无完人

《一只木桶》——近朱者赤，近墨者黑

《杀鸡取卵》——揠苗助长

《狮子和蚊子》——尺有所短，寸有所长　人不可貌相，海水不可斗量

《梳子》——己所不欲，勿施于人

《一棵小树》——树多成林不怕风，线多搓绳挑千斤

让学生处于一种自发的探索与发现的状态，逐渐养成良好的边读边思考的好习惯；引导学生自主阅读，指导学生阅读的技巧和方法，让学生体会自主阅读带来的快乐。

第四阶段：尝试寓言的写作

1. 深入文本，探究细节

"没有一个有趣的故事，道理就没有一个安身的地方，这就是寓言的特点。如何将故事写得生动有趣？"教师提出这个问题，将学生的目光牵引到故事的写法上来。如在分享《狮子和蚊子》这篇寓言时，我们将重点放在了寓言的"身体"上。

师：你从寓言中读出这是一头什么样的狮子？一只怎样的蚊子？

生：骄傲自大的狮子。

师：很好，阅读中有自己的思考和总结。请你说说，你是从哪里知道这是一只骄傲自大的狮子的呢？

生：狮子听了哈哈大笑："一只蚊子也想与我争斗，简直是异想天开！"

师：这里写出了狮子的表情、语言，从这里我们看到了狮子的骄傲和自负。我们也可以采用这种把主人公的表情、语言写得生动的方法让故事活起来。

师：我们再看看，你从哪里知道这是一只机灵勇敢的蚊子？

让学生找出描述蚊子的相关词语和句子，齐读或点名读，如"它飞到狮子的背上、眼睛上和耳朵上乱叮乱咬""蚊子仍旧猛冲猛打，一会儿钻进狮子的鼻孔，一会儿钻到狮子的耳朵"。

师：这里把蚊子的动作写得很具体、很形象，所以狮子和蚊子之间的战斗就显得格外有趣了。

师生共同总结：通过具体、形象的动作、语言、表情描写，故事更加生动了。

2. 跳出文本，提炼写作方法

师生共同对寓言的写作方法做全面的总结：

(1) 先找到人性的弱点。

(2) 设定自己要告知大家一个什么道理，再据此设计故事。

（3）没有一个有趣的故事，道理就没有一个安身的地方。

（4）故事中的道理要简单明了。

（5）自然界里所有的事物都可以做寓言里的主人公，主人公不用太多。

（6）要有丰富的想象力，使自然界的一切事物都活起来。可以使用夸张、拟人的方法。

（7）寓言用具有鲜明特点的动物形象来表现相应的人性特点，比如"狼"代表凶残，"狐狸"代表狡猾，"驴子"扮演愚蠢、自负的角色，这样作者就不必花费笔墨去解释主人公的性格，也可以在此基础上有所改变和突破。

3．习作点评

一部分写作爱好者在阅读中跃跃欲试，开始了寓言的创作。创作分为两步：第一周是自告奋勇的寓言爱好者写寓言，教师批改后，大力表扬他们，把优秀的作文列为范文，在课堂上展示，并进行师生品读、点评。先行者的成功点燃了大家心中的激情，第二周再在全班铺开，每人都自创一篇寓言。

为了激发学生的写作热情，教师把优秀的作文打印出来，张贴在班级的"寓言习作园地"版块里。下课后，同学们看一看，评一评，作者和读者都受到了激励。

第五阶段：延伸阅读

教师鼓励学生小试牛刀，自主地、独立地、深入地阅读《中国古代寓言》和《伊索寓言》，看看俄国的寓言、古希腊寓言和中国的寓言有哪些相通之处，又有哪些不同。

课程实施的收获：

1．师生共读，心灵逐渐相通

师生共读一本书，就是创造并拥有共同的语言和密码。"石本无火，相击始发灵光。"师生之间相互启发，相互促进，产生共鸣的过程是非常美妙的。另外，学生觉得老师在读他们正在读的书，觉得老师更加亲近了；老师又能一针见血地帮他们拨开迷雾，他们更加信服老师了。同学间因为拥有了持久的、共同的话题，关系更加亲密了。所以，师生共读使师生间、同学间共同感受心灵的相通。

2．发展了学生的语言、思维

在阅读中，学生逐渐养成良好的语言表达习惯。在语文课堂上，学生想说，敢说，并且说的话都饱含哲理，令人佩服。在写作方面，学生的书面表达能力也得到了提高，能将一件事情写清楚，把一个故事写生动了。

语言是交流的媒介，更是思维的凭借。语言本身除了表达思维以外，语言还能够发展人的思维。学生在一次次的交流分享中，发展了自己的思维，他们的表达渐赋逻辑性、条理性。

3.是非观的建树

二年级学生的世界观、价值观尚未形成，在平常的为人处世中会遇到一些选择的困惑、是非的判断，需要有一位良师益友帮助他们明辨是非。这本书无疑扮演了最佳的导师和朋友形象，在潜移默化中使学生从中获得智慧，获得人生的经验，让他们在学习语言的过程中能够以古鉴今。所以，寓言这位"朋友"能帮助学生明晓事理，提高他们的认知能力，陶冶他们的道德情操，完善他们的人生品格，比起老师、家长简单枯燥的说教，产生的教育效果是不言而喻的。

(四) 校长的课程领导力

一所学校有完善的课程顶层设计，需要校长具有课程领导力。作为一校之长，很可能被淹没在关系疏通、迎检迎查、人来客往的行政事务当中不能自拔，即使专心于学校的管理，每天的时间也被敲成无数个碎片，思维被拉扯得七零八落。具有课程领导力的校长需要有扎实的专业底气。

首先，要对学校的办学目标进行分解，层层下落。对学校的人才培养方向有清晰的认识，对学生的发展核心素养有准确的内涵化定位，才能准确把握课程设计的方向。

接下来，要对学校的课程进行整体架构，分领域统整。课程领域分区以后，要通过科际间融合、科目内整合变成专业专题性科目，再利用一定的图形搭建起学校整体的课程框架。

校长的课程领导力还包括对课程实施路径的设计和对课程实施效果的评价。例如，本人从语文学科转为当时的思品综合学科以后，发现综合学科（文综）的科目特别繁杂，内容相互重复，于是，我带领科组内的老师们经过一年时间把原有的《品德与生活》《品德与社会》《心理教育》《公民教育》《法治教育》等进行了整合，叫"广外外校'成'教育综合实践道法课"（提前于部编版教材《道德与法治》）。下文案例二详细展现了地方课程（当时的思品课属于地方课程）"品格与成长"的整合思路。

案例 **"成"教育综合实践道法课程整合与架构体系**

广州市广外附设外语学校 叶和丽

一、整合背景

当时小学部使用的综合学科教材版本众多，分科过细，内容重叠，造成了时间和资源的浪费。对这些众多版本进行整合，建立统一、完整、延续的课程体系很有必要。

　　附：目前广外外校小学部使用的地方课程综合科教材版本如下：

年级	教材版本	课时
一、二年级	《品德与生活》（北师大版）	2课时（课标）、1课时（外校）
三年级	《品德与社会》（北师大版） 《新公民读本》（北大版） 《法律读本》（广东地方教材） 《诚信教育》（广东地方教材） 《综合实践活动》（广东地方教材）	2课时（课标）、1课时（外校）
四、五、六年级	《品德与社会》（北师大版） 《心理健康教育》（广州版） 《新公民读本》（北大版） 《法律读本》（广东地方教材） 《诚信教育》（广东地方教材） 《综合实践活动》（广东地方教材）	思品2课时，心理1课时（课标）、整合后2课时（外校）

　　二、目标诠释

　　综合性"常识"教育，让学生学习 21 世纪主人翁应该有的知识、技能、价值观、社会情感及生活态度。

　　在课程目标的设置上，应该包含社会人和自由人两个维度，因为教育的过程就是让每一个具有生命个体的人不断社会化的过程。教育必须立足于个人，在不断启迪人的理性精神的同时，把个人引向对社会正义与个体德行的双重关注，从而使个人不断超越自身的局限，追求人性的卓越（刘铁芳《公共生活与公民教育：学校公民教育的哲学探究》）。从自由人的角度看，我们的课程内容应该包含对自我意识的唤醒，促使学生能够创造性地表达，课程目标关注学生的个人兴趣、健康安全以及对幸福意义的追寻，从而达到对人生意义、人生价值的自我实现。从社会人的角度看，我们的课程目标应该在公民责任、公德意识、社会利益、职业规则以及社会伦理价值观等方面塑造与引导。

　　我们学校"先做人，后成才""为学生终身发展负责"的办学理念，强调的是在人的发展上的层次性，而不是教育过程的先后顺序。我们最终培养的是"走向世界的现代公民"，所以我们应该以公民教育为核心，服务于学生的成长（即服务于学生生命个体、身心健康发展的需求），为学生的终身发展奠定基础，最终实现学生成人成才的目标。学校的思品、心理健康、道德法治、公民教育等综合性学科，应该承担起这一靠近教育主旨内涵的重任。为此，我们通过整合教材（把目标归总，把内容整合，把课时合并），构建"成"（成长，成人，成才）教育理念下的综合学科道法课程体系。

所谓"成"教育，是在我们学校总体办学理念下进行的策略性思考："成"在方法上体现"成全""养成""促成"之意，因为我们教育者所做的最后"全都要通过儿童自己去完成"，也就是"教育过程的主人和主力，原来是儿童自己，我们只不过是儿童自主发展的服务者和仆人"（郭思乐《教育走向生本》）。所谓"成"教育，还是我们在学校总体办学理念下进行的目标性思考："成"在受教育者身上体现的是"成长""成人""成才"的目标性显现。

三、课程目标

按照学生身心发展的规律设计小学部德育教育四维度（见下图：行为习惯——公民素养——人格品质——理想信念呈阶梯递进的德育目标）。

小学生品德发展水平维度							
行为习惯	文明礼貌	公民素养	珍爱生命	人格品质	自尊自信	理想信念	爱国情感
	热爱劳动		遵纪守法		自律自强		民族认同
	爱护环境		诚实守信		尊重他人		社会责任
	积极交往		团结友善		乐观向上		集体意识
	安全意识		安全自护		心怀感恩		人生理想

按照不同学段、不同课型进行主题性课程设计。

（一）课程方面

第一学段：一、二年级。以《品德与生活》（北师大版）教材为主，辅助于年级组、生活部习惯养成教育，少先队主题活动进行教学。

第二学段：三、四年级，以《新公民读本》（北大版）、《品德与社会》（北师大版）为主，辅助于《法律读本》《诚信教育》《综合实践活动》教材，融合年级组、学生处、少先队的主题活动进行教学。

第三学段：五、六年级，以《品德与社会》《心理健康教育》教材为主，融合《新公民读本》《法律读本》《综合实践活动》《诚信教育》等教材，结合年级组、学生处、少先队的相关活动进行教学。

（二）课型方面

第一类型，课堂主题教学；第二类型，个体辅导课（心理咨询）；第三类型，大型集体课（团队辅导或者讲座形式）；第四类型，主题综合实践活动课

（主题探究、主题调查、社会实践等）。

四、课程框架

学段	年级	学期	课程内容	课型
第一学段	一年级——我与自然	上学期	1．我是小学生了（适应新环境） （1）上学真快乐 （2）我们小学生要这样做 ☆团结友爱 ☆养成良好习惯 ☆适应学校生活 （3）讲安全，守秩序 2．认识我们的学校 （1）校园真大 （2）老师您好 （3）教室像家 （4）宿舍之家 3．认识祖国妈妈（欢乐童年，热爱祖国） ★主题活动：国庆大合唱 4．美丽的秋天（热爱自然） （1）我爱秋天 （2）和秋天一起玩 （3）中秋节 ★主题活动：秋游 5．我爱我家（爱与被爱） （1）我的家 （2）我是家里的小主人 ☆养成生活好习惯 ☆我为家人做事情 ☆懂礼仪，有礼貌 6．冬天来了（好奇心与意志力） （1）好玩的冬天 （2）奇妙的冬天 （3）新年到了 ★主题活动：中国新年风俗大荟萃	课堂主题活动 综合实践活动 阶段评估：我学会了什么（见左边课程内容，设计自我评价表格） 期末自我评估：我学会了什么（见左边课程内容，设计自我评价表格）

学段	年级	学期	课程内容	课型
第一学段	一年级——我与自然	下学期	1. 新学期新发现 （1）寒假生活交流会 （2）春节知多少 （3）新的学期，新的我 2. 认识春天 （1）春天在哪里 （2）我们播种春天 （3）和春风一起玩 （4）春天的盛会 3. 我们的节日"六一" （1）"六一"大策划 （2）"六一"大行动 （3）开心"六一" ★主题活动："六一"游园 4. 校园安全你我他 （1）校园安全知多少 （2）平安健康最快乐 ★主题活动：校车逃生演习 5. 我要上二年级了 （1）我的这一年 （2）二年级生活大畅想 6. 暑假怎么过 （1）怎样过暑假 （2）健康、安全要牢记	课堂主题活动 综合实践活动 阶段评估：我学会了什么（见左边课程内容，设计自我评价表格） 期末自我评估：我学会了什么（见左边课程内容，设计自我评价表格）

学段	年级	学期	课程内容	课型
第一学段	二年级——我与集体	上学期	1. 我爱我们的身体 （1）了解我的身体 （2）保护我的身体 ☆保护牙齿 ☆保护眼睛和耳朵 ☆保护肠胃和骨骼 ☆保护我们的身体 ★主题活动："欢乐童年"国庆大合唱 2. 收获季节收获多（学会珍惜） （1）收获的感觉真好 （2）粮食来得真不容易 （3）植物生长的秘密 （4）我们这里的农产品 ★主题活动：秋游社会实践活动 3. 做诚实的孩子（诚实守信） （1）诚实故事会 （2）诚实的孩子人人夸 4. 我爱我生活的地方（环保意识与主人翁责任感） （1）我们生活的地方 （2）爱护我们生活的环境 5. 水与我们的生活（学会观察） （1）我们的生活离不开水 （2）变来变去的水 （3）保护水，节约水 6. 怎样做好事（学会关心和帮助别人） （1）从小事做起 （2）做好事不是为了得到表扬	课堂主题活动 综合实践活动 阶段评估：我学会了什么（见左边课程内容，设计自我评价表格） 期末自我评估：我学会了什么（见左边课程内容，设计自我评价表格）

学段	年级	学期	课程内容	课型
第一学段	二年级——我与集体	下学期	1. 我爱我们班集体（集体意识） （1）班集体真温暖 （2）我的朋友 （3）人人有长处，合作力量大 （4）我为集体添光彩 2. 我的动物朋友（爱心） （1）我最喜欢的动物 （2）可爱的小动物 （3）我们的好朋友 （4）动物们的家 3. 纸与环保（环保） （1）我们的生活离不开纸 （2）纸从哪里来 （3）保护森林，节约用纸 4. 爱护校园环境（如何做？） （1）认识校园垃圾 （2）垃圾分类我知道 （3）我是校园小主人 （4）我让校园更美丽 ★主题活动：校园环保，我有责任——志愿者在行动 5. 奇妙的光（探索自然） （1）影子的探索 （2）我们来造彩虹 （3）太阳光的利用 6. 我们都有一个家（热爱祖国） （1）好大的一个家 （2）好壮丽的一个家 （3）我们的家在哪里	课堂主题活动 综合实践活动 阶段评估：我学会了什么（见左边课程内容，设计自我评价表格） 期末自我评估：我学会了什么（见左边课程内容，设计自我评价表格）

学段	年级	学期	课程内容	课型
第二学段	三年级——我与他人	上学期	1. 学会感恩，回报父母（我爱我家） （1）爸爸妈妈抚育我 （2）我懂事了 （3）居家生活要节俭 （4）健康生活要安全 （5）我是家庭小主人 ★主题活动：心系感恩——大型年级活动"珍爱生命，安全自护" 2. 团结友爱，学会相处（我和学校） （1）友爱和友情 （2）学会相处 （3）丰富多彩的学校生活 （4）我是集体的一员 （5）学会合作 （6）学校生活有规则 （7）不以规矩，无以成方圆 （8）老师教育我成长 ★主题活动：阳光少年，快乐成长 3. 尊重他人，和睦共处（生活中的你我他） （1）邻里之间 （2）生活中不能没有他们 （3）我爱爷爷奶奶 （4）关心残疾人 （5）我们都是同龄人 ★主题活动："同在蓝天下"大型年级组活动 ★主题活动：志愿者在行动（小义工实践活动）	课堂主题活动 综合实践活动 阶段评估：我学会了什么（见左边课程内容，设计自我评价表格） 期末自我评估：我学会了什么（见左边课程内容，设计自我评价表格）

续　表

学段	年级	学期	课程内容	课型
第二学段	三年级——我与他人	下学期	1. 我们的社区 （1）认识我们的社区 （2）大家共同的需要 （3）社区服务设施调查与建议 （4）社区需要共同参与 ★主题活动：社区公共设施小调查（小义工实践活动） 2. 我成长的地方 （1）我爱我家 （2）我是学校小主人 （3）守时是个好习惯 （4）合作的乐趣 （5）生活规则 （6）在参与中成长 3. 公共设施与公共服务 （1）看看我周围的商店 （2）日常购物 （3）购物有学问 （4）学会彬彬有礼 （5）认识周围的公共设施 （6）初步认识政府的职能 ★主题活动：我参与，我快乐（校运会）	课堂主题活动 综合实践活动 阶段评估：我学会了什么（见左边课程内容，设计自我评价表格） 期末自我评估：我学会了什么（见左边课程内容，设计自我评价表格）

学段	年级	学期	课程内容	课型
第二学段	四年级——我与自己	上学期	1. 我的新学期 （1）认识我的新班级 （2）制订新学期计划 （3）品尝"时间馅饼" 2. 我是谁？（4课时） （1）认识我的身体 （2）解读名字的含义 （3）我是小公民 （4）我的需要 3. 我的家乡 "走进美丽的家乡"主题探究系列活动 （1）家乡特产风味篇 （2）家乡风景名胜篇 （3）家乡风土人情篇 （4）家乡历史人物篇 （5）走向家乡的未来 （6）共建美丽家园 4. 我学会 （1）学会倾听 （2）学会沟通 （3）学会包容 （4）学会称赞 ★主题活动："我和我的祖国"国庆主题歌会 秋游实践（花都故乡里，寻根问祖大寻宝）	课堂主题活动 综合实践活动 阶段评估：我学会了什么（见左边课程内容，设计自我评价表格） 期末自我评估：我学会了什么（见左边课程内容，设计自我评价表格）

续　表

学段	年级	学期	课程内容	课型
第二学段	四年级——我与自己	下学期	1. 我学会 （1）学会观察 （2）学会注意 （3）学会记忆 （4）学会换位思考 2. 我脚下的土地——"中国传统文化"主题探究系列活动 （1）中国茶文化 （2）中国丝绸文化 （3）中国瓷器文化 （4）中国传统节日文化 3. 穿越时空的生活 （1）通信技术与我们的生活——通信发展史 （2）多姿多彩的传媒世界——怎样看电视 （3）网络——我的新"伙伴" 4. 安全健康地生活 （1）防灾自救之火灾 （2）防灾自救之地震 （3）家居安全 （4）校园安全 （5）交通安全 （6）食品安全 （7）防范毒品 （8）安全自护 （9）珍爱生命，生命只有一次 （10）保护生命，我是生命守护神 ★主题活动：身边食品健康小调查（综合实践活动） ★主题活动："提倡节约，反对浪费"——身边"浪费现象"调查	课堂主题活动 综合实践活动 阶段评估：我学会了什么（见左边课程内容，设计自我评价表格） 期末自我评估：我学会了什么（见左边课程内容，设计自我评价表格）

续　表

学段	年级	学期	课程内容	课型
第三学段	五年级——我与家国	上学期	1. 寻根问祖 （1）文明的曙光 （2）与历史为伴 （3）奇妙的结绳 （4）伟大的发明 （5）杰出的智者 （6）光辉历程 2. 我们共有一个家 （1）走进民族大家庭 （2）各民族风俗人情 （3）各民族历史节日 （4）各民族图腾信仰 （5）尊重各民族文化 （6）各民族大团结 ★主题活动：我的中国心（主题歌会） 3. 了解我自己 （1）我有哪些潜能 （2）如何管理自己的情绪 （3）你是哪种气质类型 （4）性格哈哈镜 （5）如何对待批评 （6）意志力助我成长 ★主题讲座：生理卫生知识讲座 4. 可爱的祖国 （1）祖国政区、首都北京 （2）三级阶梯上的国土 （3）沿江河走下来（长江、黄河的故事） （4）炎黄子孙的心愿 ★秋游主题实践活动	课堂主题活动 综合实践活动 主题讲座活动 阶段评估：我学会了什么（见左边课程内容，设计自我评价表格） 期末自我评估：我学会了什么（见左边课程内容，设计自我评价表格）

续　表

学段	年级	学期	课程内容	课型
第三学段	五年级——我与家国	下学期	1. 我是小小主人翁 （1）我在集体中成长 （2）我们的权利和义务 （3）我的同伴 （4）男女生对对话 （5）友好交往 （6）对长辈说说悄悄话 2. 历史告诉我们 （1）从统一到鼎盛 （2）从野蛮到文明 （3）探寻历史 （4）向英雄致敬 ★主题探究活动："某"朝那些事 3. 世界在发展，生活在变化 （1）四大文明古国 （2）我们亚洲 （3）我们的地球家园 （4）认识世界，走向世界 （5）世界文化巡礼 （6）世界文化交流	课堂主题活动 综合实践活动 阶段评估：我学会了什么（见左边课程内容，设计自我评价表格） 期末自我评估：我学会了什么（见左边课程内容，设计自我评价表格）

学段	年级	学期	课程内容	课型
第三学段	六年级——我与世界	上学期	1. 我们健康成长 （1）品格的试金石 （2）悦纳自我 （3）赞美他人 （4）不可丢掉的传家宝 （5）成长中的快乐与烦恼 （6）认识性别密码 （7）怎样与异性交往 （8）如何面对选择 2. 腾飞吧，中国 （1）春天的故事 （2）国家的主人 （3）站起来的中国人（大国崛起） （4）在世界舞台上 ★综合实践活动：汽车与环境 3. 学会学习 （1）合理安排课余生活 （2）学会有计划地学习 （3）失败是成功之母 （4）我能考好 ★主题活动：与法同行 ★主题活动：校园欺凌现象调查与建议	课堂主题活动 综合实践活动 阶段评估：我学会了什么（见左边课程内容，设计自我评价表格） 期末自我评估：我学会了什么（见左边课程内容，设计自我评价表格）

续　表

学段	年级	学期	课程内容	课型
第三学段	六年级——我与世界	下学期	1. 永恒的愿望 （1）回望20世纪的战争 （2）迈向和平的世界 （3）认识我们的星球 （4）世界巡礼——环绕地球看世界 ★综合实践活动：与自然和谐相处——"垃圾分类"系列 2. 走近民主与社会 （1）我们的权利 （2）新闻的责任 （3）纳税知识 （4）走进法院 （5）假如我是小市长 3. 成长记录册 （1）面对挫折——学会情绪调适（厌学） （2）学会缓解——正确面对考试焦虑 （3）学会沟通——面对成长中的问题 （4）学会选择——机遇与挑战 （5）学会适应——我要上中学了 ★主题活动：我是阳光少年——做合格毕业生系列	课堂主题活动 综合实践活动 阶段评估：我学会了什么（见左边课程内容，设计自我评价表格） 期末自我评估：我学会了什么（见左边课程内容，设计自我评价表格）

二、从顶层设计到有效落实

（一）课程顶层设计思维

大到宇宙，小到人体的一个器官，都是系统的存在。只有建立了系统，才能发挥联动和能动功能。在系统构建中，首脑是学校的办学目标，即我们要培养什么样的人，以学校大目标为前提分解课程目标。这里特别提醒的是：学校的培养目标＞课程目标，课程体系＞课程领域，课程领域＞学科科目。

广外外校小学部围绕学校"培养走向世界的现代人"的总目标，确定了小学生"六力"发展核心素养：健康力、交往力、学习力、思辨力、创造力、审美力。并围绕这"六力"核心素养，通过整合、融合、内化、优化，构建了六大课程领域，分别是：体育与健康、品格与成长、阅读与表达、数学与逻辑、科技与创新、艺术与审美。为保证课程的落地和效果，我们从 2013 年开始对学生实行综合性的融入整个教育教学过程的"阳光综合评价"。

这六大课程领域是对"培养走向世界的现代人"基础目标的回答，也是对小学生"六力"发展核心素养的分级打造，所以我们以"云山"为背景，取名为"攀登"课程（如下图）。

（1）基础课程——立

这一级是国家课程，也是基础课程，我们开足开齐国家的所有课程，夯实学生"立"的基础。对于国家课程我们也是进行了校本化的处理的，如体育课的男孩子武术、女孩子舞蹈是我们体育课、艺术课中的必修基础课程。

（2）拓展课程——行

这一级是我们对国家课程进行的校本化再造，是在基础课程上做的延伸和拓展，让学生有自己"行"走的能力。如我们的语文、数学、英语都有延伸的阅读课和文化专题课，这些课都是在正规课时的时间内完成的。

（3）选择课程——跑

在正规课时的课程之外，学校要求每位教师根据自己的特长和学生的需要，每人开设一到两门兴趣班课程，提供给学生广泛的"课程超市"让学生选择，让学生进行"走课"选修，给他们"跑"的空间和自由。目前我们小学部共有 130 多个课程选修班，这些课程都是分阶段、分级别成体系的。

（4）订制课程——跃

我校本着"把少年宫办进学校"的宗旨，解决特长学生"私人订制"的需求。我们通过课程购买招标的方式，把专业的国家级教练请进学校，对学生一对一或者一对多进行专业性的辅导，学校对他们的课程开设、上课过程、期末评价进行监管，同时提供必要的硬件设施。比如：学校提供了近百间钢琴房，供学生学琴和练琴使用；学校开足各种棋类、球类课程供学生个性化选择；对于游泳、击剑、绘画、小提琴等个性化项目需求，我们引进专业教练进行一对一授课。

（5）综合课程——攀

"活动育人"是我校的办学理念，更是我校的办学特色，让学生在"活动"这个大课堂上学习相应的知识，锻炼相应的能力，熟悉必备的常识，形成相应的习惯，为情感价值观的形成打下基础。我们将每项"活动"都进行"有课程目标，有过程步骤，有评价反馈，有改进措施"的课程化设计和课程化实施。

"攀"课程中的"现象"主题教学课程和STEAM项目制课程是我们近两年在做的课程，已经初见成效。如我们的"寻根岭南"系列（粤韵岭南、记忆岭南、舞动岭南、武咏岭南、墨润岭南、凤鸣岭南、品味岭南）曾经在全国课程顶层设计交流会上展示并受到一致好评。我校作为全国首批STEAM种子学校，吸收了国内外先进的经验，构建了我们广外外校的STEAM项目课程体系，任教这个项目的教师都是具有理科背景的英语专业八级教师。我校是全国首批STEAM种子学校，2018年5月10日，我校联合粤港澳三地师生开展"同上一堂课"活动，当时创下了57万人同时观看的在线记录，此次活动还被央视新闻台报道。

案例 "皮影戏里的玄机"教学设计

广州市广外附设外语学校 谭可锋 檀廷国

第六课时：测试改进1

主题	皮影戏里的玄机	总课时	8	第6课时

背景分析	1. 项目产生背景：皮影戏是我国出现得最早的戏曲剧种之一。皮影艺术在民间艺术的范畴中是一种综合的艺术形式，其囊括了剪纸的造型技法、年画的色彩晕染以及人偶的操作技巧。同时，皮影戏很好地运用了科学中的光影原理。在本课程中，学生通过设计与制作皮影、表演皮影戏，重点学习、运用科学中的光影原理，同时将数学测量与计算、设计、表演、音乐、现代信息技术等融入其中；项目实施遵循工程设计过程。 2. 项目问题导入：今年学校六一儿童节文艺汇演倡导"复兴中国传统艺术"。四年级学生的主题是"重拾皮影戏"。请你们4—6人为一组，设计与制作影偶，并配合影偶的动作表演情景故事。 3. 项目限制条件： （1）皮影戏表演时间1—2分钟，表演时有对白或旁白，背景音乐可选。 （2）皮影的材料自选，幕布与幕布架由教师提供。幕布尺寸有两种：第一种，长70 cm，宽50 cm；第二种，长200 cm，宽150 cm。有两种幕布材料可选。 （3）光源由教师提供，有不同亮度可选。 （4）项目须在30个小时内完成。 （5）自选材料总价不得超过50元，废物利用材料及教师提供的材料不计价格。 4. 项目评价标准：见附件一。 5. 项目课时安排：本项目共8课时（不包括学生课后学习与制作的时间）。学生已经经历了识别问题、限制条件、调查研究、形成概念、分析观点、制作原型等阶段。在以下课时中，学生在展示作品的同时，对光影原理的认识逐步清晰，并形成改进方案。
教学目标	通过皮影戏表演认识科学中的光影原理，包括：光沿直线传播；影像的清晰度和幕布的材料属性、光源的强弱（流明）有关；在幕布固定的情况下，影像的大小和形状与光源和实物之间的距离、角度有关。 作品演示后对多个变量进行思考，认识工程设计过程中测试改进的重要性和方法，并体会不断创新、更新迭代的意义。 通过小组演示、小组之间的交流，感受合作的重要性。 通过不同小组对皮影戏的演绎方式，认识传统艺术与现代内容、现代科技结合的魅力。

主题	皮影戏里的玄机		总课时	8	第6课时

评价设计

教师对学生的学习进行评价，学生小组自评与互评。

评价组组员			日 期	
被评价组	评价内容			
作品名称	材料选择	原理运用	艺术表现	展示交流
	☆☆☆☆☆	☆☆☆☆☆	☆☆☆☆☆	☆☆☆☆☆
	☆☆☆☆☆	☆☆☆☆☆	☆☆☆☆☆	☆☆☆☆☆
	☆☆☆☆☆	☆☆☆☆☆	☆☆☆☆☆	☆☆☆☆☆
	☆☆☆☆☆	☆☆☆☆☆	☆☆☆☆☆	☆☆☆☆☆
	☆☆☆☆☆	☆☆☆☆☆	☆☆☆☆☆	☆☆☆☆☆
	☆☆☆☆☆	☆☆☆☆☆	☆☆☆☆☆	☆☆☆☆☆

五颗星代表优秀，四颗星代表良好，三颗星代表中等，两颗星代表较不理想，一颗星代表很不理想，没有星代表未完成任务。

学与教活动设计

（一）回顾

介绍项目的前期工作和本节课的主题内容。

（二）"搭台"＋调试

1. 小组讨论后从老师提供的材料中自选幕布搭建舞台。

2. 自选灯光，调试舞台效果并改进。

3. 研究光源、影偶和屏幕的摆放顺序，揭秘"光沿直线传播"。

（三）"唱戏"＋评价

1. 各组轮流上台演绎。

2. 每组表演之后进行自评与互评，提出改进意见。

3. 老师引导并提问，从各组的表演和评价中提炼皮影戏的玄机：

皮影戏的效果与屏幕材料、光源强度、光源与影偶的距离、光源与影偶的角度等有关。

（四）总结＋拓展

1. 评选出最佳表演。

2. 从艺术与原创的层面提出下一节课的改进目标。

3. 升华：迭代与进取使得人类生生不息，历史的车轮滚滚向前。

（备注或反思）在教学过程中，学生完成相关工程日志，要求见附件二。

附件一　项目评价标准

作品与演示评价标准

项目 ＼ 分值		0—1分	2—3分	4—5分
影像效果（50%）	影像清晰度	幕布上的影像看不清	幕布上的影像基本能看清，但细节无法看清	幕布上的影像清晰，细节亦可看清
	影像比例	没有合理利用幕布空间，幕布上的影像过大或过小，影响观看	基本合理利用幕布空间，幕布上的影像多数时候比例合适，有时失调，但整体上不影响观看	充分利用幕布空间，幕布上的影像比例合适，观看舒适
	动画效果	幕布上的影像动作别扭、不连贯，或没有动作	幕布上的影像有少许动作，但不够生动	幕布上的影像有较多动作，生动活泼
影偶制作（20%）	制作工艺	影偶制作粗糙，造型不美观，没有用任何技法	影偶制作比较精良，造型美观，用了镂空雕刻、关节活动等技法中的一种	影偶制作精美，造型美观，体现了人或物的鲜明特征，用了镂空雕刻、关节活动等技法中的两种或以上
	色彩搭配	没有任何色彩	有简单的色彩	有丰富的色彩
表演内容（20%）	表演内容	表演内容过于简单或复杂，或传递了错误的信息	表演内容适当，表述正确	表演内容有趣、生动，表述准确
	语言表达	语言呆板、不连贯、不生动	语言表达多数时候连贯，但欠生动	语言表达非常连贯、生动
	音画效果	声音与影像不匹配，观看效果差	声音与影像多数时候匹配，观看效果中等	声音与影像巧妙匹配，观看效果好
现场效果（5%）		现场观众不感兴趣	现场观众多数时候感兴趣	现场观众始终感兴趣，并有积极的回应，如鼓掌、欢呼等

分值 项目	0—1分	2—3分	4—5分
预算控制（5%）	超过预算30%及以上	超过预算30%以内	未超预算

《小组合作评价量规》《小组汇报交流评价量规》《同伴评价表》《小组公约》等见现场海报。

附件二　工程日志要求

一般要求
General Expectations

1. 每个阶段都做深度思考记录，从而形成有质量的设计过程。

   Thoughtful entries per stage in support of a quality design process.

2. 记录计划、通信、小组会议、讲座记录（约占总内容20%）。

   Log of planning, communications, team meetings, and lecture notes (about 20% of entries).

3. 项目学习与产品发展（约占总内容70%）。

   Project learning and product development (about 70% of entries).

4. 审查个人/小组/产品表现（约占总内容10%）。

   Review of individual/team/product performance (about 10% of entries).

5. 排版清晰，便于（个人、小组、老师）再阅读或再使用。

   Organization/format for easy re-reading/re-use (self, team, teacher).

行业要求
Industry Expectations

1. 每一项写上日期。

   Record the date on each item.

2. 用不可擦笔修改。不要擦涂。通过中间画一条线删除填写内容。

   Use ink. Do not erase. Delete an entry by neatly drawing a single line through it.

3. 不得撕页。不得跳过要求填写的内容。如有需要，可加页。

Do not remove pages, and do not skip any required items. May add pages where necessary.

4. 避免事后插入填写。如果你后来发现遗忘了一些内容，或只是想概括内容，只需接着写，并注明是后面添加的。

Avoid back-filling. If you realize later that you left something out, or just want to summarize something, go ahead and write it in, which is after-the-fact.

5. 无论是好的、坏的或丑的，都要写上你的贡献。

Include everything you contribute to no matter what is good, bad, or ugly.

(二) 课程有效落实策略

我们在课程体系的建设与实施中，关注学生人文素养的培养，并赋予课程以自主、自为的内生性文化品质，将文化渗透融入课程实施全过程。

(1) 文化为"核"，"读"树一帜

我校语文教学以"主题"为线、文化为"核"，确立了"读"树一帜的语文课程重构体系。

一年级以部编版教材为主，辅助于"韵文识字"等阅读教材，并进行大量的绘本阅读。"一心一意奔识字"，一学年下来，学生基本认识 1800—2000 个常用字，具备了初步的"读"的能力。二年级开始，我们以部编版教材和人教版教材为主，整合多个版本的读物，采用"以读引读，以读引说"的方式进行群文阅读教学。三年级开始，我们进行以单元为整体的主题教学，以人教版教材为主，整合"主题阅读"教材在内的多个版本，尝试着七课型教学（书法课、单元通读课、教材品读课、拓展阅读课、表达交流课、知识整理练习课、复习评研课）。从四年级到六年级，我们引入单元模块下的整本书阅读教学，将原来放在"课外"的阅读大胆地引进课堂，并开设了文化专题系列课程。

(2) 落实"四基"，有"研"相伴

"四基"是在新课程标准里提出的，是学生的数学素养和"育人为本"教育理念在数学学科的具体体现。多年来，广外外校数学教研组在课型和课程的研发中形成了相对固定的"七课型"：感受课、新授课、复习课、评研课、拓展课、练习课、专题课。这些课型的确立促进了教师的课程研发意识和能力，通过课前小研究、课中小研究、课后小研究的设计助推了学生在学习过程中的自主生成性。

（3）语言搭桥，文本再构

按照"基础＋特色"的思路，我校构建了"1＋X"的英语课程体系和"基于单元整体设计的文本重构"的课堂教学，并在课程体系和文本重构中充分进行传统文化的渗透。

在我校"1＋X"的英语课程体系中，"1"指的是广州版英语教材，"X"指对教材进行适度的整合与拓展，用拓展和替换的形式加大中国文化的比重。"X"还指在核心课之外，辅以报刊阅读课、绘本阅读课、电影赏析课、文化拓展课、英语第二课堂等。在学习语言的基础上，对中国传统文化、世界优秀文化进行补充、融合、拓展和延伸。

（4）"一专多能"，阳光自信

我们在国家体育课程、艺术基础课程之上，根据学生发展"健康力""审美力"等核心素养目标，构建了广外外校"一专多能"的体育课程体系和"一技之长"的艺术校本课程体系。小学部还有四十多个艺术、体育专业社团、训练班，通过校内外的各种演出和国内外竞赛等，为学生的成长提供了广阔的平台。我们的课程目标是：让每一名学生到六年级毕业时都有一门（一项）终身受用的艺术或体育特长和多项喜爱的体育运动，为将来幸福的人生奠基。

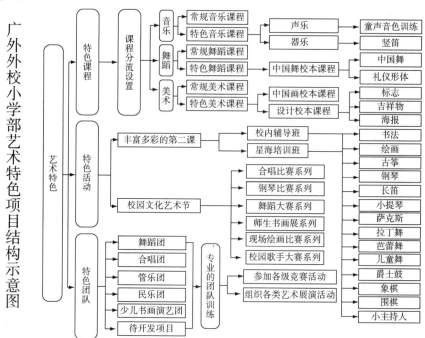

广外外校小学部艺术特色项目结构示意图

（5）"三识"并举，文化内生

"三识"指的是知识、常识、通识。只有"三识"并举，基础教育才有"基础"。四年前，广外外校对七种地方教材进行了"生本式"的再造，整合为"成"教育综合实践常识课程。我们的教师还编著了系列通识教育读本，如《科技之光》《文学的意义》《天下哲思》《国际理解读本》《百色宗岱》《南粤先贤》《"攀登"课程之——主题小古文》等。

（6）习惯养成，终身发展

围绕"以美好学习生活奠定学校德育基础"的德育观，我们将每一项德育目标、每个养成教育点进行课程化设计，以活动的形式进行。我们每月设置一个养成教育点，每学期的月养成教育点组成一个行为规范系列。

此外，我们还设置了少先队"成长"主题系列课程，校园"五大节"活动育人课程等。少先队作为学生成长过程中最重要的引领组织，我们秉承着"引领、参与、实践、体验"的工作理念，提倡队员们在活动中寻找自我、发现自我、展示自我。我们通过特有的阵地活动组建校本课程，在活动中弘扬主题，让队员们成为活动的主人。

（7）阳光评价，保证效果

课程落实得怎样，评价很关键。"让评价为教育教学把脉导航"是我们多年前提出的口号，并通过三级评价进行落实。例如，我们语文学科素养的评价通过"读"（朗读、阅读）、"讲"（演讲、复述）、"写"（写作、书写）、"积"（积累、积淀）、"记"（记忆、笔记）、"查"（搜查、筛选）六个方面，分级对学生的语文素养进行综合的评价。

现在，我们希望通过数据决策为我们的课堂进行精准把脉。我们与第三方专业机构合作，通过学业和非学业的全方位测评做到对班级中每个学生的专项诊断，把双向命题制作为对教师业务考核的一项重要能力进行培训，真正实行"以评促改"。

案例一 小学一年级高效识字课程的建构与优化

广州市广外附设外语学校 袁艳萍

内容提要：本文基于"以生为本"的教学理念，从如何激发学生识字兴趣、开展小组合作识字、课前三分钟识字、游戏识字、生活识字、阅读识字等多个方面集中论述识字的教学策略，系统阐述了一年级高效识字课的优化与建构。

关键词：以生为本 课前识字 合作识字 游戏识字 高效识字

识字教学是一年级语文教学的重点，也是今后阅读教学和作文教学的基础。有趣且高效的识字教学在一年级更是关键。在外校，一年级学生一年间要学习并掌握 2000 个常用汉字，这对于刚从幼儿园进入小学的孩子来说，既是难点又是挑战。

外校从 2010 年 9 月起，提出一套新的办法，建立一个新的识字体系。一年级开始使用生本识字教材，大量识字让提前阅读成为可能。10 年来，经过了三轮高效识字班的教学实践，对高效识字的教学策略和生本识字课的建构、优化，从初期的碰撞，再到中期的思考，最终到如今的升华，我们在研究，也在成长！

一、何谓意义识字

生本实验中提出了"意义识字　推进阅读"的教学理念。所谓"意义识字"，就是把初学的汉字放在有一定意义的课文里面，让小学生感受课文意义的同时，形象地记忆该意义文块，从而相应记忆该汉字的音、形，并在可能的情况下了解该字的意义。

二、大量识字让提前阅读成为可能

生本识字课程经过近 10 年的研发，外校的一年级学生让"一心一意奔识字，轻轻松松读书忙"成为可能。虽说都是识字课，但三轮教学实践下来，如今，此课堂已非前几年的彼课堂，有趣，有序，也更高效。从之前单纯的认字、扩词到用词，由仅读文本到重组文本、创新文本，由一篇到同主题多篇教学尝试，字、词、句的学以致用已成为重头戏。识字课程的学习效果已有质的飞跃，课堂结构也在重组和变化。一路走来，识字教学策略具体有哪些呢？以下，结合教学实践，请跟我走进高效识字课堂，聊聊它的建构及优化。

三、巧用课前三分钟

生本教学中，课前三分钟也是增进识字量的"黄金时段"。

所谓的语文课前三分钟，就是在每节课前，利用三分钟左右的时间，通过学生朗读、演讲等方式提高学生的语言组织和表达能力。课前三分钟看似短暂，但如果长期坚持，利用得当，会起到事半功倍之效。事实说明，课前三分钟的良好开展必然会增加学生的积累，增强理解力，对学生的人格铸造将起到导航的作用。

课前三分钟可谓外校语文课的一大特色：相同的时间，不同的形式，服务于识字，提升在学生。那么，语文课前三分钟都进行了哪些识字活动？这些识字活动又是怎样具体开展的呢？

1. 读绘本诵儿歌，增兴趣添字量。

兴趣是最好的老师。只有有效地激发学生的兴趣，才能获得意料中的效果。所以，最初确定的课前三分钟的内容一定是可以触动学生的。21 世纪，绘本阅读已经成了全世界儿童阅读的时尚。绘本以它精美的图片、有趣的故事牢牢吸引着儿童的眼球，尤其适合低龄段儿童阅读。通过绘本阅读让儿童爱上课前三分钟这个小舞台是明智之选。从第一个语文课前三分钟开始，孩子们在多个绘本故事中感悟，他们为《驴小弟》伤心难过，又为《我的爸爸》拍手叫好，还尝试着模仿《我不吃番茄》中的情节并进行再创作。此时，绘本中的图画不再是点缀，而成了书的命脉，甚至有些绘本一个字也没有，却让孩子们"读"出其中的意思，品尝到了阅读的快乐！

2. 课堂常规成儿歌，集体诵读指令到。

一年级不仅是从幼儿到学生这种表象的身份的转变，更是内在多样品质转换的关键期。从不同的家庭汇集到一个新集体的孩子们，当然迫切地需要新的班规、校规来规范养成教育。这些朗朗上口的儿歌恰到好处地出现在课前三分钟这个舞台上，孩子们熟读成诵，内化行为，增大识字量，提升凝聚力，一举多得！

3. 朗读诗文名篇，增长记忆，丰厚积累。

13岁以前是儿童记忆的关键时期，老师们应充分利用儿童的这一成长规律，引导儿童诵读经典，陶冶情操。在课前三分钟这个小舞台上，语文老师们一直在尝试，尤其是大纲推荐的150首背诵篇目，都是历代名篇佳作，短小精悍，词句优美，韵律和谐，特别适合小学生诵读。基于此点共识，老师们纷纷开启智慧，古诗诵读如春风化雨般渗透，变成了一项润物无声的工程！

课前三分钟时段使语文课多了一道亮丽的风景线。诵读活动开展得如火如荼，学生的识字量、阅读量也随之大增，甚至在语言感悟方面都有了重大突破。学生坚持朗读，背诵积累，全班同学的诵读能力都在逐渐提升。孩子们爱读了，读正确了，读流利了，读出感情来了，古诗词也可出口成章。听着他们字字句句、抑扬顿挫的朗读声，老师们深感课前三分钟的用处之大。

4. 配合进度把歌诵，调动激发显实效。

怎样让课前三分钟为我们的语文课堂服务呢？根据语文教材以专题组织单元的特点，老师们寻找或创编与单元主题或当天授课内容相关的儿歌或短小的文章等，引导学生在课前三分钟朗读、领悟。这一做法不仅提高学生的口语表达能力，开拓学生的思维，还可以使学生的注意力很快地转移到当下的语文课上来，达到了事半功倍的教学效果。

教学实践证明，课前三分钟是一个集知识、兴趣、表达、视野、思维、创新、理解、记忆、交际、合作等于一体的舞台。小舞台，大能量！只要我们巧妙利用，它将有效地提高学生的识字能力和口语表达能力，激发和培养学生学习语文的兴趣，创造良好的课堂环境，活跃课堂气氛，从而使语文教学更加丰富、精彩和生动。

四、提倡小组合作识字

"你有一个苹果,我有一个苹果,交换一下,还是一个苹果;但如果你有一个思想,我有一个思想,彼此交换就有两个甚至多于两个的思想。"小组学习是每个成员之间情感交流、思维碰撞的过程,合作学习将实现"吸纳他人认知,交换自己视角,再造思维广度"这一最理想的学习效果。

生本课堂提倡小组合作,全员参与。识字课堂上的小组合作学习为学生提供了"倾吐"的舞台。

小组学习是高效识字教学中重要的一环。巩固新知识时,采用合作学习的方式,学生可以互相帮助,互相启发,发挥"合力"的作用。每个学生都能最大限度地发挥自己的潜能,快乐地学习。那如何开展小组合作识字呢?

1. 合理分组。

首先要建立四人小组,合理分配小组成员,选出能干的组长。如果班内各小组间差异太大,则各小组所取得的成果也会差异较大,这样不仅会使小组学习的作用大大降低,还会打击组员学习的积极性。为了使组间差异减小,就必须平衡各小组的水平,在每个组中安排不同水平的学生。这样,有利于小组内部的相互帮助和提高,同时保证了全班各小组间的公平竞争。

2. 组内互助,开展多样的识字活动。

在识字教学中,学生自读字卡后,可以在小组内互相学习不认识的字。小组内开展字卡游戏也是学习生字的好手段,如摆长龙、擂台赛等。为了让学生更自主地学习,老师们可以引导学生自己创编识字游戏。在小组学习中,学生可以轮流当主持,组织其他同学来玩他自己创编的游戏。学生热情高涨,在小组活动中尽情地享受学习的乐趣。

3．制定组间评价制度。

为了促进小组学习的高效创新性，我们采用评价鼓励机制，如设立彩旗榜，设置三种旗，一种是红旗，一种是蓝旗，一种是黄旗。红旗是纪律旗，即小组学习时声音要小，不干扰其他小组的活动，能认真倾听别人的发言，可得红旗。黄旗是成果旗，即小组识字的方法巧妙，有创意，或者识字率高，可得黄旗。蓝旗是互助旗，即在其他小组上台介绍识字方法或者回答问题时，能给予他们正确的评价或者补充，就能得到蓝旗。违反纪律时就会得到一个"△"，累计四个"△"将取消所有旗子。活动后评出各类旗的冠军并予以奖励。

五、游戏识字，快乐天地

玩是孩子的天性，一年级学生喜欢做游戏，将"玩"引进一年级识字课堂，是识字最有效的一种教学策略。

1．教师乐教，学生乐学。

在识字课堂中，教师根据学生"爱玩"这一特点，适时运用各种识字游戏组织教学。此时，教师乐教，学生乐学，游戏识字，快乐同行！

摆字卡：在儿歌"小字卡，手中拿，边读边摆我最棒，上边我会认，下边问别人"的朗读中摆好字卡。遇到不会的字请教别人。

对口令：把难字的生字卡片贴在黑板上，编好号码，请一个学生起来问：╳号╳号什么字？其他学生应答。通过问答巩固难字。

三秒认记：在初学生字时，老师出示生字卡并领读，每读完一个字，数三下，学生在这三秒时间内用自己的方法认记该字，最后检查，看自己能认多少个生字。

听音点字：找一个学生读字音，其余学生在文段中逐一用铅笔点出所听到的生字，全部点完后，同桌互相检查，对所点的生字读得不正确的及时纠正。

丢手绢：找一个学生执字卡，在同学们的"丢字卡"的歌声中把字卡发给同学，得到字卡的同学读出该字，同学们评对错。《丢手绢》的歌词改为：丢、丢、丢字卡，字卡上写着你要读的生字，请你快点读出来，快点快点读出来，快点快点读出来。

抽大奖：

玩法一：在学生选出了难字并想办法记住之后，先将难字让学生认熟，再把难字卡片和其他卡片混在一起让学生抽，抽到卡片的学生举起来，并将卡片上的字读给大家听。抽中难字时，同学们齐说"抽中了"并将此字读3遍；没抽中但读对了的同学齐说"读对了，没抽中"。若读错了，大家帮他纠正。

玩法二：把生字卡片贴在黑板上，请一组同学上台，闭上眼睛，老师手指一个难字，这组同学就睁开眼睛指读黑板上的字，然后问"大奖是不是某字"，如果不是老师指的字，同学们就说："大奖不是某字。"如果正好是老师所指的字，同学们就说："大奖就是它。"

我猜猜猜：这个游戏就是把字的一部分遮住，只露出字的一小部分，学生根据露出的部分猜猜这是什么字。这个游戏可以运用字卡操作，也可以利用课件演示。适用范围可以是全班也可以是小组。

玩字卡：可以2—4人为单位，有以下几种玩法。

玩法一：每人执一副字卡，轮流出牌，边出边读，读对了，字卡放下，读错了或不会读，大家教他，字卡收回，放在后面，看谁最快出完牌。

玩法二：组长执一副字卡，逐张出示，其余同学抢读，先读对者获得该卡，最后看谁得的字卡多。

玩法三：接龙。组长将一副字卡发给大家，每人摆出一张字卡并读出，一张一张接起来，像一条长龙，再按顺序收回并认读。

教师以"趣"引路，以情导航，妙用识字游戏唤起学生的识字兴趣，使僵化呆板的课堂即刻变为充满活力的识字乐园。

2. 认难字，适合自己的就是最好的。

加一加：偏旁加偏旁。

减一减：熟字减偏旁。

换一换：熟字换偏旁。

编一编：根据字形和字音展开想象，编故事来记忆。

分一分：根据间架结构相近或字音相同来归类，学生自己进行分析和比较，找出规律。

辨一辨：引导学生自己寻找形近的字进行比较。如清、请、晴、睛、情，"有水才说清，有言才说请，有日天气晴，有目是眼睛，有心想事情"。

比一比：学过同一类字后，启发学生由一字想多字，把字串成串，辨字义，记字形。

动一动：学习动词时让学生做动作记字，如拍、打、跳、跑……

阅读中识字：在读书的过程中认识以前没有记住的字。

生活中识字：在日常生活中认识汉字，如珠宝首饰、大闸蟹、儿童用品……

建议学生运用自己最喜欢的方法来减轻识字的难度，对学生的记字方法给予充分的肯定。

六、学以致用，识用同步

长远的兴趣培养远远重要于眼前的这些汉字，除了抓字卡识字外，看图编话、选词说话、回顾往昔……都属于语文学习，只要学生肯主动参与，就应给予鼓励。

老话说得好，"光学不练，假把式。"把这句话用在识字学习中，我觉得"光认不用，也为假把式"。在我的课堂上，我就有意识地将所学的字落实到每节识字课中。

1. 读中能识，识中会用。

在读词时加入了选词说话环节，既训练了学生的口头表达能力、遣词造句能力，又加深了对词语的认识，起到复习巩固的作用。在识字课上进行说话训练，使学生写话的兴趣倍增。

如在《北京》一课的教学中，需要学习四字词语。先让学生在游戏的载体下学会读，然后引导他们说出还知道哪些四字词语，接着结合图文引导他们理解词语，顺势用四字词语说话，最后请学生读一读。认读、理解、运用环环相扣，层层递进，突破了难点，学生也学到了方法。

2. 送字回文，已非原文。

根据课文内容创编儿歌，既巩固了生字又对课文内容进行了一次回顾，并且学生体会到了语文表达方式的多样性。

例如，根据课文内容，师生独具匠心地创编文本。

课文：我的小书包，东西真不少。课本，作业簿，铅笔和卷笔刀。读书写字时，打开小书包。

再构：奶奶送我个小书包，里面的东西真不少。铅笔、橡皮、卷笔刀，新书、课本、作业簿，越看心里越欢喜。

七、阅读与生活识字

识字学习不只是单靠课堂有限的三十五分钟。

1. 高效识字涉及多方面成长。

识字教学中，要注意和社会生活相通，使儿童在更广阔的环境里吸收各种信息。利用校园文化，延展识字课堂。如在生活区开展的睡前阅读活动就是一个很好的识字阅读延伸活动。鼓励家长参与，使识字教学走进家庭。开发母语环境，使识字教学走向社会。高效识字将涉及学生的认知、积累、生活、交友等多方面。

2. 拓展教学空间，提高识字能力。

阅读识字。课前三分钟，读儿歌、诗歌；课堂后三分钟，读与课文相关的儿歌、文章。购置儿童普遍喜欢看的故事书、童话书、寓言书等。这样，学生不但看的书多，而且通过看书认识了许多字，仅书名就认识了不少，如《奥特曼》《西游记》《白雪公主》……

影视识字。通过受孩子欢迎的电视节目，有意引导学生在观看时注意认读字幕。这样，学生不仅从中获得了大量的信息，还认识了不少字。

生活识字。利用出行、旅游的机会识字。如在游玩动物园时认识各种动物的名称，在候车时认站牌，在逛街时认识商店、大厦、酒店的名字……

动手识字。把收集到的报头、刊头、包装袋等粘贴成小报、手抄报，对上面的汉字就会记得特别牢；举行秋游、社区服务等活动，把学生的视野引向大自然，让他们在活动后进行"小制作""画画"，然后贴上标签，标出自己所喜欢的事物的名称，或在作品上写一两句话。这样，学生不仅积极性高，还认识了不少字。节日期间写一句祝福语，或在同学生日时制作生日卡片，遇到不认识的字可以问家长、老师，学生边问边写，易学易记。

创新识字。随意的涂涂写写，极有可能创编出自己的绘本小故事。

由于有效性识字教学延伸活动需要大量学生感兴趣的课外资源，所以家校合力才是良策。

教改的路是艰辛的，但也唯有经历过这种艰辛，收获才会永恒！如今高效识字课已成为学生的最爱，对于我们语文老师来说，这就是莫大的快乐与鼓舞！

案例二　"群文阅读"教学策略

——语文教学的又一种方式

广州市广外附设外语学校　叶和丽

自 2012 年，我们基本完成了我校小学语文课程的体系框架：一年级集中识字，三年级以上尝试进行七课型（单元通读课、课文品读课、拓展阅读课、知识整理课、表达交流课、评研课、书法课）的单元整合式教学。那么作为过渡阶段的二年级，我们在"生本"理念下的"以读引读，以读引说"策略的基础上，开始了"群文阅读"的尝试。

什么是群文阅读？群文阅读是群文阅读教学的简称，是近几年在我国悄然兴起的一种具有突破性的阅读教学实践。简单地讲，群文阅读就是把一组文章，以一定的方式组合在一起，指导学生阅读，并在阅读中发展出自己的观点，进而提升阅读力和思考力。群文阅读就是师生围绕着一个或多个议题选择一组文章，而后师生围绕议题进行阅读和集体建构，最终达成共识的过程。

我认为"群文阅读"是在"主题阅读"基础上的衍生和演变，是对"以读引读，以读引说"的概念化总结，也是对"以读引写"的前奏性铺垫，最有可能将我们的语文教学从"少慢差费"的痼疾中解救出来，引向语文教学的根本——阅读上来。

那么，二年级的群文阅读（其他年级的精读、品读、拓展读也是）应该有什么样的定位？承担哪些教学目标？要进行哪些策略性的思考？有没有可供提炼的技巧呢？综合最近听课的印象谈点粗浅的体会。

1. 群文组合策略：群文阅读教学对教师用教材、编教材以及组合教材的能力都有要求。可以按照主题组合，即相同或相似主题的文章组合在一起，如人教版二年级下册第六单元以"爱"为主题，可将课内《三个儿子》《玩具柜台前的孩子》和课外的《五颗甜蜜蜜的葡萄》《黄香温席》《子路借米》《陈毅探母》等若干篇类似主题的小故事进行搭配组合阅读。可以按照结构组合，即相同结构的一组文章组合在一起，如并列结构的散文体、总分总结构的叙事体等；可以按照精读、略读搭配组合，我们的每一单元课文就是这样编排的；还可以一篇文章和整本书进行组合。比如：五年级第二组课文中《冬阳·童年·骆驼队》可以和《城南旧事》整本书里的一些文章组合，这样学生就能对林海音笔下的老北京有更为深刻的印象；将《祖父的园子》与《呼兰河传》这本书进行组合，透过萧红后期的代表作《呼兰河传》特有的视角，充分领略萧红的故乡呼兰那充满诗情画意的风土人情。总之，老师不仅要有宽广的阅读面，还要有选编组合的技巧。

2. 问题设计策略：相较于原来一篇课文需要几课时来完成的细嚼慢咽教学法来说，群文阅读需要在一节课内完成多篇文章的阅读任务，同时需要老师具有设计问题的技巧。设计问题一定要提纲挈领，删繁就简，所设计的问题必须是有生长点的问题，问题设计的格式通常是"你认为文中……？为什么？"所谓具有生长点的问题就是指向文本核心和学生个性化感悟的连结点，让学生的思维从文本中生长出来，然后向自己的阅读经验和生活领域伸展。

3. 多元理解策略：我国小学生对一篇课文的理解和价值导向往往趋向一元化。比如《钓鱼的启示》，学生往往会一边倒地认为这条鱼就应该放回去，因为文章的中心指向这个方向。再比如《三个儿子》，学生往往会认为第三个儿子才是他们应该赞赏的。学生在这种揣摩意图（作者的意图、编者的意图、老师的意图）的时候省去的是自己独立思考的过程，久而久之，学生就会渐渐失去独立思考的能力和创新意识。如果我们能在《钓鱼的启示》中引导学生体会"我"不愿放回这条鱼也是有理由的，学生就能深刻体会文中父亲所说的"道德只是个简单的是与非的问题，实践起来却很难"的道理。同样，学生只有经历和《中彩那天》中父亲一样的心里挣扎和艰难抉择的过程，才能充分理解母亲所说的"道德难题"的含义。总之，在群文阅读中一定要通过有空间（给学生思考和思想内容的空间）的问题引导学生多文本地进行多元理解，这才是"个性化阅读"的根本。

4. 方法提炼策略：数学清清楚楚一条线，语文则是模模糊糊一大片。我们常说"课内得法，课外得益"。在群文阅读过程中提炼学法、写法，然后让学生学会迁移，获得事半功倍的效果。群文阅读最可取的是将原来只能在课外阅读的材料"挤"进了课内。

5. 创编文本策略：群文阅读教学不仅仅限于选择已存在的文本，课上课下都可以让学生进行文本创编，让学生从群文中阅读到的方法能够当堂得到应用。比如这次缪英老师在引导学生阅读完《三个儿子》和《玩具柜台前的孩子》之后，学生初步懂得对于父母的爱不同的孩子在不同的境况下应该有不同的表现。老师适时启发学生：在你眼中，你对父母的爱或父母对你的爱又有着什么样的表现方式呢？要用具体的事例来说（这里的提醒很重要，用具体事例是因为我们的学生在表情达意的时候往往喜欢用大而空的抒情词语，在省略细节的同时容易变得矫情，正如那场著名的中德顶尖高中生对决赛那样……）。结果在短短的 5 分钟时间，全班学生现场创编了一篇或多篇文章。当全班同学齐诵自己创作的文章的时候，心中的自豪感油然而生，从而对阅读的兴趣也逐渐提升。

案例实证　**衔接线上线下，汲取文字营养，扫去心灵阴霾，重获向上能量**
——《小毛虫》《我是一只小虫子》《大象的耳朵》
三课整合串讲教学设计
设计人：广州市广外附设外语学校小学部低语组　海晏

【学情分析】

二年级学生在生字、词语学习及朗读方面有一定的基础，在阅读感悟、语言积累、语言运用方面正在起步，批注的方法和习惯也在逐渐养成。二年级学生的自我意识逐渐发展，对于一篇文章能联系生活体验，有个性化、多元化的阅读体验和感悟，并有主动和他人交流的意愿。

2020 年春，由于新冠肺炎疫情的影响，孩子们度过了史上最长寒假，在家上网课，学习质量参差不齐。复课后，孩子们回到了阔别已久的校园，兴奋、开心之余，他们也有担忧、焦虑、紧张：那么多人聚集在一起，自己会不会感染病毒啊？自己线上学习期间没怎么用功，现在学习能否跟得上啊？老师和同学们会怎么看我呀？朋友那么久没见面了，是否还是我最好的朋友啊？……

【设计意图】

超长寒假决定了超短的学期。复课第一周，语文课的进度到了《小毛虫》这一课，《我是一只小虫子》和《大象的耳朵》之前已在网课上学习过。本课将三篇课文进行整合，采用"一拖二"的方式，精讲《小毛虫》，带起《我是一只小虫子》和《大象的耳朵》并进行串讲。

将这三篇有较强互文性的童话整合到一起，其共同点也是教学的重点：第一，三篇课文的语言优美生动，都是最好的语言积累素材；第二，它们能给学生带来心灵上的共鸣、抚慰和调节，引领学生积极向上。《小毛虫》让孩子们感受到一个人即使再普通、弱小，只要做好自己该做的事，遵循万事万物的规律，耐心等待，就能收获美好人生。《我是一只小虫子》其中蕴含的哲理是：虽然生活有苦有乐，只要乐观生活，就是非常有意义的旅程。《大象的耳朵》告诉孩子们："人家是人家，我是我"的道理——每个人有自己和别人不一样的地方，既要正确看待别人的看法，又要有自己的判断，不必为了迎合别人而盲目地改变自己。

将三篇课文整合串讲，把三篇课文的精髓提炼出来，旨在将零碎的知识点以重点为中心重新组合，优化语文课堂教学，起到减时增效的作用，让语文课堂的容量更大、更有活力、更有深度和广度。

教学设计以语文核心素养为基本任务，厘清语文要素，由浅入深，层层递进，将语文要素渗透、落实到每一个环节中。查漏补缺的同时，把重燃学生学习语文的兴趣作为目标。

部编版教材特别重视语言的积累和表达，学完课文后一般要求背诵或复述，"学习课文的语言表达，积累语言"是教学的重点。所以，这次设计将复述课文作为重难点，帮助学生积累词句、内化语言、形成语感。

教学中设计了较多的交流分享环节，既重视孩子的阅读感悟，又能让生生、师生之间建立亲密的情感联结，有助于调整学生复课后的学习状态。

【设计理念】

本设计对"全课程"理念有一定的涉及与体现。所谓"全课程"的教学模式，就是把不同科目融合在一起，开展一种综合性、整体性、注重融会贯通的教学模式。传统教学"以教材为世界"，全课程则是"以世界为教材"，这体现了全课程"生活即课程，课程即生活"的教学理念。

这篇教学设计不是在孤立、片面地学习语文课程，而是融进了科学课程，如毛虫的成长三个阶段、大自然中哪些事物有自己的规律、奇妙的昆虫世界、大象的耳朵有什么优点等，也融进了心理课程——复课之后，既要做好学生线上线下的学习衔接，又要敏锐、积极地关注学生的心理衔接。

老师对教材中的"一篇"进行精讲，再聚焦"主题"带动另外两篇的学习。群文阅读的学习方式为学生的理解、迁移和运用提供实践平台，同时提供一种整体的、比较的、思辨的视角，既能强化学生的阅读和表达能力，又能引起学生的探究、发现和思考，更好地提升学生的思维品质和阅读能力。

【教材分析】

《小毛虫》与《大象的耳朵》都来自第七单元，指向一个主题——"改变"，"借助提示讲故事"是本单元的教学重点。《小毛虫》这篇课文的插图艳丽可爱，尽显童真本色。这三幅插图刚好对应小毛虫成长的三个阶段：虫、茧、蝴蝶。语言生动优美、质朴自然，描写生动细致，容易激发学生的阅读兴趣。小毛虫变化过程中三个阶段的不同情感和成长变化，深深吸引了儿童。《大象的耳朵》讲述了大象为了别人的评价而改变自己，最后又成为自己的故事，浅显易懂，生动有趣，符合学生的阅读特点。

《我是一只小虫子》来自第四单元，整个单元以"童心"为主题，"运用学到的词语把想象的内容写下来"是本单元的教学重点。这篇课文从虫子的视角观察世界，感受生活，描述了小虫子生活中的苦与乐，表达了小虫子对生活的热爱，读起来妙趣横生，令人忍俊不禁。

这三篇童话故事内容不同，主人公不同，而共同点是引人入胜，有独特的思维价值。

【教学准备】

精心备课，制作课件。

【课时安排】

三课时

第一课时：读课文、学字词

【教学目标】

1. 通读课文，做到读准字音，不读错字，不多字少字。

2. 圈画出课文中的新词、好词，做到熟读、积累。生字要求读音准确，能口头组词。

【教学重难点】

1. 词语的理解、积累和运用。

2. 能完整、清楚地复述线上学习的两篇课文。

【教学过程】

一、通读三篇课文，《小毛虫》所用的时间可长一些。采用自由读、齐读、点名读重点句子的方式，让学生熟悉课文，为有感情地朗读课文做好铺垫。

二、词语学习（三篇课文的重点词语）

生机勃勃　尽心竭力　与世隔绝　色彩斑斓　笨手笨脚

悲观失望　万事万物　耐心等待　飘然而起　九牛二虎之力

蹦蹦跳跳　一不留神　昏头昏脑　摇摇晃晃

新奇的目光　牢固的茧屋　轻盈的翅膀　蓝色的雾霭

毛茸茸的小鸟　细长的触须　免费的特快列车　耷拉的耳朵

灵巧地挣脱　愉快地舞动　渐渐地消失

慢慢地散步　自言自语地说（重点提醒学生关注"的""地"的用法）

1. 读正确，男生读、女生读、小组读、个人读。

2. 我能用自己的方法理解这些词语。

我能读出这个词所在课文中的句子。

通过联系上下文，我明白了这个词语的意思。

我能给它找一个近义词（反义词）。

我能用它说一句话。

我有一个词不懂，谁来帮帮我？

······

三、生字学习（三篇课文的生字）

1. 重点指导"慢""痛""最""编""整""使""劲"等字的写法。

2. 需要分辨的形近字、音近字是"幸"和"辛""使"和"便""编"和"篇""纺"和"仿"等。

四、复述线上学习的两篇课文

1. 全篇课文复述：当一只小虫子好不好？我的伙伴们说："（　　　）。"因为（　　　）。不过，我觉得当一只小虫子（　　　），因为（　　　）。我有很多小伙伴，每一个都（　　　）。

2. 精彩段落复述：早上醒来，我在（摇摇晃晃的）草叶上（伸懒腰），用（一颗露珠）把脸洗干净，把（细长的触须）擦得亮亮的。如果能（小心地跳到狗的身上），我们就可以到（很远的地方去旅行）。这可是（免费的特快列车）呀！

3. 全篇课文复述：大象有一对大耳朵，像（　　　）。小兔子说：（　　　）。小羊说：（　　　）。小鹿、小马，还有小老鼠，见到了大象，都要（　　　）。大象也不安起来，他自言自语地说：（　　　）。怎样才能让耳朵竖起来呢？每天，（　　　）。最后，（　　　）。大象说：（　　　）。

附本课时板书设计：

的——左边白，右边勺，名词跟在后面跑。

地——左边土，右边也，"地"字站在动词前。

第二课时：精讲《小毛虫》

【教学目标】

1. 有感情地朗读课文，读出小毛虫的内心情感，读出自己的理解，和大家交流阅读感悟。

2. 能完整地复述故事。

【教学重难点】

1. 正确、有感情地朗读课文。

2. 能完整、清楚地复述故事。

【教学过程】

一、边读边思，做好批注

小毛虫的成长过程是怎样的？

你认为这是一条什么样的小毛虫？为什么？

二、梳理全文

梳理并板书小毛虫的成长过程：

小毛虫——茧——蝴蝶

三、朗读感悟，交流碰撞

"小毛虫"阶段

1. 读完这篇课文后，你认为这是一条什么样的小毛虫？为什么？

2. 依据学生的发言，在黑板上板书：（可怜的）小毛虫。

3. 朗读相关句子：

大大小小的昆虫又是唱，又是跳，跑的跑，飞的飞……到处生机勃勃。只有它，这个可怜的小毛虫，既不会唱，也不会跑，更不会飞。

4. 引导学生通过观看插图，想象昆虫们"生机勃勃"的样子，哪些昆虫在唱、在跳、在跑、在飞，想象和感受它们的欢乐，从而理解"生机勃勃"这个新词。再读这个可怜的小毛虫"既不会……也不会……更不会……"这个句子，读出"既不会""也不会""更不会"这三个重音词，读出小毛虫的"可怜"。从朗读中感受句子中所运用的鲜明的对比。

5. 朗读感悟"笨拙的小毛虫"。

小毛虫费了九牛二虎之力，才挪动了一点点，当它笨拙地从一片叶子爬到另一片叶子上时，它觉得自己仿佛周游了整个世界。

用同样的方法（观看插图、想象、感受、关键词重读）朗读第二段，从"才""挪""爬"这三个关键词理解小毛虫的"笨拙"。

6. 朗读感悟"内心坚定的小毛虫"。

尽管如此，它并不悲观失望，也不羡慕任何人。它懂得：每个人都有自己该做的事情。它，一条小小的毛虫，眼前最重要的是学会抽丝纺织，为自己编织一间牢固的茧屋。

（1）联系上文理解"尽管如此"，将"尽管""并不""也不"读得突出。

（2）引导学生与文本对话，加强对课文内容的理解。"我们认为小毛虫这么可怜，又这么笨拙，小毛虫自己是怎么想的？""他为什么这样想？""读到这里，你有什么感受？""你在生活中有没有悲观失望的时候？有没有羡慕其他人的时候？你当时是怎么想的呢？""小毛虫给了你什么启发？"

"茧"阶段

1. 朗读感悟"勤奋与坚持的小毛虫"。

小毛虫一刻也没有迟疑，尽心竭力地工作着，他织啊，织啊，最后把自己从头到脚裹进了温暖的茧屋里。

联系上下文理解中心词"尽心竭力"，抓住"一刻也没有迟疑""织啊"等词语，想象小毛虫是怎样工作的，体会小毛虫的勤奋与坚持。

2. 小毛虫在与世隔绝的茧屋里，害怕过吗？疑惑过吗？引领学生感受小毛虫的内心独白：

"以后会怎样呢？"

"万事万物都有自己的规律！"小毛虫听到一个声音在回答，"你要耐心等待，以后会明白的。"

（1）小毛虫在自己的茧屋里，身处一片黑暗的时候，他曾经强大的内心有过害怕、有过疑惑吗？你从哪里知道的？请你读一读。

（2）小毛虫是怎么调整自己的心情的？请你圈出来，读一读，并体会。

（3）"万事万物都有自己的规律"，小毛虫的成长规律是什么？你还知道大自然中哪些事物有自己的规律？（四季更替、植物开花结果、太阳东升西落等）

（4）在生活中，你有过这样身处黑暗的时刻吗？你有过像小毛虫这样调整自己的内心吗？你是怎么做的？

"蝴蝶"阶段

1. 朗读感悟"惊喜的小毛虫"。

时辰到了，它清醒了过来，再也不是以前那条笨手笨脚的小毛虫。它灵巧地从茧子里挣脱出来，惊奇地发现自己身上生出了一对轻盈的翅膀，上面布满色彩斑斓的花纹。它愉快地舞动了一下双翅，如绒毛一般，从叶子上飘然而起。它飞呀飞，渐渐地消失在蓝色的雾霭之中。

这是一只怎样的蝴蝶？圈出词语，抓住"灵巧""轻盈""色彩斑斓"等词语体会蝴蝶的美丽，读出惊喜、愉快、轻盈的感觉。

2. 读到这里，你的感受是什么？有什么启发？

四、完整地讲述故事

结合课后练习，引导学生完整地讲述故事。针对不同程度的学生提出不同的要求。最低要求是能根据提示用自己的话有序、完整地讲述故事，不遗漏重要的信息；其次，引导学生使用课文中的新词、好词，并加上自己的语言生动地讲述故事；鼓励程度较高的学生加入自己的想象讲述故事。

附本课时板书设计（也是复述课文的支架）：

小毛虫

每个人都有自己该做的事情。

小毛虫──茧──蝴蝶

万事万物都有自己的规律。

第三课时：整合与拓展

【教学目标】

1. 能大方、自信地和大家交流自己的感受。

2. 融入自己的生活体验以及课外阅读的收获，进行提炼、交流、升华。

【教学重难点】

主动参与课堂交流，主动阅读。

【教学过程】

一、谈话导入

1. 上节课我们学习了《小毛虫》，你认识了一只怎样的小毛虫？你还记得之前学习的另一只小虫子吗？在《我是一只小虫子》的课文里，你又认识了一只怎样的小虫子呢？

2. 根据学生回答板书。

3. 找到相关句子进行品读、回味。

4. 你觉得这两只虫子有什么相同的地方和不同的地方？

二、交流感受

（过渡）在《大象的耳朵》中，大象遭遇了一些烦恼，我们一起来读读吧。

1. 分角色朗读课文。

2. 体会大象为什么改变想法。

3. 你在生活中遇到过类似的烦恼吗？你是怎么做的？

三、统整三篇课文

1. 同学们，今天我们将《小毛虫》《我是一只小虫子》《大象的耳朵》这三篇课文放在一起，想一想：当你遇到烦恼的时候，当你怀疑自己、担心未来的时候，哪篇文章给了你力量和勇气？你会想到哪个主人公？为什么？

2. 学生自由交流。

四、课外阅读拓展

1. 请学生自由阅读《新主题阅读》《部编教材同步阅读》中的《我就是我》《变成什么好》《泪水茶》《奥古斯特和他的微笑》。

2. 你感受最深的是哪个故事？和大家交流一下你的想法吧！

3. 请试着用一句名言警句写下读后感。

五、总结提升

1. 共读学生创作的名言警句：

当我们深处黑暗之中，我们要相信光明一定会到来。——徐诺

风雨过后，我们一定能见到灿烂的晴天。——范一影

坚定地朝着自己的梦想前进，不要被其他人的议论打乱自己的节奏。——郭子墨

我是独一无二的我，我爱这样的我。——夏源清

每个人内心里住着一个情绪的开关，请你把它拧向"快乐"吧！——王艺乔

当你微笑的时候，快乐就会到来！——刘夕

2. 教师小结：同学们，在生活中，我们总会遇到一些烦恼和困难，如何跨越和解决，首先在于人的心态。寄宿学生没有父母及时的开导，但要学会开导自己、调整自己。阳光的心态是对付忧郁的利器，它令人逐渐消除内心的消极情绪，带之以积极的信念，进而形成积极的行为，产生积极的效果。寄宿学生尤其需要这种乐观的心态以及调适心理的能力。心里快乐，心怀希望，才可能实现梦想！

3. 作业设计：布置课后小练笔——想象一只或几只小动物在大自然中的奇妙旅程并写下来。在晚自习时间进行交流，看看谁的想象力合理而奇特，故事完整而生动。

附本课时板书设计：

内心坚定

实现目标需要勤奋与坚持

乐观面对生活

正确看待别人的看法

案例三 "读"树一帜的语文阶梯课程之"1+1"

——《爱的教育》整本书阅读教学设计

广州市广外附设外语学校 叶和丽

【课程简介】

"1+1"主题阅读课程是我校中高段语文教学的内容，也是我校"读"树一帜语文阶梯课程的组成部分。第一个"1"指的是语文教材的一篇文章或者一个主题单元。第二个"1"指的是围绕这篇文章或者主题单元延伸阅读的一本书，或者可以探究的一位作家（作者）及作品，或指文章所代表的一个文学诗词流派等。

《爱的教育》是意大利作家埃迪蒙托·德·亚米契斯创作的长篇日记体小说，首次出版于1886年，自传入我国深受读者的喜爱。其中被选入小学语文课本的文章有：三年级下册15课《争吵》，四年级上册23课《卡罗纳》，六年级上册选读课文《小抄写员》。本节课所展示的是围绕一篇课文《小抄写员》（人教版六上选读文章之三），所进行的对《爱的教育》整本书的阅读，是其中的一节阅读分享交流课。（注：因本人目前任教班级学生所限，故选定五年级上这个专题）。

【指导目的】

1. 激发学生读书的兴趣，通过课下自主阅读、课上分享交流的方式，养成博览群书的好习惯。

2. 指导学生通过对有用信息的提取和组合，初步形成对信息的检索和筛选能力。

3. 通过阅读交流，引导学生归纳阅读方法，并能运用到阅读中，提高阅读效果，形成阅读能力（感知、理解、鉴赏）。

4. 让学生在阅读中懂得用一颗宽容的、真诚的、进取的、善良的心去爱祖国、爱家长、爱老师，爱同学、爱弱小，并在升华"爱"的主题中受到情感熏陶和价值观引领。

【指导重点】

运用四顶思考帽的方式引发小组的讨论和交流，归纳阅读方法，并能运用到阅读中，提高阅读效果，在过程中形成阅读能力。

【课时安排】

第一课时：学习课文《小抄写员》

第二课时：整本书《爱的教育》阅读交流（公开课）

第三课时：指导写研习报告

【指导准备】

1. 学生阅读《爱的教育》，完成"前置性作业"（读书笔记）。

2. 了解学生的阅读状况，归纳学生提出的问题。

【指导流程】

课前热身——《爱的教育》阅读有奖知识问答

1. 猜猜看：根据外貌描写猜书中的一个人物。

2. 人物素描：抓住人物的特点概括介绍。

3. 读片段，猜出处：下面这两个片段是我认为描写得比较精彩的部分，你能说出它们是哪个月的哪个故事中的片段吗？

4. 读片段，提问题：提问题有学问——一种针对自己不懂的或者想知道的问题来提，这叫"有疑而问"；还有一种叫"无疑而设问"，就是设计问题让别人回答，然后你来判断对错。

课堂流程——《爱的教育》阅读交流

1. 分享一个故事。

你最喜欢的故事是哪一个？请说说它的主要内容。

2. 交流一个片段。

在读这些故事的过程中，你觉得哪些句子特别有意义或者哪些片段写得非常好，请大声读出来和大家分享。

提示语：请大家翻到╳月故事的第╳页，请听我读……我认为这段话特别有意义，因为……

3. 欣赏一个人物。

你印象最深（最欣赏）的人物是谁？为什么印象深刻（你欣赏他/她的理由是什么）？

4. 讨论一个问题。

独立完成：请就自己最喜欢的一篇文章或者一个片段提出一个问题（有疑而问，无疑而设问），写在文章后面。

小组交流：

（戴黄色帽）提出问题；（戴红色帽）回答问题；（戴黑色帽）进行反驳或补充；（戴白色帽）观察和评价。

小组展示：

5. 探究一个主题。

读完《爱的教育》，你认为"爱"是什么？（请用一句或几句话高度概括，

后面可以用事例补充说明)

我认为爱是

就像

_____。

6. 鉴赏一部经典（机动）

理解两个词汇：经典、商榷

所谓经典，是经受住时间和岁月的考验，并经过大浪淘沙沉淀下来的优秀作品，历久弥新，常读常新。

对于这本经典，在阅读过程中或者阅读之后，有什么质疑或者需要商榷的地方吗？

【作业布置】

1. 推荐阅读《爱的教育》姊妹篇《续爱的教育》（孟德格查著，夏丏尊译本或王干卿译本）。

2. 提交一篇演习报告：从以下标题中选出有价值的且自己感兴趣的专题进行研究，写成一篇小研究报告（另外一课时进行指导）。

附1　　　　　　　　"前置性阅读指引"

《爱的教育》整本书阅读前置性作业

班级　　　　　　　　姓名

一、购买并阅读《爱的教育》（推荐版本：1. 夏丏尊译，叶圣陶指导；2. 王干卿译；3. 徐力源译；4. 马东亮译；5. 闻钟主编；6. 方块字编委会主编）

1. 读一半（　　）；2. 全书读完（　　）；3. 读两遍或两遍以上（　　）

二、标出自己喜欢的一个故事，简述这个故事的主要内容并写下来。

三、标注自己最喜欢的片段，在书上写旁批（至少五处）。

四、就其中的一个故事或者片段提出一个可以引发大家讨论的问题，写在书上（至少三处）。

五、想一想："爱"是什么？用一句话或者几句话写下来。

六、收集三条有关"爱"的名人名言或者格言警句。收集三条有关名人对《爱的教育》这本书的推荐或者评价，写在下面。

七、结合相关资料，整理和筛选重点信息，再结合自己的理解把《爱的教育》推荐给大家，请写一段推荐语。

附2：　　　　　**整本书阅读《爱的教育》研习小报告**

题　　目	作者：
问题的提出	
调查研究方法	
资料收集整理	
正文书写	
资料参考	

案例四 基于文本再构的单元整体设计实践

广州市广外附设外语学校 周英

为了全面提升我校学生的英语语言能力，培养学生对英语学科的兴趣，我校自2011年3月开始了以"基于单元整体设计教学下的文本再构"为主题的教学课改，强调培养学生英语核心素养，在关注文化品格、思维品格的前提下，注重培养学生的语言能力和学习能力。通过6年的努力，英语课改取得了一定成效，形成了开阔、长远的教育定位，成就了广外外校突出的英语教学特色和优质的英语教学效果。目前，我校小学英语课堂教学及教学研究已成为区市学科教研示范与引领单位。通过英语课改，一方面，培养了学生的语言能力和英语兴趣，另一方面，学生的英语成绩也稳步提升。课改以来，我校英语教学质量在区市级测试中一直名列前茅。2017年，我校六年级学生参加区期末统考，平均分名列全区第二。学生在校外参赛也频频获奖，连续三年组队参加广外杯听说技能大赛，均获得团体一等奖和优秀团队风采奖，另外斩获最佳语音语调、听说高手、戏剧小明星、完美舞台演绎等多个单项奖。21世纪英文演讲比赛，我校姜舒馨同学以强劲实力夺得广州赛区桂冠。

为求教于方家，现将我校英语课改的具体做法介绍如下：

一、"1＋X"的英语课程体系

按照"基础＋特色"的思路，以学科本质为核心，整合、拓展、构建及完善本学科的课程体系，我校构建了"1＋X"的英语课程体系。

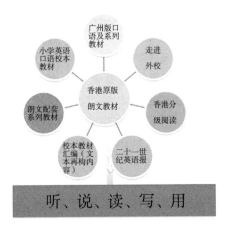

"1+X"的英语课程体系

"1"指的是我们在课堂教学中主要使用香港朗文原版教材。这套教材的优势在于它注重情境，选材贴近学生生活，主题鲜明，贯串交际呈现、任务主导、游戏等，教材提供听、说、读、写、用的海量素材与资料，为学生语用能力的培养提供全面的资源库。

"X"指的是在朗文教材之外，我们还配合使用广州版口语教材、广州版精读教材及阅读补充教材等。因为朗文教材虽有诸多优点，但也存在一定的缺陷，比如地域文化的隔阂、词汇与语法难度偏大等。而这些辅助教材则各具特点，或突出结构整体性，或突出语言的交际应用能力，或贴近学生生活实际和文化氛围等，能有效弥补或补充朗文教材的缺陷与不足。此外，我校还编纂了《英语每周一句》及《英语口语小学校本教材》等校本教材，在内容上突出英语听说能力，也是对朗文教材的有益补充。

从实践效果上看，这种形式丰富了教学内容，教学输入量大，使课堂更具有对话性和功能性，而且培养了教师对各种教材内容进行整合的意识和能力，促使教师的教学观念从教教材转变到教课程。

二、单元整体设计的英语课堂

在以往的课堂中，我们的教学往往以考试为中心，忽视了学生语言应用能力的培养，教师对英语教学缺乏整体性的思考，各年级间缺乏有限衔接，教师解读教材、整合教材的能力不足。

作为一所外语学校，无论是家长还是社会，对我校的英语教学都有更高的要求。为改变原有课堂的教学弊端，全面提升我校学生的语用能力，尤其是听说能力，2011年在朱浦老师的指导下，我校开始了"基于单元整体设计教学下的文本再构"的英语课堂教学改革。

单元整体设计的英语教学，是从学生学习语言整体性、应用性的角度出发，摒弃了以往片面注重词句的教学，将英语教学更加推向应用性与生活化，注重语言学习的情感体验与整体认知。而驾驭教材的有效途径就是进行文本再构，即运用再构的语篇文本进行教学。

与传统的课堂教学相比，单元整体教学要求把学习情境作为一个整体呈现给学生，从单元话题的整体角度来创设教学情境和设计教学活动，对各种教学内容进行整合。这种课堂教学的优势在于能够使一个教学主题多角度、多层次地反复出现，让学生已掌握的知识与新的学习任务结合起来，提高学习效果。

基于单元整体设计教学下的文本再构，对教师的课堂教学提出了更高的要求，教师解读教材的视角要独特，整合教材的能力要提升，活化教材的思维要发散。教学过程的核心是语篇带动词汇，再由词汇回到语篇中运用的学习过程。以下为我校基于单元整体设计的文本再构核心课集体备课的具体流程图：

在具体的教学过程中，我们的具体做法大致包括以下几个方面：

1. 在分析教材和分析学情的基础上，合理设立教学目标。

包括：本单元在教材中的地位如何？本单元的教学目标是什么？如何实现目标的螺旋式上升？如何安排单元的教学时间？

2. 适当调整单元之间的顺序。

根据语言功能、相关话题、任务活动等对教材进行一些处理，如果单元之间的语言功能、语法项目、相关话题或任务活动相似，可以考虑将这些单元调整到一起进行教学。另外，在教学中我们经常会结合学生的真实生活和学生的兴趣设置一些活动，我们也可以根据活动情境设置的需要来调整单元之间的顺序。

3. 调整单元内部的教学内容。

每个单元都有相应的顺序，教师不一定按照教材里的顺序进行教学，而是根据教学实际，从单元整体进行考虑。例如，教材一般将对话或课文整体放在每个单元的最前面，教师可以根据需要先教单词或句子，再整体导入对话；有时我们还可以根据学生的兴趣或地方文化背景来重新设计教材中的活动；如果教材中的活动过难或过易，我们可以用一些教材外的合适的活动来替换。

4. 多种课型结合

英语课堂注重从整体上培养学生听、说、读、写四种基本技能，根据教学需要，在单元整体教学中，我们可以设计不同的课型，包括核心课、阅读课、口语课、拓展课等，从不同层面培养学生的英语核心素养。

文本再构核心课中，我们通过单元整体设计导入新授的单词和功能句型；再从整体上感知对话，把握相关话题；在活动和情境中练习和巩固本课时的重点单词和功能句型；设置接近真实生活的情境和任务，让学生运用本课所学的单词和功能句型谈论相关话题，从而实现语言知识到语用能力的过渡。

在核心课之外，我们辅以外教口语课、阅读课以及文化拓展课，从阅读、口语、文化等几个维度对学生的语言能力进行有针对性的培养，从而全面提升学生的听、说、读、写能力。在口语课中，我们结合学生已有的认知基础，通过听说法导入。在阅读课中，我们注重让学生从整体获取材料中的信息，并将读和听说进行结合，通过阅读教学，实现单元教学目标的螺旋式上升。文化拓展、戏剧表演、配音课等则更多着眼于从培养学生兴趣方面潜移默化地提升能力。经过几年的教学实践和摸索，我们已经形成了主要课堂与辅助课堂相结合、传统课型与特色课型相得益彰的教学特色。以下为我校低年段和高年段的课型图：

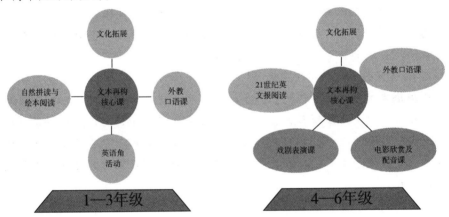

三、多维度的素养评价

传统的评价体系是单一的结果性评价，即以考试为目的，以分数论成败。导致的后果就是教和学都以考试为中心，忽视了英语素养的培养。结合我校开展的单元整体教学改革，我校形成了多维度的形成性评价体系。

一是将评价和单元教学有效融合。根据单元教学目标，我们整体设计单元评价方案，将学生的作业、课堂观察、学生的活动表现、学生的学习体会等纳入单元评价。通过形成性评价在单元整体教学中的运用，引导学生积极主动地学习，拓展课堂教学空间，弥补课堂教学时间的不足。

二是制定我校英语认知能力目标体系。

内容主要包括各年级需要掌握的词汇量、句型、阅读量、阅读速度、听力水平、口语运用程度等，各年级的目标相互衔接。每学期我们要按照这个目标体系对各年段的口语、词汇量、阅读能力、听力水平等进行水平过关考级。通过这样的过关考级，学生的各阶段英语发展水平一目了然，并对各年段之间的衔接教学和学生英语素养的综合提高起到了很大的促进作用。每学期，我校组织对各年级的学生进行检测，通过检测促进各项能力的提升。各年级既有相对固定的检测项目，又互相形成不断"攀登"的知识能力体系。我校认知能力目标体系如下：

一年级：认读单词、字母，单词书写过关，听力过级，口语考级

二年级：朗读，句子书写过关，听力过级，口语考级

三年级：听读，仿写短文，听力过级，口语考级

四年级：短文阅读，关键词写作，听力过级，口语考级

五年级：报刊阅读，主题写作，听力过级，口语考级

六年级：科普阅读，主题写作，听力过级，口语考级

四、结语

经过近几年的教改实践，我们认识到单元整体教学以其多元整合、均衡协调的特点，做到了对教材的整体建构。在单元整体教学的思路下，教师可以关注教学整体，更好地把握学科目标，就更有利于单元目标的达成。我们相信，在单元整体教学的思路下，可以从更大的范围实现学生核心素养的培养，同时开阔教师的教学视野。只有教师视野开阔，学生才能视野开阔。

案例五　"以学定教"理念下"数学小研究"设计的实践与思考

广州市广外附设外语学校　张牡玉

【摘要】"以学定教"的理念告诉我们：学生是学习的主人，教师的作用是"协助学生自己承担学习的责任、成为自主的思考者、建构对概念的完整理解、提出问题并自己寻找解决问题的答案"。课堂教学的重点应从教师的"教"转移到学生的"学"。预习后的数学课堂教学能把握学生的学习起点，融入学生的真实思维水平，让学生探索、研究、创造性地学习新知，学生在课堂中的求知欲和表现欲会更强。基于这种认识，我们在教研组内研究并推行"数学小研究"，通过"先学后教"，达到"轻负荷，高质量"的教学目的。

【关键词】　以学定教　数学思想　学习方式

一、问题的提出

小学数学是一门基础学科。如何认识小学数学的本质与价值？如何确定

小学生学习数学的长效目标？如何改进学生学习数学的方式和教师的教学方式？如何达到"轻负荷，高质量"的教学效果？这是我们一直在思考与探索的问题。

"以学定教"的理念告诉我们：学生是学习的主人，教师的作用是"协助学生自己承担学习的责任、成为自主的思考者、建构对概念的完整理解、提出问题并自己寻找解决问题的答案"。课堂教学的重点应从教师的"教"转移到学生的"学"。"有效的教学活动是学生学与教师教的统一，学生是学习的主体，教师是学习的组织者、引导者与合作者"。

在小学数学教学中引入"数学小研究"，让学生提前感知数学学习内容，进行初步理解，自主寻求解决办法，进行尝试探索，这是相当重要的，它在数学知识、数学方法、数学思想、数学思维、自学能力的形成与培养中扮演着重要的角色。这是实施"以学定教"的必然之路，具有以下几个方面的积极意义。

1. 从建构方式思考意义。建构主义理论认为，学习者构建着他们自己对于所学知识的理解，而不是通过其他外部渠道获得知识。以皮亚杰为代表的认知建构主义学习理论，强调学生已有学习基础对于学习的影响；以维果茨基为代表的社会建构主义学习理论，强调学生间的"相互作用"是学习的基本形式。数学的学习应是一个主动建构的过程。"数学小研究"无论是在课前独立完成，还是在课中合作完成，都为学生提供了自主探索的空间和时间，让学生对所学内容有充裕的时间进行充分的思考。学生在已有知识经验和基础上，通过自身的理解，对新知识经历一个思考、同化、质疑的过程，感受新知的发生和发展过程，既体现了学生学习的独立性，又促进了学生独立思考能力的提高。

2. 从后续发展透视本质。终身学习的理念要求我们培养学生的自学能力，小学阶段是培养学生自学能力的起步阶段，也是黄金阶段。根据学生的年龄特点及教材知识的编排特点看，传统教学中，学生在课堂上主要靠讲授与交流的方式获取知识，自学的机会相当少。强调模仿与机械训练的数学学习方式早已过时，学生学会自学的第一步就是要学会预习，预习主要通过自学来帮助学生掌握主要内容、思考难点、尝试解决新问题，这是对思维的一种有效锻炼，是培养学生自主学习、提高学生自学能力的重要途径。在小学阶段，学生通过"数学小研究"的提示预习数学，是提高学生数学自学能力的一个很好途径。它能使学生在自主学习中不断掌握学习方法，并不断优化方法，事半功倍。

3. 从健全目标了解价值。数学教育家米山国藏曾阐述这样的观点：在学校学的数学知识，毕业后若没什么机会去用，一两年后很快就忘掉了。然而，不管他们从事什么工作，唯有深深铭刻在心中的数学精神、数学的思维方法、研究方法、推理方法和看问题的角度等，却随时随地发生作用，使他们终身受益。因此，作为学生数学学习初始阶段的小学数学，除了重视数学概念、法则、公式、性质等显性的知识教学，更应该重视数学意识、数学思想方法、数学思维方式等数学素养的培养。学生通过"数学小研究"的探索提前介入学习，带着自己的所思所想进入课堂，进行交流与补充、质疑与问答。师生之间、生生之间通过互动和沟通学会表达数学、交流数学、理解数学、掌握数学。通过合作交流，每个学生有了自我表现的机会，能调动学生学习的积极性；学生进行讨论，能够活跃课堂气氛，激发灵感，逐步学会学习。学生充分地参与到教学全过程中，能更好地满足他们的学习需求，体验成功的喜悦，这种学习方式将使数学学习给学生留下意识、思想、经验、习惯、快乐，为学生的后续学习和可持续发展奠定基础。

4. 从课堂效率关注效果。《新课标》指出，有效的数学学习活动不能单纯地依赖模仿与记忆，动手实践、自主探究与合作交流是学生学习数学的重要方式。放手让学生进行"数学小研究"，教师可以在课堂上对于一些比较浅显、学生易理解的知识少花费时间，而用更充分的时间去引导学生探究更具有思考价值而又富有挑战性的问题，激发学生良好的情绪状态与思考状态。在完成"数学小研究"的基础上，学生不仅对教学内容有了基本认识，还会有困惑和收获。这种有效预习能使学生按照自己的意愿带着问题有选择性地听课，把注意力更好地集中于重点、难点处，对自己不懂的相应内容会特别注意，提高学生的听课效率。重要的是每个人所发现的问题、疑难点通过学生间思维的交换，有利于完善学生的认知结构。这使数学课真正实现生生交流，这是在学生没有预习情况下很难达到的效果。同时，预习后的课堂教学有助于教师的教学活动更有针对性，真正实现以学定教，实现课堂教学高效、高质。

二、解决问题的过程与方法

在设计及应用"数学小研究"的过程中，解决了以下主要问题：

（1）改变了教师的授课方式。传统的小学数学课堂教学以知识传授、教师讲解、学生模仿训练为主。通有"数学小研究"的使用，学生带着自己的知识基础参与课堂，教师只是学生学习的组织者、引导者、协作者。

（2）改变了学生的学习方式。学生从被动地"听"变革为主动地"学"，通过个体自学、独立探索、合作交流、全班展示汇报、质疑补充等方式，获得的不仅是知识，在技能、方法、活动经验、情感态度及价值观等方面都有所收获。

在设计及应用"数学小研究"的过程中，我们主要应用以下方法：

（1）理论学习法。行动要以理论为指导，在开展实践活动前，我们组织教师认真学习相关的教育教学理论，学习儿童教育心理学，学习"生本理论"，学习"建构主义"，学习各种名家的教育教学理论，并选派教师赴全国各地听各种学习讲座，提升教育教学理论水平。

（2）行动研究法。研究过程以实践为主，教师自己根据对教材的理解设计每课的"数学小研究"，经历了以下过程：最开始是"大框架型"，学生通过课本自学完成"我学会了什么？我不明白的地方有哪些？我还想知道什么？"这种研究方式没有具体的指向性，学生的研究漫无目的，达不到在课堂中交流的效果；接着是"精细指导型"，教师设计的"数学小研究"从复习巩固开始，到主题探究、练习题等一应俱全，学生的自学负担重；最后成型的是现在版本的"数学小研究"，由基础口算、数学探索、思维拓展三个部分构成，契合学生的学习实际。

（3）文稿总结法。在实践的基础上，我们提倡教师及时交流、及时总结自己的研究所得，每个学期至少上交一篇教学论文，积极投稿。

三、"数学小研究"的主要内容

我们的具体操作方法是从不同课型中选择典型课例进行教学实践，通过理论比照、反复磨课、逐步构建体现数学学科特色、适合各个课型特点的"数学小研究"基本样式。下面以各课型的"数学小研究"为例加以说明。

（一）感受课

感受课是学生对即将要学的单元内容进行初步感知。教师要结合学生的认知特点和生活经验，合理地设计"数学小研究"，让学生对所学的单元知识进行初步感受，以培养学生信息收集、处理和交流的能力，这也是培养学生分析问题和解决问题的前提和基础。

例如四年级第三单元"角的度量"感受课的"数学小研究"：

学习内容	我的例子	补充问题
线段		
直线		
射线		

学习内容	我的例子	补充问题
角		
量角		
角的分类		
画角		

学生通过预习课本内容，能够对这一单元的基本知识有大致的了解；通过举例子的方式（可以画图，也可以用文字表达），为进行小组交流和全班汇报组织材料；"补充问题"环节使学生加入自己的思考，对于有困惑或想深入探索的内容进行提问，培养发现问题、提出问题、分析问题和解决问题的能力。

（二）新授课

在新授课的教学设计中往往要涉及具体问题的提出与分析，以培养学生提出问题和分析问题的能力。新授课"数学小研究"的设计与实施，与教师对教材的深刻分析与理解、对学情的准确把握有很大关系。根据不同的学习内容，新授课的"数学小研究"可以是个体的独立探索学习单，也可以是小组合作的学习单。

例如五年级的"平行四边形的面积"，重在让学生动手实践，独立探索平行四边形的面积与以往学过的长方形的面积之间的关系，利用"转化思想"推导出平行四边形的面积计算公式。我们是这样设计的：

1. 你把平行四边形变成了什么图形？你是怎样做的？

我把平行四边形变成了（　　　）。

2. 现在的图形与原来的平行四边形有什么联系？

我发现：

3. 你能推导出平行四边形的面积计算公式吗？

（三）练习课

很多学生的基础知识很扎实，他们一听就懂，很有思想，但在解决具体问题时却缺乏相应的能力。一方面是因为学生缺乏相应的经历和感性知识，另一方面是与学生将其想法、意念转化为具体解决问题的能力有关系。在练习课中应注意学生解决问题能力的培养。

例如"最大公约数与最小公倍数的比较"一课的"数学小研究"：

一星练习

（1）A＝2×3×5，B＝2×3×7，A和B的最大公约数是（　　）；最小公倍数是（　　）。

（2）你能很快说出以下各组数的最大公约数和最小公倍数吗？

14和21　6和10　5、7和15　8、9和72　5、8和9

二星练习

（3）理解下面的几个问题，然后算出答案。

A．既能整除18，又是24的约数，这个数最大是几？

B．既能被18整除，又能被24整除的最小数是几？

C．能同时整除36、24和16的数中，最大的数是几？

三星练习

（4）骑自行车绕环城路一周，甲要15分，乙要12分，若两人都匀速前进，同时同地背向出发，至少要经过多少分后，两人在同一个地点相遇？

（5）"花仙子"花店用96朵红花和72朵白花做花束，如果每个花束里的红花的朵数都相等，每个花束里的白花的朵数也都相等，最多能扎几束花正好把花分完？

（四）整理复习课

"生本教育"的整理复习课与"传统"的知识整理课有着本质的区别。"传统"的知识整理课是指教师先把某一个单元的知识点整理复习一遍，再让学生进行巩固练习。而"生本教育"的整理复习课是让学生自己系统整理一个单元的知识，沟通知识间的联系，构建知识框架，学生提前介入，课堂上通过交流、汇报得出某一单元的知识系统，这样有助于培养学生建构知识体系和发展思维的能力。

例如"平行四边形和梯形"的整理复习课"有研在先"设计如下：

整理内容	我的例子	补充说明
平行四边形		
梯形		
四边形的关系		
我的创意出题		

值得一提的是，我们在"数学小研究"中创造了"创意出题"环节。实践证明：这个环节是学生最喜欢也是最期待的环节，它能展示学生的所思所想，学生能最大限度地发挥想象，结合本节课的内容进行创意出题，实现新授课中"保底不封顶"的目标，也培养学生的创新意识和思维深度。

（五）评研课

评研课的"数学小研究"在设计中必须注重系统性和科学性，使学生逐步形成此知识和彼知识、新知识和旧知识有机联系的敏感性，培养学生对知识的迁移运用能力。教师需要做的是收集学生的典型案例，整理成题卡，作为学生的前置性作业，在课堂中组织学生探讨和交流，进行分析或辩论，使学生学会运用所学知识解决问题。

例如六年级的"数学广角：抽屉原理"的"数学小研究"：

1. 某校六年级有学生367人，请问：有没有两个学生的生日是同一天？至少有多少人在同一个月过生日？

2. 幼儿园买来许多苹果、橘子、香蕉和梨，每个小朋友任意选2个，那么，至少应有几个小朋友，才能保证有两个或两个以上小朋友所选的水果相同？

3. 从一副扑克牌（已取出两张王牌）中抽出几张来，才能保证有4张同样花色的牌？一次至少要拿出多少张，才能保证四种花色都有？

4. 口袋中有红、黑、白、黄、绿球各10个，它们的外形与重量都一样。

（1）至少要取出多少个，才能保证其中至少有两个颜色相同的小球？

（2）至少要取出多少个，才能保证其中至少有两对颜色相同的小球？

（3）至少要取出多少个，才能保证有五个不同颜色的小球？

四、效果与反思

广外外校的小学生人手一册"数学小研究"。经过几年的实践应用，我们发现取得了以下效果。

1. 学生学习数学的热情高涨。广外外校的学生热爱数学，他们享受数学课堂。通过"数学小研究"的前置性研究，他们对课堂中将要学习的内容有了初步了解，在小组中能交流自己的想法，互相补充，在全班汇报时自由表达自己的所思所想，这样不仅锻炼了语言表达能力，还提升了思维能力。课后与同学一起探讨"思维拓展题"，或者研究具有个人特色的"创意出题"，使学生的学习热情高涨。

2. 学生数学知识基础扎实，应用灵活。广外外校的小学数学一直是优势学科，每年统考成绩在区里都遥遥领先，在各级各类数学竞赛活动中均能取得突出的成绩。由此证明学生不仅基础扎实，还能灵活应用所学知识。

3. 实现学校"轻负荷，高质量"的教学目标。使用"数学小研究"，学生能用最少的时间实现学习效果的最大化。我们不搞题海战术，通过精心设计的"数学小研究"，抓住每节课的重难点，并进行研究突破，使数学成为学生最喜欢的一门学科。

4. 激发教师的教研热情。因每一册都需要设计出贴合学生实际的"数学小研究"，教师先要仔细研读教材，了解整个小学数学教材的编排体系，明确培养目标，把握学生的学习特点及认知规律，这极大调动了教师的研究热情。他们认真研读教育教学书籍，集体探讨教学方法，精心设计每一课的"数学小研究"，提升了专业素养。

通过"数学小研究"，学生能提前感受新知，带着问题和思考进入课堂，对知识的重点和难点才更加容易理解和把握，在课堂中的求知欲和表现欲会更强，从而提升学习能力。教师也能切实把握学生的起点，在课堂上融入学生的真实思维水平，让学生探索、研究、创造性地学习新知，真正达到"教学相长"的目的。

教无止境，让我们继续努力，追求进步！

参考文献：

[1] 刘兼，孙晓天. 全日制义务教育数学课程标准解读［M］. 北京：北京师范大学出版社，2002.

[2] 王永春. 小学数学思想方法的梳理（二）［J］. 小学数学教育，2011.

[3] 吴正宪. 小学数学课堂教学策略：师生互动共同创建有效课堂［M］. 北京：北京师范大学出版社，2010.

[4] 余文森. 有效备课·上课·听课·评课［M］. 福州：福建教育出版社，2011.

案例六　疫期"舞美"健康，"艺"起舞起来教学设计

执教、设计者：刘金玲（广州市广外附设外语学校）

课题名称	疫期"舞美"健康，"艺"起舞起来		
网课链接	https：//v. qq. com/x/page/w09482tuhpr. html		
授课学校	广州市广外附设外语学校（刘金玲）		
学　段	小　学	科　目	舞　蹈
教材说明	疫期网课特殊教材（设计第一期）	微课时长	15 分钟
		年　级	1—6 年级
一、学习内容分析			

1. 教材设计理念

为响应国家的号召"停课不停学",让学生居家期间能够运动,放松身心,疫情期间,舞蹈课程需要结合学情,利用微课堂时间少、内容精的特征,科学合理地整合适宜的教学内容。舞蹈老师制作了舞蹈体验微课,通过寓教于乐的方式,让学生能够更好地锻炼身体,增强体质,陶冶情操,全面发展。本期为抗疫主题设计第一期,学生以舞致敬,通过学习舞蹈《你笑起来真好看》和《浪漫樱花》,达到锻炼身体、增强体质的目的。通过对岭南歌曲《月光光》进行创编舞蹈学习,在学习中感受岭南舞蹈文化的独特魅力,在赏析中激发想象与创编的兴趣。

在特殊时期通过特殊的舞蹈课程设计来发挥舞蹈艺术课堂的教育目的。

2. 教学内容

内容有四个部分(微课分低高段):

(1) 压腿与开跨训练

(2) 心肺功能训练

(3) 抗疫热身舞训练:

(1—3年级)《你笑起来真好看》

(4—6年级)《浪漫樱花》

(4) 编创:《月光光》(岭南音乐)

(备注:除以上微课内容外,根据课题研究需要,本期还制定了"岭南音乐舞蹈知多少"二维码问卷调查,对象为2—6年级女生,共1100份;通过调查问卷,学生主动学习岭南舞蹈的相关知识,可绘画,可制作道具,可舞蹈)

3. 教学目标

(1) 知识与技能:让学生进行心肺功能训练和抗疫热身舞训练;通过调查问卷,学生主动学习岭南舞蹈的相关知识;通过放松环节,学生能够自由创编岭南舞蹈。

(2) 过程与方法:通过课前活动训练腿部柔韧性,身体舒展开;再通过看视频学习热身舞;利用课件《月光光》给学生提供自由创编的环境。

(3) 情感、态度、价值观:以舞抗疫。学生通过心肺功能训练增强运动能力。学习热身舞《你笑起来真好看》《浪漫樱花》,感知舞蹈带来的健康和美好。培养学生认知能力的同时提升学生的艺术素养与审美能力,激发学生学习舞蹈的热情和创编兴趣。

4. 教学重难点

(1) 认真进行心肺功能训练,学习抗疫舞蹈主题动作,注重面部表情,熟练地边唱边跳,情绪饱满。

(2) 了解岭南舞蹈的相关知识,通过网络学习完成课后作业。

续 表

二、教学资源准备
教具：PPT 课件、微课视频、教学设计等

三、简要教学过程

教学过程	教师活动
视频引言	**1. 导语** 同学们，准备上课啦，在上课之前我们先欣赏一个小视频，请大家跟随视频里的小朋友一起进行课前准备吧
（一）课前活动：开胯与压腿训练	**活动目的** 小学生的髋关节具有一定的可塑性，通过科学的练习，可以扩展学生髋关节的运动幅度，提高髋关节的柔韧性。 **2. 示范教学** 播放训练视频，老师进行讲解。 **3. 体验提示** （1）对脚盘坐压胯时，双膝关节尽量下压，不能用力过猛，应根据自身的能力量力而行。 （2）向前压胯时，尽量后背拉长。 （3）压旁腿时，伸直的腿的膝关节和脚背向上，尽量保持腿部正和直。 **4. 学生自己跟视频学习**
（二）心肺功能训练	**1. 活动目的** 在开始舞蹈前，先进行热身活动，让身体充分舒展开。第二阶段为心肺功能训练，主要锻炼心肺功能，促进人体的血液循环，加强肺部的收缩和呼吸功能。 **2. 示范教学** 播放训练视频，老师进行讲解。 **3. 体验提示** （1）请同学们根据自身情况酌情练习，掌握动作要领，合理运用道具，做好防护措施，避免训练时受伤。 （2）同学们可邀请爸爸妈妈一同进行训练，一起锻炼身体，增强体质。 **4. 学生自己跟视频学习**

续　表

（三）学习抗疫热身舞： 低段一至三年级《你笑起来真好看》 高段四至六年级《浪漫樱花》	1. 活动目的 训练肢体的灵活性和舒展表现力，学生按要求体验。 2. 示范教学 播放舞蹈视频，老师进行讲解。 3. 体验提示 （1）请同学们根据自身情况酌情练习，掌握动作要领，合理运用道具，做好防护措施，避免跳舞时受伤。 （2）在家中进行练习，注意场地空旷。 4. 学生轻松学习 要求：情绪饱满地边唱边跳，注重表现出美感
（四）创编《月光光》	1. 活动目的 岭南传统民歌已经成为无数广东人的童年回忆。通过欣赏美妙的音乐《月光光》，学生的身体随着音乐自由舞动，表达对这首音乐的喜爱。 2. 示范教学 播放视频，老师进行讲解。 3. 体验提示 （1）请同学们根据自身情况自由舞蹈，可以借助道具，做好防护措施，避免舞蹈时受伤。 （2）根据音乐情境，运用创编舞蹈的形式进行舒缓放松，以及拉伸训练。让美妙的旋律舒缓孩子们紧绷的神经，排解心中的烦闷。 4. 学生随音乐舞动
结束部分	1. 教师总结并对学生进行情感教育 2. 布置课后练习 （要求边唱边跳，能熟练地情绪饱满地完成舞蹈）

课后作业要求	具体要求如下： 1. 请同学们填写问卷，长按下方二维码——打开——勾选——提交 2. 上网了解岭南舞蹈的相关资料 3. 打开舞蹈微课视频进行学习 4. 征集学习成果资料： A. 可手工制作或者绘画完成喜爱的岭南舞蹈道具。B. 创编环节——听岭南音乐，创编小舞段，可让家长帮忙录制。 学习成果资料可由家长拍照或录制后直接发送邮箱（自愿参与提交，提交邮箱710535658@qq.com）

疫期"舞美"健康，"艺"起舞起来课后反馈及教学反思

刘金玲

一、课程反馈

为响应国家的号召"停课不停学"，让学生居家期间能够运动，放松身心，疫情期间，舞蹈课程需要结合学情，利用微课堂时间少、内容精的特征，科学合理地整合适宜的教学内容。舞蹈老师制作了舞蹈体验微课，通过寓教于乐的方式，让学生能够更好地锻炼身体，增强体质，陶冶情操，全面发展。本期为抗疫主题设计第一期，学生以舞抗疫，通过本期的设计内容（基本功、心肺功能训练、抗疫热身舞、岭南音乐创编）来达到舞蹈课的教育教学目的。

老师们从发放微课起就关注学生的学习情况，及时指导跟进。

低段学习情况

①开胯与压腿训练：对一年级学生而言具有一定的难度，从柔韧性、协调性到整体动作完成都是很大的挑战，部分同学会出现正反方向性错误，已单独说明并纠正动作；二年级学生积极性非常高，对于之前课堂上讲述的视频镜面动作学习方法，大部分同学都完成得非常好，能够准确地跟着视频做。

②心肺功能训练：同学们积极邀请自己的爸爸妈妈一起训练，一起强身健体。其中特别表扬一（2）班蔡羽彤同学、一（8）班王梓萌同学和一（10）班金珊等同学。

③抗疫热身舞训练：通过舞蹈《你笑起来真好看》，同学们能够边唱边舞，用自己最灿烂的笑容和愉快的舞蹈放松自我。一年级学生跳得十分可爱，童趣十足。二年级学生能边唱边跳，有的同学专门换了嘻哈风格的服装来进行视频作业录制，对待舞蹈作业非常认真。

续　表

④自由放松训练（岭南音乐《月光光》）：一年级学生积极性很高，很努力很认真地去完成。特别表扬一（12）班王曦彤同学，虽然之前没有学过岭南舞蹈，但她很认真地查资料，编创的小舞蹈十分灵动，有层次；二年级学生完成度较高，表现力强，二（5）班陈芷琳同学，穿表演服装进行舞蹈《月光光》创编。

高段学习情况

高段同学主要表现为综合学习能力较强，完成作业的能力较强，突出表现在以下几个方面：

①能够坚持练习基本功。

②很多同学能通过问卷调查主动去了解和学习相关岭南音乐舞蹈知识，学跳岭南舞蹈。

③绘画和制作喜欢的岭南道具，如团扇、木屐、钱鼓、木棉花。

④独立学习舞蹈和创编的能力较强。很多同学都发来自己创编的岭南舞蹈《月光光》。

二、实践总结

微课制作成功采用了上传腾讯视频平台分享—各年级舞蹈老师将视频地址分享班主任群或班级群—布置要求并做好线上督促工作—老师分工收集学生作品（制作美篇并整理保存学生的学习成效）。关于微课实践中的措施总结了以下几个方面：

首先，要结合实际确定内容主题，保持学生乐趣的同时提高学生热情并开发学生的舞蹈能力。

其次，认真做好课后督促及反馈，包括及时统计和整理调查问卷、老师分工收集学生的作业。家长协助拍拼图片，上传舞蹈视频，发送至各年级舞蹈老师的邮箱。

再次，及时利用反馈资源写相关报道和制作美篇推文，目前备课组已完成美篇推文《以舞抗疫，美在行动》并分享了学生按照要求完成的舞蹈作业，将舞蹈作业用5个"美"来展示，即美在基本功—美在心肺训练—美在绘制舞蹈道具—美在抗疫热身舞—美在岭南舞蹈的陶醉。美篇推文中分别将学生的绘制作品（岭南舞蹈道具木屐、钱鼓、团扇等）和舞蹈视频资料（拍摄包括亲子心肺训练、抗疫热身舞、《月光光》舞蹈创编）择优选取做了全面的图片及视频分享，将推文发送朋友圈、家长群，让学生互相学习，起到了鼓励和推广的作用。教学内容真正落实到了行动上，学生参与度很高，整个微课教学具有完整性，超出了我们预估的微课教学效果。同时，备课组通过在线微课积极完成广东省教育部的线上优秀课例申报和总结。

最后，对于微课制作我们要反思：要想制作好一节微课，首先要设计好教学内容，使之有可观性和可行性。要多学习微课的制作方法，掌握制作各种编辑软件的方法，提高做PPT的水平。平时多学习和收集好的微课资源，如抗疫热身舞《你笑起来真好看》，寓教于乐。所以，只有多学习好的微课作品，才能做好实用的微课。

备注：

针对本期内容完成了线上研讨课题内容，通过收集学生成果制作了美篇专题和反馈推文。

美篇一：（教材内容篇）"疫期勤健身，艺起舞起来"（https：// www. meipian8. cn/ 2qi3gdz7? share＿depth＝2&user＿id＝ohbsluKW7cBHJSvJHq5gNjd7KgfM&sharer＿id ＝ojq1tt＿JygcaH28Rs05Tdl7ZjzcQ&first＿share＿to＝singlemessage&first＿share＿uid＝ 18015654&share＿source＝groupmessage）

美篇二：（教学成果反馈篇）"以舞抗疫，美在行动"（https：// www. meipian7. cn/ 2sb0t055? first＿share＿to＝singlemessage&first＿share＿uid＝18015654&from＝ singlemessage&share＿depth＝1&share＿from＝self&share＿user＿mpuuid＝ 90a5a1013c5e7b52b33d2cce950a2cc1&user＿id＝18015654&utm＿medium＝meipian android&utm＿source＝singlemessage&uuid＝b946f2607039f928f557423a549b74e7）

广外外校小学部　刘金玲

2020 年 6 月

案例七 **"一专多能"的体育课程构建**

广州市广外附设外语学校　李春魁

一、背景

随着我国体育事业的社会化和产业化，以及人们生活水平的不断提高，对体育健身、体育娱乐需求的不断增加，创新人才的培养目标应改变单一的以竞技体育为主导的方向，更加注重向健身、娱乐、竞技和生活等全方位的育人方向转变。根据"健康第一"的指导思想和全面实施素质教育的需要，结合我校"锻炼健康体魄"的育人概念，广外外校特制定"健康＋特长"的"一专多能"的体育育人模式。

二、解读健康

这里的"健康"指的是身心健康，即身体健康和心理健康。"一专多能"："一专"指每个学生从一年级到六年级毕业至少有一项体育专长（包括田径、球类、武术、轮滑、游泳、跆拳道及各项民族体育项目，标准另定）。"多能"指的是小学毕业生要在普及性体育技能上达到合格的水平。小学体育与健康需要掌握的项目及要求附表如下：

项目	内容	目标	评价标准
队列	前、后、左、右、转左、右看齐	动作整齐	动作整齐
田径	站立式起跑	知道所学项目的动作术语，并能初步掌握所学的运动技能	能正确运用
	短跑（50 M）		9″5（男）　　9″8（女）
	跳远		2.89 M（男）2.34 M（女）
	投掷实心球		5.70 M（男）5.00 M（女）
技巧	前滚翻	熟练运用	掌握正确的动作
篮球	双手胸前投篮	熟练运用	只要掌握其中一种的正确动作
	单手肩上投篮	熟练运用	
	行进间上篮	熟练运用	能在比赛中运用
足球	脚背外侧传、运球	熟练运用	掌握正确的动作
	脚背内侧踢球、射门	熟练运用	掌握正确的动作
羽毛球	发球（正手发高远球）	熟练运用	掌握正确的动作
	击球（正手击高远球）	熟练运用	掌握正确的动作
游戏	各种提高身体素质的游戏	掌握2—3种方法	能正确地运用
体育知识	有关所学的运动项目的体育知识	能大概掌握所学的运动项目的有关知识	在实践中能够较好地运用
心理健康	适应良好的状态	良好的心理素质	心理、身体健康

三、现状分析

经过多年发展，我校小学部体育课程设置体育、武术两门课程。学校目前拥有羽毛球、田径、篮球、足球、乒乓球、网球、武术七个课外训练队。体育教学设施齐全，设有两个田径场、一个体育馆、一个武术房、一个健身房、一个游泳池、三个排球场、两个网球场以及二十多个篮球场。体育备课组现有专任教师9人，其中小学高级教师4人，一级教师5人，能够根据《体育与健康课程标准》并结合体育的专业特点和课程建设，编写《小学武术教材教法》和《小学体育素养检测手册》两门教材。

1. 优势比较

体育与健康课是学校课程体系的重要组成部分。我校小学体育专业教师是从全国各地选拔出来的优秀体育教师，有着丰富的体育教学经验，涉及体育教学的各个领域，如篮球、足球、羽毛球、田径、乒乓球等，能够为师生的体育锻炼和业余训练提供各种咨询和帮助。

2. 存在问题

（1）体育教师的年龄有些偏大，有时不能很好地适应竞技体育的需求。

（2）体育科研及教研投入力度不够，体育改革的步伐迈得不大。

（3）体育场地和器材都不能满足现在的教学和训练的需要（有相当一部分场地和器材都是和中学共用的），在一定程度上影响了训练的效果。

四、框架构想

1. 根据现有的师资配备，每位教师负责不同的体育技能培训项目。

2. 分年级制定基础性体育技能训练的侧重点。

年级：一年级

领域	类别	内容	水平目标	评价方法
运动参与与运动技能	队形队列	立正	明确立正姿势的要求，能以正确的站立姿势立正	听到"立正"的口令，能独立完成立正的动作
		稍息	明确稍息的要求，能以正确的姿势完成稍息的动作	听到"稍息"的口令，能立刻做出稍息的动作
		向前看齐	明确向前看齐的要求，能以正确的姿势完成向前看齐的动作	听到"向前看齐"的口令，能立刻做出向前看齐的动作
		广播体操	培养学生正确的身体姿势	能在（5人）小组里完成广播体操
	田径	各种方式的走	发展学生走的能力，为后面的跑做好准备	能独立完成各种姿势的走，并走得轻松、自然、协调
		直线跑	培养跑的正确姿势，发展奔跑能力	在规定范围内（20米），能否跑得直
		立定跳远	初步学会双腿用力蹬地起跳的动作，发展腿部力量	男生：0.90米 女生：0.80米
		上抛轻物——毽球	培养投掷兴趣，发展投掷能力	能够自抛、自接

续　表

领域	类别	内容	水平目标	评价方法
运动参与与运动技能	技巧	团身前后滚动	初步学会团身前后滚动的动作方法	能独立完成团身前后滚动，并且姿势正确，动作轻松、自然、协调
	篮球	原地拍小篮球	初步掌握正确的拍球动作	一分钟能拍30下
	游戏	队列游戏	初步掌握"快快集合"游戏	乐于参加"快快集合"游戏
		奔跑游戏 "木头人"游戏	初步掌握"木头人"游戏	乐于参加"木头人"游戏
		"快乐大转盘"游戏	初步掌握"快乐大转盘"游戏	乐于参加"快乐大转盘"游戏
		"老鹰抓小鸡"游戏	初步掌握"老鹰抓小鸡"游戏	乐于参加"老鹰抓小鸡"游戏
		"老狼，老狼，几点钟"游戏	初步掌握"老狼，老狼，几点钟"游戏	乐于参加"老狼，老狼，几点钟"游戏
		跳跃游戏	初步掌握跳跃游戏	乐于参加跳跃游戏
		篮球游戏	初步掌握篮球游戏	乐于参加篮球游戏
		投掷游戏	初步掌握投掷游戏	乐于参加投掷游戏
身体健康	体育与健康常识	认识自己的身体	了解身体各部位的名称，形成正确的身体姿势	知道身体各部位的名称，形成正确的身体姿势
		如何上好体育课	了解如何上好体育课	知道如何上好体育课
		体育课安全	了解体育课准备活动的重要性	知道上体育课要做好准备活动
心理健康		学会通过体育活动调控情绪	说出自己在体育活动中的情绪表现	体验并能简单描述进步或成功时的心情
		形成克服困难的坚强意志品质	在体育活动中适应陌生的环境	能与陌生的同伴一起参加体育活动和游戏

续　表

领域	类别	内容	水平目标	评价方法
社会适应		建立和谐的人际关系，具有良好的合作精神和体育道德	在体育活动中尊重他人	在体育活动中表现出对他人的尊重和关心，不妨碍他人游戏或运动

年级：二年级

项目	内容	目标	评价标准
队列	立正、稍息	注意正确的身体姿势	姿势正确，熟悉口令
	向前看齐	随同集体完成各种必要的操练	姿势正确，动作方法正确
	齐步走		姿势正确，初步掌握练习的方法
田径	立定跳远	能掌握基本的动作方法，提高跳跃能力	达标：男生　1.00米　　女生　0.90米
	30米跑	能掌握快速跑的基本动作方法，提高快速奔跑的能力	达标：男生　9秒7　　女生　10秒
	持轻物掷远	初步掌握原地投掷轻物的动作方法，提高投掷能力	达标：男生　7米　　女生　6米
	跳绳	提高灵敏、协调能力，掌握基本的动作方法	跳绳一分钟达标：40次
技巧	前滚翻	初步学习前滚翻的基本动作方法，提高灵巧、协调等能力	团身滚动，滚动方向正
篮球	拍球	在球类游戏中能做出单个动作，培养兴趣	能连续拍球
	抛接球		两人能近距离抛接球

续　表

项目	内容	目标	评价标准
游戏	各种游戏	乐于参加各种游戏和活动	知道并会玩四种不同类别的游戏（跑、跳、投掷、球类游戏）
体育知识	知道所学运动项目的术语	了解所学项目的相关知识	说出相关术语
	知道身体各部位的主要名称和自己身体的变化	定期测量和记录自己的身高、体重的变化	会测量和记录自己的身高、体重
心理健康	在体育活动中适应陌生的环境	与陌生的同伴一起参加体育活动和游戏	在体育活动中表现出相应的品质和精神
社会适应	体验集体活动和个人活动的区别	按顺序使用同一运动场地或设备	
	在体育活动中尊重他人	不妨碍他人参加游戏或活动	

年级：三年级

项目	内容	目标	评价标准
队列	立正、稍息	身体姿势正确	动作迅速，队伍整齐
	左、右转	提高站队能力	方向明确
	散开	保持队形整齐	队形整齐，距离适中
田径	短跑（50米）	通过快速跑，培养跑的正确姿势（起跑、冲刺）	男生9″7，女生11″
	立定跳远	掌握正确的跳跃姿势（摆、蹬、挺）	男生1.30米，女生1.10米
	原地投掷垒球	掌握正确的跳跃动作（摆、蹬、转）	男生15米，女生10米
	400米耐久跑	掌握不同地形的跑法（直道、弯道）	男生：2′，女生2′30″

续　表

项目	内容	目标	评价标准
技巧	前滚翻	学会前滚翻动作，依次着垫、团身	是否在滚动中能把身体抱成团
篮球	运球	初步学会运球的方法	能较熟练在原地运球，初步学会行进间运球
	传球	初步学会双手胸前传球	传球时手形正确、方向明确
	接球	初步学会接球的方法	能判断来球方向，并能用合理的动作接住来球
足球	颠球	初步学会颠球的动作	引球转体，动作连贯
	运球	初步学会运球的基本技术	球不离脚，脚不离球
	传球	初步学会传球的基本动作与技术	用脚的内侧、外侧传球
羽毛球	托球	手感练习	托球的能力
	发球	初步学会发高远球的挥拍动作	挥拍是否正确
	接发球	初步学会接发球	对来球的判断能力以及脚步移动的快慢
游戏	多为集体、趣味性游戏（跑、球类）	让学生乐于参加并能与同学协作	学生的积极性是否高，是否玩得开心
体育知识	乐于学习和展示简单的运动动作，向同伴展示学会的简单运动动作，在日常学习和生活中初步形成正确的身体姿势	说出所做简单的全身动作的术语，如蹲起、踏步、滚动、跳跃等；会做简单的组合动作	知道如何在运动中避免危险，知道应该在安全的环境中运动和游戏，观察并说出同伴进步或成功时的情绪表现，观察并说出同伴退步或失败时的情绪表现

续 表

项目	内容	目标	评价标准
情感价值观	建立和谐的人际关系，具有良好的合作精神和体育道德精神	体验并说出个人在团体游戏时的感受，与他人合作完成体育活动任务	正确理解体育活动与自尊自信的关系，学会通过体育活动等方法调控情绪，形成克服困难的坚强意志品质

年级：四年级

项目	内容	目标	评价标准
队列	向右看齐，向前看	学会听口令做动作，整齐摆头向右看齐	动作整齐、一致，队伍整齐，做到快、静、齐
	四列横队变两列横队	学会听口令变换队伍	动作整齐、一致，做到快、静、齐
	四路纵队齐步走	学会听口令齐步走与立定	做到脚步一致、动作整齐
田径	50米快速跑	培养跑的正确姿势，发展快速跑的能力	男：9″50 女：9″90
	30米迎面接力跑	进一步掌握迎面接力交接棒技术	每一个学生都会熟练地交接棒
	上步投掷垒球（250克）	学会上步投掷垒球的方法，发展上肢力量	男：21.6米 女：12.6米
	蹲踞式跳远	学会蹲踞式跳远的助跑、起跳、空中姿势和落地四个技术要领，发展下肢力量	男：2.70米 女：2.40米
技巧	连续前滚翻	学会连续前滚翻的动作要领，做到姿势正确，动作轻松、自然、协调、优美	男：75分 女：75分

项目	内容	目标	评价标准
篮球	原地运球	学会并掌握技术要领	每分钟 100 次以上
	原地胸前传接球	学会并掌握技术要领	10 次传球、接球准确达到 6 个以上
	行进间直线运球	学会并掌握技术要领	15 米往返运球，男生 12 秒，女生 15 秒
足球	脚内侧传球	初步学习脚内侧传球技术	两人一组传球 5 次
	脚内侧接球	初步学习脚内侧接球技术	两人一组接球 5 次
	小足球比赛	学会足球比赛的简单规则	能够说出简单的比赛规则
羽毛球	握拍、挥拍	初步学习挥拍的动作	挥拍自然，动作协调
	发球	学会发高远球	发球 5 次
	规则	学习简单的比赛规则	能够说出比赛的简单规则
游戏	跑的游戏：叫号追逐、贴药膏、障碍跑接力赛　投掷游戏：打龙尾、炸碉堡　球类游戏：运球接力赛、抢截球、投活动篮	学会几种跑的、跳的、投掷等游戏，提升快速奔跑、跳跃的能力，增强上肢力量	能够与同学一起共同完成游戏，了解游戏的作用
体育知识	运动安全小常识	培养学生自我保护的能力，使用安全的方法运动，及时处理简单的运动创伤	对安全和不安全行为能做出区分，能够学会几种简单的运动创伤的处理方法
情感价值观	遵守体育比赛的规则	教导学生遵守各种比赛规则	能够在各项比赛、游戏中自觉遵守规则
	饮食、体育锻炼对控制体重的作用	学会正确的饮食与锻炼的方法	能够说出正确的饮食与锻炼的关系
	建立自信心，团结互助	培养学生的自信心，学会与同学协作	能够在各种练习、比赛中树立信心，能够与其他同学团结协作

年级：五年级

项目	内容	目标	评价标准
队列	三面转法	熟练掌握正确的转法	熟练掌握正确的转法
	齐步走、立定	熟练掌握正确的动作	熟练掌握正确的动作
	队形变化	熟练掌握正确的方法	熟练掌握正确的方法
田径	400米跑	熟练掌握正确的跑步动作及呼吸方法	男生：达标1′40″ 女生：达标1′50″
	跨越式跳高	熟练掌握正确的起跳过竿及落地的方法	男生：达标85厘米 女生：达标80厘米
	前抛实心球	熟练掌握正确的用力方法	男生：达标4米 女生：达标3.5米
	蹲距式跳远	熟练掌握正确的助跑、起跳、腾空、落地的技术动作	男生：2.80米 女生：2.50米
技巧	肩肘倒立	熟练掌握正确的技术动作	完成动作质量好，姿势正确，动作轻松、自然、协调、优美
篮球	行进间运球	熟练掌握行进间高、低运球的技术动作	动作质量好，姿势正确，动作轻松、协调
	双手胸前投篮	熟练掌握和运用双手胸前投篮技术	动作质量好，姿势正确，动作轻松、协调，能在比赛中正确运用
	运球急停投篮	熟练掌握和运用运球急停的投篮技术	动作质量好，姿势正确，动作轻松、协调，能在比赛中正确运用

项目	内容	目标	评价标准
足球	脚背正面运球	熟练掌握脚背正面运球的技术动作	动作质量好，姿势正确，动作轻松、协调，能在比赛中正确运用
	脚背正面射门	熟练掌握脚背正面射门的技术动作	动作质量好，姿势正确，动作轻松、协调，能在比赛中正确运用
	脚背内侧传球	熟练掌握脚背内侧传球的技术动作	动作质量好，姿势正确，动作轻松、协调，能在比赛中正确运用
羽毛球	正确的握拍姿势	正确掌握正反手的握拍姿势	姿势正确，动作轻松、协调，能在比赛中正确运用
	发后场高远球	正确掌握发后场高远球的技术动作及用力方法	姿势正确，动作轻松、协调，能在比赛中正确运用
体育知识	运动项目的术语	掌握所学运动项目的基本术语	能说出所学运动项目的基本术语并理解
	安全的运动方法	说出不同环境中可能面临的危险和避免方法	掌握安全的运动方法，如穿着合适的服装运动、跳跃时用正确的姿势着地、摔倒时的自我保护方法
心理健康	克服困难的意志品质	敢于进行难度较大的体育运动	在老师的指导下敢于做未曾完成的动作和有一定难度的动作
	团结互助的意志品质	在比赛和游戏中加强同学之间团结互助的优良品质	在比赛和游戏中能体现出同学之间团结互助的优良品质

年级：六年级

项目	内容	目标	评价标准
队列	前、后、左、右转，左、右看齐	动作整齐	动作整齐
田径	站立式起跑	知道所学项目的动作术语，并能初步掌握所学的运动技能	能正确运用
	短跑（50 M）		9″5（男）　9″8（女）
	跳远		2.89 M（男）2.34 M（女）
	投掷实心球		5.70 M（男）5.00 M（女）
技巧	前滚翻	熟练运用	掌握正确的动作
篮球	双手胸前投篮	熟练运用	只要掌握其中一种的正确动作
	单手肩上投篮	熟练运用	
	行进间上篮	熟练运用	能在比赛中运用
足球	脚背外侧传、运球	熟练运用	掌握正确的动作
	脚背内侧踢球、射门	熟练运用	掌握正确的动作
羽毛球	发球（正手发高远球）	熟练运用	掌握正确的动作
	击球（正手击高远球）	熟练运用	掌握正确的动作
游戏	各种提高身体素质的游戏	掌握2—3种方法	能正确运用
体育知识	有关所学的运动项目的体育知识	能大概掌握所学的运动项目的有关知识	在实践中能够较好地运用
心理健康	适应良好的状态	良好的心理素质	心理、身体健康

3. 划分学时，保证学生"一专多能"体育技能的形成。

小学一、二年级（全年）

教学内容	全年时数	第一学期	第二学期
小篮球、小足球	10	5	5

教学内容			全年时数	第一学期	第二学期
体验性内容	活动方法及实用技能	走和跑	20	10	10
		跳跃	20	10	10
		投掷	20	10	10
		跳绳	10	5	5
		基本体操和队列	10	5	5
	运动参与（游戏）		20	10	10
延伸性内容	技巧		10	5	5
	武术		40	20	20
合计			160	80	80

一、二年级主要还是以培养学生的体育兴趣为主，在原有课时的基础上，提高了跑、跳、投的侧重比例。

小学三、四年级（全年）

教学内容			全年时数	第一学期	第二学期
足球			10	5	5
体验性内容	活动方法及实用技能	走和跑	10	10	10
		跳跃	10	10	10
		投掷	10	10	10
		篮球	10	5	5
		基本体操和队列	5	3	2
	乒乓球、羽毛球		15	7	8
延伸性内容	技巧		10	5	5
	武术		40	20	20
合计			120	75	75

三、四年级增设了乒乓球和羽毛球，在这一阶段培养兴趣，打基础，发现苗子，进行初步的体育技能训练和身体素质训练。

小学五、六年级（全年）

教学内容			全年时数	第一学期	第二学期
足球			10	5	5
体验性内容	活动方法及实用技能	跑	5	3	2
		跳跃	10	10	10
		投掷	10	10	10
		篮球	20	5	5
		乒乓球	5	3	2
	羽毛球		15	7	8
延伸性内容	技巧		5	3	2
	武术		40	20	20
合计			120	66	64

　　五、六年级以球类运动为侧重点，同时注重田径专项项目的训练，这一阶段主要是提高体育技能，掌握比赛的规则和技、战术，提高成绩，为校争光。

　　4. 活动课作为辅助和补充，团队训练作为提高和延伸。

教师	项目	学时	训练人数	目标
李春魁 黄銮锋 舒昱霖	篮球	60	15至25人	掌握基本的篮球技能与技巧，在校内外的比赛中取得较好成绩
席勇、夏晨祥 陆嘉媛	足球	60	15至25人	提高技能，广州市市长杯进入决赛
喻素玲 余漾	乒乓球	60	15至25人	掌握基本的技能与技巧，在校内外的比赛中取得较好成绩
崔晓	网球	60	15至25人	培养特长生，提高其运动水平
许璋国	田径	60	15至25人	提高学生的身体素质，提高田径竞技水平，在比赛中取得好成绩
贺婧、李超学	武术、跆拳道	60	15至25人	培养学生对武术、跆拳道的兴趣，培育更多、更优秀的武术苗子，更多地参加校外的各项比赛及表演

另：学校另有专业教练训练的项目有跆拳道、足球、轮滑、啦啦操。

五、督导检查

按照学校的统一部署，在学校教研室、教学处的领导下，组内建立由教研组长、备课组长作为负责人的重点学科建设领导小组。每年从学校教研室至备课组从上而下进行督导、评估（评估体系另定），每月从备课组至学校教研室自下而上进行教学常规检查，每两周进行一次教研例会，督促各年级完成教学工作任务，保证教学、训练计划的实施，建立有效的激励政策和运行机制。

第三章 "高效"课堂的文化内生

一、从转变价值观到践行方法论

(一)"师本"到"生本"的距离

广外外校小学部伴随着国家第八次课程改革一路走来,在课改初期,多股思潮奔涌,各种流派纷呈,基础教育改革的大道上可谓是一片熙熙攘攘。几年来,我们在价值理念的探索中可以说是百转千回。我们拜读过以北京师范大学裴娣娜教授为主导的"主体教育"的相关理论,也学习过以华东师范大学叶澜教授为主流的"新基础教育",当然,还接触过以华南师范大学郭思乐教授为主体的"生本教育"。后来还专门开教研会讨论"洋思现象""杜朗口教学模式"。最初,感觉教师都想改变自己,再改变自己的课堂,但是从价值观到方法论之间始终找不到桥梁和突破口。经过多方论证,再结合学校本土特色,我们提出了"生本""生成"的课堂改革。每位教师都以研究者的心态来接受它,因为在这之前我们也曾看到"生本"教育以其可操作性强在南方部分学校经过十年的星星之火之后,又以燎原之势向着全国蔓延。我们希望可以凭借"生本"这个抓手,找到我们课堂的突破口。

我们通过对生本理念的学习,初步明确了生本教育首先要帮助教育主体(儿童)解决以下四道难题。

一是学习动力问题:变儿童的"要我学"为"我要学"。

二是学习方法问题:变"听懂了"为"学懂了"和"学会了"。

三是生本管理问题:变"他律"为"自律"。

四是生本备考问题:变"怕考"为"敢考"和"爱考"。

生本教育还要帮助教师实行以下转换。

一是帮助教师实行角色的转换:教师从"纤夫"转换为"生命的牧者",变传统的"传道,授业,解惑"为"导入,点拨,激趣"。

二是帮助教师卸下怕考试的枷锁:学生怕考试是一阵子,老师怕考试是一辈子。生本让我们的教学由从前的"以考养考"到现在的"以学养考"。

三是帮助教师建立教育的生态环境:在整个教学过程中要依托学生内在的生命机制,建立美好学习生活的教学生态,让学生在美好的教学—学习生活中不经意地形成许多美德，诸如自信、友爱、乐观、热情、进取、公正等。

先进行价值观的统一，再探索方法论，改革方能水到渠成。

（二）建立一堂好课的标准

著名语文特级教师孙双金老师认为，一堂好课应该上得学生小脸通红，小手直举，小口常开。

在从"师本"课堂向"生本"课堂的转型中，我们特别强调在"以生为本"理念下的"动态生成"，没有"生成"的课堂即使再行云流水我们认为也是低效的。

"生成"是个动词，课堂的"动态生成"具体体现在师生、生生、生媒在课堂学习、对话、合作、碰撞中，现场和现时生成的教师预设之内或者超出教师预设的新知识、新方法、新问题、新思维等。因为即时"生成"，所以有时候课堂可能显得不那么完美。叶澜教授认为一堂好课还应该是一节有待完善的真实的课。她说："整个过程中，大家都有事情干，通过你的教学，学生都发生了一些变化，整个课堂是充实的，能量是大的。这才是有效率的课堂。"

在"生本"课堂的推行过程中，教师们一致对"生本"的理念很认同，但对于目前存在的"生本"课堂模式一直存在着异议。例如，针对课堂小组汇报环节，许多教师认为这是一种带有"舞台式表演的课堂"，缺少"生成"，像在作秀。其实，把小组汇报理解成舞台式的表演纯粹是一种误解，是一种对"生本"理念只观其表而未识其质的认识偏差。

"生本"课堂中目前被大家认可的四个环节（前置性学习、小组交流、全班交流、课堂总结），其本质体现了这样几个理念：第一，让学生先学，通过"前置性学习"对学生的学习方法、学习步骤进行明确的指引，让学生有目的有方向地学，而不是泛泛地学。第二，体现"生生互动"，无论是在小组交流环节，还是在全班交流环节，都重在"交流"二字上。既然是交流，"倾听"环节很重要，只有用心倾听了，才能发现别人和自己想法的异同，才能做到有认可，有补充，甚至质疑。这样的过程不仅培养了学生良好的思维品质，还培养了学生交流的能力，为走向社会、走向生活奠定良好的人际交往能力基础，这正是语文学科的性质所在（课标表述："语文是最重要的交际工具，是人类文化的重要组成部分"）。第三，充分利用了学生资源，体现了动态生成。学生是有差异的，而这种差异性恰恰是课堂最好的资源所在（学生差异也是一种教学资源。——叶澜教授）。全班交流环节是在小组交流的基础上进行的，这样将交流的面进一步扩大了，打破了小组思维的局限性，体现了群体与群体交往的信息增生，在小组解决不了的问题，可以拿到全班解决，况且在这个环节当中，还有一个更为有价值的资源，那就是教师，教师的点拨、启发、引导能在这个环节起到更为广泛的动态生成效应。第四，课堂的增值效应。最后的课堂总结环节，不仅是对知识和习惯的总结，更是对学习过程的回顾与反思和对课堂效应的延伸与拓展，也是学生在情感、态度、价值观上的再一次提炼和升华。

综上所述，"生本"课堂各环节体现的"发挥学生主动性，体现学生先学""注重过程和方法的指引，体现课堂的动态生成"等因素不正是新课程"三维目标"（知识与能力，过程与方法，情感、态度与价值观）的体现吗？但是由于部分教师对"生本"课堂的这些理念理解得不到位，或者领悟得不够深刻，所以部分"生本"课堂表现出"学习任务过于前移"，即我们所说的学生在课前都已经学会了，于是课堂出现了"过度的展示与表演"，给人以"作秀"和"虚假"的感觉。例如，有一次在同课异构中，高语组的公开课是《假如没有灰尘》，第一位教师在全班汇报这个环节就呈现出了这样一种"表演"状态。在小组以讨论的时候，教师提出的问题是：选择你们认为最为重要的灰尘作用的段落，读一读，说说自己的体会。三个小组非常"默契"，第一组以讨论的方式，学生用事先准备好的"台词"进行所谓的讨论表演。第二组以课前排练好的方式表演"灰尘旅行"的过程。第三组也以表演的方式，巧妙避开第二组表演的内容，是"灰尘的另一段旅行"。三组学生在台上各表演一段，下面的同学是作为"观众"的表情，没有生生互动，听不到不同思路、不同对话的生成。这样的课堂正是大家诟病的表演性的假生本课堂。

第二位教师针对第一位教师的教学设计进行了比较大的调整，并进行了"教后反思"。

案例 教学反思：拂去尘土，从心设计

——《假如没有灰尘》教后

广州市广外附设外语学校 曾秋莲

假如没有灰尘

假如大气中没有灰尘，强烈的阳光将使人无法睁开眼睛；

假如大气中没有灰尘，整个天空将始终是蔚蓝色的；

假如空中没有灰尘，地面上的万物都将是湿漉漉的；

假如空中没有灰尘，天空中将难以形成云雾，也难以形成雨雪来调节气候；

假如空中没有灰尘，就会影响生物的生存；

假如空中没有灰尘，就不会有晚霞朝晖、闲云迷雾、彩虹日晕等气象万

千的自然景色；

假如没有灰尘，大自然将多么单调啊！

作者周元桂用诗一般的语言，从说明文的角度科学而充满感情地阐明了灰尘与人类生活的密切关系。每读一遍都让我感受到作者知识的丰富以及驾驭文字的高妙，作者用通俗的语言说明问题，让一个个复杂的问题简洁明了。作者用设问句引出灰尘的作用，先运用列数字和做比较的说明方法说明灰尘的"小"，然后分三个段落分别介绍灰尘能削弱阳光并使光线变得柔和，能让天空由蓝变白，能调节气候，使大自然呈现出气象万千的景象等作用。每一段都先介绍特点，然后介绍用途，最后做假设，以"假如……"句式出现。文章结构清晰，语言优美生动而且表达准确。这一点在备课的过程中我是充分感受到的，因而从这个意义上说教师对文本的解读是准确的，也是到位的。遵循语文课程标准并根据说明文的阅读要求"阅读说明性文章，能抓住要点，了解文章的基本说明方法"设计课堂，我希望通过学习学生能获得有关灰尘虽对人类有害但更能造福于人类的知识，并能够感知说明方法。教师紧紧围绕本文的要点"灰尘的作用"来进行教学设计，并探讨文章的表达方法。用教师的教带动学生的学，通过合作交流形成对文本的认识，这与我们目前的教育研究方向"生本·生成"是紧密相连的，所以课堂设计应突出生本理念，围绕"规范学生语言"这一指导方向开展教学活动。

课堂中出现不尽如人意的原因有以下几方面：

一、学生课前的预习不充分，前置性学习指引不明，重点不突出。

二、教学环节过多，分散重点，削弱了突破重点的功能。

三、对学情了解不足。课堂让我重新思考：如何引导学生思考、质疑、表达等？更重要的是，通过合理的范式去引导学生，去解放学生的思想，让课堂活泼起来。

四、教学形式预设过于单一。可以用填写表格、分组汇报、图示解说、第一人称自述、分步骤朗读或自己喜欢的方式来体现。这样，学生的主体性会更明显，课堂的生成会更充分，也更有助于突破课堂的难点。

由此特地修改教学设计，改变后的教学设计如下：

12 假如没有灰尘

前置性学习指引

1. 回顾本单元你所学过的课文，列出你从这些课文当中学会的说明方法。

2. 读《假如没有灰尘》一文，标段，画词，查词义，思考下列问题并在文中做批注：课文写了灰尘的哪些特点和作用？用了哪些说明方法？可以借助下列表格帮助学习。

灰尘的特点和作用	采用的说明方法	我的理解和感悟

教学流程预设

1. 谈话引入，初识灰尘。

2. 合作探究，认识灰尘的特点和作用，体会作者的表达方法。

①小组交流：灰尘有什么特点和作用？作者是如何说明这些特点和作用的？

交流提示：我想和大家交流第×自然段，这一自然段用了（   ）的方法介绍了灰尘（   ）的特点和作用。谁还想就这一自然段和我交流？也可以选择合适的方式（朗读、画图、讲故事，如《我是一粒灰尘》或解释）向同学们汇报。

②全班汇报交流：明晰灰尘的特点和作用，体会作者用词的准确和说明事物的方法。

③阅读：同步阅读高士其的《灰尘的旅行》一文，比较这两篇文章有什么异同。

④拓展：关于灰尘我还想说……可以从灰尘的其他作用或者灰尘的危害说起，可以借鉴我们学过的说明方法……

⑤延伸：由"假如没有灰尘"说起……（提示：可以从事物的两面性说起，也可以从自然界、生物界的平衡链等说起）

通过这样的修改，前置性学习指引清晰明了、易操作；课堂指向明确，重点突出，课堂容量大，学生发挥的空间更大了。引导学生从范式（第1环节和第2环节）走向运用（第3环节和第4环节）和拓展（第5环节）。这样，学生在各个环节都有自己的发挥空间，课堂上在交流的过程中就能产生"生生互动"，课堂就能达到"动态生成"的效果，这样的课堂是"生成"的，是"有效的"，也是"大语文"的。

总之，我们认为"生本"的课堂必须有"生成"，唯有"生成"才会"有效"，而没有"生成"的课堂无论形式多么热闹，表演多么精彩，都是低效或无效的课堂。

（三）重建"生本"课堂规范

小学低段尤其是一年级学生，在学习习惯方面可以说是一张白纸，教师所要做的就是改变自己的教育教学观念，然后建立"生本"课堂的新规范。而小学高段相对低段来说，却多了一道"破"的工序，除了要"破"我们自己已有的教育教学习惯和思维定式，更要"破"学生的学习习惯和思维定式。所以，"清空"是"重建"的前提。

俗话说"不破不立"，那么高段的课堂究竟要破什么，又要立什么呢？

1. "破"教师掌控课堂的习惯，"立"动态生成的课堂模式。我们的教师已经习惯了做课堂的主宰，希望课堂的流程都照着自己的教学预设一路顺风地进行。所以，我们的课堂才会出现有"生本"的"形"而无"生本"的"魂"。例如，我们要求学生围绕课文重点提出最有价值的问题，学生确实认真研读了课文，经过了深入的思考，果真提出了比较有价值的一串问题，但老师开始急了：接下来怎么开课呢？我课件上的内容怎么打出来呢？学生提的问题在我的课件上根本没有，怎么办？舍弃！舍弃学生所提的问题，然后把学生牵引到自己的教学设计上来。

针对此种情况，我觉得教师还是要敢于打破自己的教学设计框框。所以，生本的课堂对教师的素质，尤其是随机应变能力提出了更高的要求。在课堂上当学生的回答偏离教师的预设轨道之后，教师要做的就是记住目标（这节课的教学目标），忘掉教案，让课堂流程跟着学情走。

2. "破"学生被动学习的习惯，"立"生生、师生对话的规范。我们的学生也早已习惯了"听"而不习惯"说"。例如，在转型初期的课堂上往往出现这样的情景：在个人自学和四人小组交流的时候大家都讨论得挺好，生成了许多的亮点，但是当他们被请到讲台上面向全班展示的时候，他们就不知道该怎么说了，因为习惯"听"教师讲的学生，还没有适应自己来"讲"的转变。

我们"生本"的课堂一开始需要训练的是学生说的胆量、说的能力和说的习惯，此外还要训练学生养成"听"的习惯（听别人发言）、补充的习惯（补充别人的发言）和反驳的习惯（听到有不同的意见哪怕是教师的也要敢于反驳）。我们在此基础上再把"如何说得好"等规范交给他们。

例如，交流自己读懂的、发现的内容（汇报完后，请问谁还有补充）。我们给学生提供这样的语言范式引导他们：

读了这篇课文，我知道了……

读了这篇文章，我明白了……

读了这篇课文，我若有所思……

读了这篇课文，我思绪万千……

读了这篇课文，我豁然开朗……

读了这篇课文，我真是恍然大悟……

读了这篇课文，我深受启发……

再如，引导学生抓住文中含义深刻的句子，谈感悟（汇报完后，请问谁还有补充）。我们提供了这些语言范式：

请大家把目光跳跃到这里，第×面第×自然段……

请大家把视线投向第×面第×自然段……

请大家和我一起关注第×面第×自然段……

请大家和我一起看第×面第×自然段……

久而久之，学生就会养成良好的课堂发言习惯，在课堂上主动起来，前提是把生本理念的"高度尊重学生，全面依靠学生，一切相信学生"真正落实在课堂上。

例如，在训练学生如何表达的时候，我们会在幻灯片上先出示系列"温馨提示"。

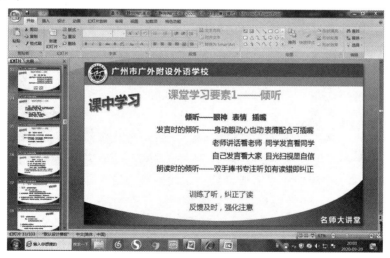

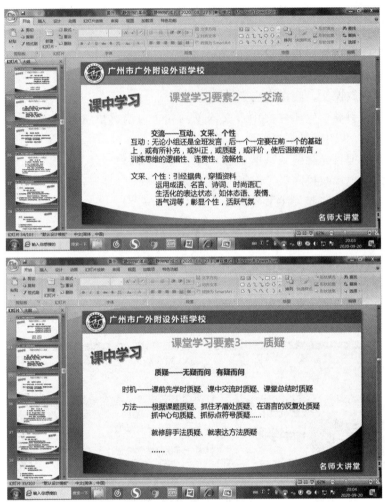

再如，关于小组的建立需要遵循"组间同质，组内异质"的原则。小组合作的规则要细，更要到位：①发言要一个一个地说，说出自己的见解。②别人说过的，尽量不重复。③要轻轻地说，只要组内成员听清楚即可。④别人说时要注意听，听不懂时马上问。⑤组长整理小组的研究成果，准备在班级交流。在小组交流的时候用 2 号声音，不要打扰到相邻的小组；在全班交流的时候要用 3 号声音，要让全班同学都能听到。

（四）走向"生本"深处

任何的实验和变革最终都是为了践行我校的"轻负荷，高质量"的有效教学理念，"生本·生成"也是我们达成我校办学理念的手段。在推进"生本·生成"新课堂向纵深发展的过程中，我们也遇到了一系列的问题，如何让这些问题变成实际教学中的研究课题？在接下来的工作中，重心是完善"生本·生成"课堂，从细节抓起；以课题带动科研，让科研产生生产力。本着"问题即课题"的原则，教学处在学年末让每个教研组的每位教师都申报了自己的课题，课题必须是在自己教学实际的问题、经验、困惑的基础上而生成的。学校汇总认定后成为学部的"课题超市"，在开学时便把整理好的这些课题列给大家，让老师们进行"菜单式"的课题选择。课题选定后以教研组为单位进行课题的阶段研究，为了便于课题研究的过程指导，我们提出"三个结合"，即课题与公开课结合、课题与日常课结合，课题与教学反思或每月"千字文"（我校要求教师每人每月至少上交一篇不少于一千字的教育教学反思或随笔）结合。学校教科室每学期末要求教师提交课题小结或课题报告，每年全校性地进行一次论文评比，并将一些优秀的论文结集出版。这种自下而上的课题产生方式大大激发了教师参与研究的积极性，让课题研究走入学校的日常教育教学之中。通过教研组—学部教学处—学校教科室三级课题管理机构，将课题研究的过程管理和终结性评价很好地结合起来，确保了课题研究服务于教学的目的性和有效性。这样真正做到组组有课题，人人都参与，让课题带动科研，以科研产生生产力。

案例 "生本"理念下的经典重读

——人教版12课《卖火柴的小女孩》教学设计

广州市广外附设外语学校 叶和丽

一、理念解读

"以生为本"的理念简称"生本"，"生本"的课堂是教师为了学生好学而进行教学设计的课堂。语文"生本"课堂最明显的标志就是看课堂是否"带进了阅读"，是否把"教材当作例子"，做到了"以读引读，以读引说，以读引写"。

二、教材解读

童话是少年儿童喜闻乐见的一种儿童文学样式，安徒生童话更是孩子们童年不可缺少的精神盛宴。本篇文章的作者以凄美的文字再现了小女孩饥寒交迫的现实处境和她在擦燃火柴取暖时看到的种种幻象。强烈而鲜明的对比，表达了安徒生对穷苦人民悲惨遭遇的深切同情，同时寓含了作者在困窘和艰难中仍不忘追求美好的一种积极向上的人生态度。

三、设计理念

《卖火柴的小女孩》这篇安徒生童话，对大多数孩子来说都耳熟能详。重读这篇文章，首先要找好切入点：从感受入手，把经典放在时代的大背景中解读。"生本"理念下的语文教学最明显的标志就是看是否"带进了阅读"。所以，应做到"以读引读"（读安徒生、读安徒生童话、读与童话有关话题的文章）、"以读引说"（要求学生抓住课文的"感动点"，从内容上谈，从语言表达方式上谈，结合安徒生谈，结合文章背景谈，结合自己的感受谈，联系实际谈）、"以读引写"（从吸收到表达之间的桥梁是情感和思想，抓住情感的生发点让学生"我笔表我心"，是对高年级语文教学重点"语言表达方式"目标的落实）。任何文学作品必定是特定时代和作家生活经验的反映。通过作品来解读安徒生，再通过安徒生更好地理解文本。通过对作家和作品的解读，培养学生的悲悯情怀和积极向上的人生态度，那么就达到了教学的目的。

四、教学目标

1. 学生在自读课文中学习生字、新词，在把握文章主要内容的同时引发阅读相关文章的兴趣。

2. 通过品读重点语句和结合时代背景帮助学生理解课文内容，关注文中人物的命运，体会作者的思想感情，培养学生悲悯的情怀和积极向上的人生态度。

3. 帮助学生了解作者虚实结合的表达方法，体会这样表达的效果。本着"我手写我口，我笔表我心"的方式练习表达。

五、教学资料、策略和手段

"前置性学习指引"学习单，课堂小组合作、交流，全班汇报、交流，多媒体教具等。

六、课时安排

课时	教学内容	教学目标	教学策略
第一课时	1. 学生在自读课文中学习生字、新词，在把握文章主要内容的同时引发阅读相关文章的兴趣。 2. 阅读安徒生的其他童话故事，阅读《安徒生自传》的相关章节，阅读与"童话""幸福""苦难""悲剧"等话题有关的文章，阅读名人对安徒生的评价。 3. 用自己的话概括文章的主要内容，细读文本，找出最让自己感动的语句并做批注	"以读引读"让学生初步了解课文内容以及与文本内容相关的资料，为深入理解文本及作者的思想感情做储备和准备	1. 让学生自主完成"前置性学习指引"学习单。 2. 教师浏览学生的前置性作业，了解学情

续 表

课时	教学内容	教学目标	教学策略
第二课时	1. 用自己的话概括文章的主要内容。 2. 交流课文中让自己最感动的或者感受最深的地方，在交流中品读重点语句，结合时代背景理解课文内容，关注文中人物的命运，体会作者的思想感情。 3. 在交流中了解作者虚实结合的表达方法，体会这样表达的效果。本着"我手写我口，我笔表我心"的方式练习表达	1. 帮助学生理解课文内容，关注文中人物的命运，体会作者的思想感情。 2. 帮助学生了解作者虚实结合的表达方法，体会这样表达的效果，并学会运用	1. 通过小组交流、全班汇报等形式达到生生、师生、生媒互动。 2. 通过多媒体等辅助手段，提升学生对文本主题的认识和情感

七、教学过程

第一课时

（一）导入：茫茫宇宙，朗朗乾坤，是人类创造了文明。（课件：变换的宇宙画面，灿烂闪烁的星空画面，背景音乐激昂）。在人类文明的星空里，闪耀着无数灿若星辰的伟大作家，他们的作品走出了国门，穿越了时间的长河，成为经典。（课件：上述星空画面中的一颗星由远闪近，放大成一个旋转的地球。在地球旋转的过程中放大中国地图："诗仙"李白的图像和《静夜思》书法作品、苏轼的图像和《水调歌头》书法作品、司马迁的图像和《史记》的封面、曹雪芹的图像和《红楼梦》的封面、鲁迅的图像和《朝花夕拾》的封面、老舍的图像和《骆驼祥子》的封面依次放大后再缩小，都回到中国地图上。地球在旋转，如同电影的胶片状依次展出或者放大（俄国）列夫·托尔斯泰的图像和作品《战争与和平》、（美国）海明威和作品《老人与海》、（俄国）契诃夫和《凡卡》的插图、（法国）雨果和作品《悲惨世界》、安徒生的图像和《安徒生童话集》的封面，闪到安徒生的时候，图像逐渐放大并定格）。

（二）导语：今天，就让我们再次走近安徒生，走进他的童话经典《卖火柴的小女孩》（板书课题）。

（三）通读全文，标段，画词，给课后生字注音、组词。对不理解的词语借助工具书并结合上下文理解。

（四）根据"前置性学习指引"学习单进行阅读和查询资料。

第二课时

（一）自学回顾，厘清思路

1. 扫读课文有关章节，用自己的话概括主要内容。

2. 细读让自己最感动的部分，补充批注。

（二）小组交流，互相补充

1. 文章哪些地方最让你感动或感触最深？为什么？（请从文章内容、作者视角、语言表达等方面谈谈，还可以联系生活实际并结合当时的时代背景来谈谈。）

2. 把让自己最感动的地方读给大家听，要把自己的感情读出来，说说为什么这样读。

（三）全班汇报，互相交流

1. 请一个小组上台汇报刚才的交流情况，全班同学认真听，并做好笔记及互相交流的准备（文中这些描写最让我感动……读，说，评。谁还想和我交流？或谁还有补充？）

2. 老师随时穿插补充，提醒，小结，提示。

生生互动，师生互动，生（学生）媒（多媒体）互动。

资料1：读小女孩5次擦燃火柴的句子，你从中读出了什么？（注意句中的关键词）

• 她敢从成把的火柴里抽出一根，在墙上擦燃了，来暖和暖和自己的小手吗？她终于抽出了一根。

• 她又擦了一根。

• 她又擦着了一根火柴。

• 她在墙上又擦着了一根火柴。

• 她赶紧擦着了一大把火柴。

资料2：比较课文和（叶君健）原译文，从对比中你又读出了什么？（作者的宗教情怀也是今后阅读外国文学作品需要注意的。）

• 课文：她俩在光明和快乐中飞走了，越飞越高，飞到那没有寒冷，没有饥饿，也没有痛苦的地方去了。

• 译文：她们俩在光明和快乐中飞走了，越飞越高，飞到既没有寒冷，也没有饥饿，也没有忧愁的那块地方——他们是跟上帝在一起。

（四）课堂小结，练笔交流

1. 今天我们一起重温了这篇经典童话，你一定有许多话要说，请根据练笔提示写一写。

练笔提示：

(1) 续写这篇童话的结尾：当奶奶和小女孩在天堂相遇……

(2) 你想对安徒生，对小女孩或者对这篇童话中的其他人说点儿什么？

(3) 请把你喜爱的安徒生的其他童话推荐给大家。

(4) 读完这篇童话，9 岁的刘倩倩同学写了《你别问这是为什么》，将自己美好的愿望借这首诗表达出来。请你也用诗歌来表达自己的内心感受（可自己命题）。

2. 课堂练笔交流（优秀练笔选登附后）。

3. 拓展阅读。

列夫·托尔斯泰曾意味深长地问高尔基："你读过安徒生吗？我读过，十年前，我没读懂，十年后我终于读懂了，他很孤独，非常孤独！"

安徒生说：拥有生命是幸福。只要你拥有健美的心灵，什么样的厄运都不能夺走你的幸福。

推荐阅读：《安徒生自传》《安徒生童话全集》

附一：前置性学习指引

《卖火柴的小女孩》前置性学习指引

班级： 姓名：

一、以读引读

1. 请完成下列阅读要求。

(1) 阅读并了解安徒生的其他至少三篇童话，和《卖火柴的小女孩》进行对比：故事内容、表现方式、人物特点、你的感悟或感受等都有什么不同？将题目写在下面：

我还读了安徒生的《　　　　》《　　　　》《　　　　》等童话。

(2) 阅读《安徒生自传》中的有关章节，了解安徒生的生平事迹、成长经历、童话思想、文学地位等，可以把重要的信息资料的提纲写下来。

(3) 阅读世界名人对安徒生的评价，可以摘抄 1—2 点。

① ＿＿＿＿＿＿＿＿＿＿＿＿＿＿＿＿＿＿＿＿＿＿＿＿＿＿＿＿＿＿＿

② ＿＿＿＿＿＿＿＿＿＿＿＿＿＿＿＿＿＿＿＿＿＿＿＿＿＿＿＿＿＿＿

二、以读引说

1. 请认真阅读《卖火柴的小女孩》，要求读准、读通、读懂，然后用简洁的话概括出这篇童话的主要内容（时间、地点、人物、起因、经过、结果）。

这篇童话主要写了：_____。

2. 细读文本，课文的哪些地方最让你感动？为什么？请做批注（学习提示：请从文章内容、作者视角、语言表达等方面考虑，同时可以结合自己的生活实际感受）。

3. 阅读下列话题：关于"童年与童话"，关于"苦难与幸福"，关于"微笑与生活"等。把你比较认同的观点写在下面。

三、以读引写（第二课时在课堂上完成）

附二：《卖火柴的小女孩》课堂精彩片段（新闻报道节选）

（2011年3月26日至29日，中国教育服务中心教育发展事业部在我校举办了《全国中小学三大教学流派专题报告会暨特色课堂"同课异构"专场展示》活动。）

生本课堂是一片肥沃的思想土地和智慧田野。我校叶和丽老师的一节生本课《卖火柴的小女孩》即如此。

叶老师利用前置性学习指引，课堂小组合作、交流，全班汇报、交流等形式，按照"以读引读""以读引说""以读引写"的理念进行教学设计。

（一）自学回顾，厘清思路

1. 扫读文章，概括内容。

2. 细读让你感动的部分，补充批注。

（二）小组交流，互相补充

1. 文章哪些地方最让你感动或感触最深？为什么？

2. 把让自己最感动的地方读给大家听，要把自己的感情读出来。

（三）全班汇报，互相交流

（四）练笔交流，拓展延伸

如此学案，促使学生成为课堂学习的主人。学生交流，积极主动；小组汇报，妙语连珠；学生练笔，思路开阔；师生互动，异彩纷呈……学生在课堂上演绎了无限的精彩。

现摘录课堂生成的一些学生发言内容：

（学生两分钟练笔后）

生：我想把这首诗献给我的一个朋友（肖同学）。

……

我们在品尝"同课异构"这一校本教研的成功之时，既要感受多"派"联动的别样精彩，更要坚定我们的生本教育的探索之路，继续全力打造以生为本的高效课堂，让学生真正成为学习的主人！

　　幸福

朋友

你可知道

守候幸福是多么简单

对你来说却又如此困难

当美丽的小马车

摇着清脆的铃铛

拉着星星一样多的幸福

走在路上

这么多的幸福

你，却为什么选择

闭上眼睛

忽略那些快乐的印迹

另一生谈：

我看完了这篇童话的感悟是：美丽的幻想与残酷的现实做出了鲜明的对比，小女孩悲惨的故事令人深思。当时的社会是多么冷酷呀！我们今天生活在一个充满爱的世界中，"一方有难，八方支援"。我们一定要好好珍惜我们的幸福生活，并且要向苦难中的人们伸出援助之手。

……

这些生本实践带给我们的冲击与收获恰恰是生本实验、生本探索带给我们的惊喜！

因此，学生的精彩，是生本教学的精彩！

附三：本课例的学生优秀练笔选登

　　　　　我想对……说

1. 我想对小女孩的爸爸说：每个孩子的父母都是无比疼爱自己的孩子的，

从不让自己的骨肉受到一点儿寒冷，受到一点儿饥饿，甚至不让他们受到一点儿痛苦和劳累。而你呢？却让自己乖巧的女儿在寒冷的大年夜里卖火柴，而且卖不掉火柴你还要打她，使她不敢回家，最后悲惨地冻死在街头。你为什么这么狠？为什么让孩子那幼小的心灵受到这样大的伤害？难道是贫穷和苦难摧毁了你的爱心和人性？你不配做个父亲。（郑浩仪）

2. 我想对小男孩说：小男孩，你是富家子弟，你可能从来没有体会过寒冷、饥饿，也没有体验过痛苦。但你有没有想过：在寒冷的大年夜，你拿走了小女孩的鞋子，让她赤着脚在街上行走，那是刺骨的寒冷啊！难道物质上的充裕已经麻木了你那颗本该善良的心吗？善良才是做人的根本啊！所以，对比之下，你是贫穷的，而小女孩是富有的，因为她在苦难中不忘向往美好的生活，而富有的物质生活只培养了你那颗冷酷麻木的心。（李鑫）

3. 我想对小女孩说：小女孩，你是当年黑暗社会的牺牲品，在大年夜里，最终变成了天上孤独的星星。我多想让你来到我们身边。我们有温暖，我们有快乐，我们有爱，我们可以陪伴你。只愿你能感受到人间的快乐。你在天堂还好吗？（叶若露）

当小女孩和奶奶在天堂相遇

当小女孩和奶奶在天堂相遇，小女孩一下子扑向奶奶的怀抱——这是唯一疼爱她的怀抱啊！奶奶将小女孩搂在怀里，她们在星星一样多的糖果园里尽情采摘。小女孩一边将采摘的糖果挂满天堂树，一边向奶奶诉说她在曾经的人世间的悲惨。奶奶疼爱地抚摸着小女孩那打着卷儿的美丽的长发，轻轻地对她说："孩子，上帝是公平的，因为你曾经的苦难，我们今天才能生活在幸福的天堂。让我们忘掉过去的一切，尽情地享受这美好的生活吧。"从此，小女孩和奶奶一起生活在美丽又幸福的天堂里。（王佩瑶）

读后有感

1. 美好的幻象，残酷的现实！小女孩悲惨的故事令人深思。当时的社会多么冷酷！底层人民的生活多么悲惨！安徒生打量世界的眼睛是多么忧伤和无奈！我们今天生活在一个充满爱的国度，一方有难，八方支援。我们要好好享受这美好的生活，好好珍惜这幸福的感觉，同时要向苦难中的人们伸出我们援助的双手。（邝云俊）

2. 卖火柴的小女孩那悲惨的故事深深地牵动着我的心。她渴望快乐，渴望温暖，渴望得到别人的关怀，可现实的残酷打破了小女孩美丽的幻想，无情的命运让小女孩悲惨地死去。作为小女孩的同龄人，我们生活在一个美好的时代，我们在尽情享受当下美好生活的同时，不应忘记感恩。所以，我们要善待我们的老师，善待我们的同学，善待我们的父母，善待我们的朋友，用自己的爱去温暖我们周围的人，用我们心中的阳光为别人照亮前进的路。（谢依琳）

对"幸福""灾难""同情"等话题的感悟

1. 重读《卖火柴的小女孩》，我对幸福又有了新的感受，那就是一个人不必对自己的幸福有太高的要求。像安徒生说的那样：活着就是一种幸福，而苦难则是茫茫宇宙中的一颗尘埃。其实我们都生活在幸福中，不过就是身在福中不知福罢了。文中的小女孩和我们相比，我们是十分幸福的。小女孩挣扎在死亡线上，还想象着美好的东西，说明她对幸福还有着美好的希望。所以，我觉得幸福就像新鲜的空气，是无处不在的。（张迪扬）

2. 幸福是什么？幸福就是一朵七色花，美丽的色彩让我们感到快乐。幸福像春雨，伴着花香洒落在我们每个人的身旁。你看，它撒落在了安徒生爷爷的身旁，安徒生爷爷一生都享受着童话世界的美好，他还让穷苦的卖火柴的小女孩和她的奶奶在天堂幸福地生活着。（刘颖淇）

3. 快乐，难道要有很多钱、很多名牌、很多奢侈品，才可以满足吗？不用，就算是穷人，也可以拥有快乐。快乐不在于身外之物，而在于内心之美，只要你的心中有光明，你就会有快乐！（石佳）

4. 同情他人，难道一定得惊天动地吗？善待他人，一定要做得惊天地泣鬼神才行善吗？不用，就算是你的一个动作，甚至一个微笑，都可以温暖他人。让我们常怀感恩，拥有一颗悲天悯人的心。（陈子旭）

儿童诗

（一）幸福的传说

（作者：莫善然）

传说，幸福是一棵大树，
上面长满信念的叶子，
风一吹，大片小片的幸福飘下来，
有人捡到的是小点小点的幸福，
有人视而不见，
有人好好珍惜。
知足常乐的人身边到处是幸福，
不知足的人永远得不到幸福。

健康，残疾人永远体会不了，
所以，残疾人渴望健全的幸福。
富有，贫穷的人体会不到，
于是，穷人把富有看成幸福。
究竟什么是幸福？
幸福就是小女孩手中的火柴。
让我们用手中的火柴，
点亮心中的幸福吧！

（二）痛苦与美好

（作者：叶蕾）

上帝是不公平的，

他把悲惨的命运都安排在小女孩身上。

冷漠的社会，

贫穷的家庭，

残暴的父亲，

无情的人群，

她默默地承受。

她把一切美好的愿望托于幻想，

她把一切痛苦独自承受。

上帝看不下去了，

于是，他把小女孩带走了。

从此，她摆脱了一切痛苦与黑暗，

和奶奶生活在那美好幸福的天堂。

她只把微笑留在了人间。

（三）童话的力量

（作者：陈曦淇）

当你饥饿的时候，

童话出现了，

给你一大堆食物。

当你无助的时候，

童话出现了，

送给你朋友。

当你寒冷的时候，

童话出现了。

出现了温暖的火炉。

有一天，我忽然长大了，

回首童年的路，

出现了两个快车道——现实和梦想，

我知道，那就是童话的力量。

（四）幸福——献给我的朋友肖依琳

（作者：石佳）

朋友，你可知道，

守候幸福是多么简单，而对你来说却又如此困难。

美丽的小马车摇着清脆的铃铛，

拉着星星一样多的幸福走在夜空里，

你为什么要选择闭上眼睛，

忽略那些幸福的印记……

二、从课堂"建模"到"无模"课堂

模式是一种重要的科学操作和科学思维的方法，是实践与理论的中介。"课堂教学模式，主要是用语言文字来表述，从模式分类看，属于语义模式"（查有梁）。课堂建模最初是在"教师自组织"的基础上发展而来的，在经验的基础上通过教师在教育实例中建构的"个别模式"提升为可以在学校推广的"普遍模式"，通过"普遍模式"再来规范所有教师的课堂。当学校80％的教师都已经理解和掌握这种"校本模式"之后，再引导教师超越既定的范式，因为"教无定法""无模之模乃为至模"。

（一）"生本·生成"的课堂建模

"生本"的课堂教学理念来自华南师范大学教授郭思乐的"生本"教育思想。"生本·生成"新课堂教学模式用数字表示就是"三四五"。"三"指课堂三要素：目标分层、过程互动、反馈自主。"四"指的是"生本·生成"课堂的四个常规环节：前置性学习指引、小组学习、全班互动、总结延伸。"五"是对一节有效"生本·生成"课堂评价的五个要点：目标定位是否合适？目标达成度是多少？学生状态是否达标？教师角色定位是否到位？课堂上是否有生成的亮点？

1. "生本·生成"新课堂三要素

目标分层：要求教学设计在学习目标的制定上要分基础性目标和发展性目标，让每个学生对目标有比较明确的认识。在落实目标的过程中，课前学习的目标设计要分层，课堂达标过程要分层，如果有当堂检测更要分层。

过程互动：指的是课堂上互动生成的状态。从互动对象看，有师生互动、生生互动和生媒互动（学生与文本、媒体、资源的互动）。从互动方式看，有倾听、交流、质疑、评价。从互动内容看，有认知、情感、方法等。互动使课堂呈现出动态生成的效果。

反馈自主：指的是学生在每节课学习过程和学习结束阶段，对自己在知识、能力、过程、方法、情感态度价值观等方面形成比较清醒的认识，并能形成自己的观点，进行自我检查和进行自我对话的过程。即时反馈是一条重要的学习方法，在小学阶段，情感的即时反馈更为重要。养成自主反馈的习惯，一开始需要教师的有意识引导，继而形成习惯。

2. "生本·生成"新课堂四环节

前置性学习与传统的"预习"不同。传统的预习更多的是接受教材的内容，即现成的结论，是指向基础知识和既定结果的学习，重在对答案的寻求。而"前置性学习指引"是以研究的方式对学习的内容进行思考和探讨，进行实践体验，重在方法的习得和习惯的养成。

小组学习：班级授课制的课堂上，教师面对40个或者更多的学生时是否真的能做到"因材施教"？这个矛盾已经作为一个越来越严峻的教育问题摆在了大家的面前。小组学习是目前班级授课制中能"面向人人"的最有效的学习方式。"新基础教育"创始人叶澜教授曾提出：学生差异也是一种教学资源。小组学习必须建立在个人先学的基础上，是有备而来的学习。

全班互动：为了进一步扩大互动的范围，在小组学习的基础上进行全班汇报。因为能将个人或小组的学习所得再归纳总结并讲述出来，本身就是一种高效和高难度的学习过程。在这个过程中生生、师生、生媒的互动又呈现动态生成的学习效果。

总结延伸：这个过程是引导学生进行反思的过程。在这个学习过程中，要引导学生对自己所学知识、技能、情感态度、价值观等进行思考和体悟，能形成自己的观点，并对下一步的学习目标、学习策略进行思考。一般性的课堂小结是谈收获较多，但"生本·生成"的课堂小结要谈问题，因为课堂"有效"的意义还在于把学生的学习和研究兴趣引向课下，向学生的生活领域进行延伸。

3.评价"生本·生成"课堂五要点（详见附录1）

目标定位：教学目标是每节课的起点，"生本·生成"新课堂要求一定要根据学情分层设置目标。目标是否分层，是否符合课程标准和学生实际，是否明确、具体、可操作等都是评价的要点。

目标达成度：主要看学生的分层发展是否得到很好的体现。目标达成度是否达到80%以上是我们对一节课是否有效的定位。

学生状态：包括学生在课堂上的注意、参与、交往、思维、情绪及生成等各项指标的发展状态。

教师角色定位："生本·生成"的课堂也不能说完全由学生说了算，教师作为学生学习的组织者、引导者、合作者的定位及课堂调控必须到位。

生成亮点：这是"生本·生成"新课堂的特色要求。教师教学有自己的特色和魅力，课堂上有动态"生成"的亮点和高潮。

附录1

"生本·生成"新课堂教学评价表

班级：　　　　学科：　　　　课题：　　　　节次：　　　　教师：

评价项目		评估要点	A	B	C	D
教学目标（20分）	目标定位	目标符合课程标准和学生实际，明确、具体、可操作				
	目标达成	学生分层发展得到很好的体现，目标达成度高				

续　表

评价项目		评估要点	A	B	C	D
学生状态（60分）	注意状态	看学生的目光是否追随发言者（教师与学生）的一举一动				
		看学生的回答是否针对所问				
		看学生的倾听是否全神贯注				
	参与状态	看学生是否积极地投入思考或踊跃发言				
		看学生是否兴致勃勃地阅读、讨论				
		看学生是否自觉地进行练习（听、说、读、写）				
	交往状态	看学生之间在学习过程中是否能友好地合作				
		看师生、生生之间进行交流时是否语言得体				
		看整个课堂的教学氛围是否民主、和谐、活跃				
	思维状态	看学生的语言是否流畅、有条理，善于用自己的语言进行说明				
		看学生是否敢于质疑、提出有价值的问题，并敢于争论				
		看学生的回答或见解是否有自己的思考或创意				
	情绪状态	看学生在思考过程中情绪的变化				
		看学生个别回答问题时的反应				
		看学生是否能自我控制与调节学习情绪				
	生成状态	看学生是否全员、全过程、全面投入学习				
		看学生是否有满足、成功、喜悦等体验				
		看学生能否总结当堂学习所得或提出新的问题				

评价项目		评估要点	A	B	C	D
教师 教学 (20分)	角色把握	学生学习的组织者、引导者、合作者				
	课堂调控	为学生创造民主、和谐、活跃的学习氛围，提供丰富的学习资源并及时捕捉课堂生成的资源				
	特色与创新	教师教学有自己的特色和魅力，课堂有值得回味的亮点和高潮				
评价结果	建议描述：		等级评定			

（二）"四有"课堂的基因内生

任何事物都是先有规范然后才能超越规范，就像开始我们为了实现从"师本"课堂到"生本"课堂的转化一样。在 2010 年我们提出的"四有"课堂，是在"生本·生成"课堂理念下所完成的从"有模"到"无模"的一个发展过程。

1. "四有"课堂的定位

课堂评价决定课堂的导向，2008 年为了实行"师本"课堂向"生本"课堂的转变，我们制订了"以学定教"的"生本"课堂评价表（上图）。此评价表通过对学生课堂表现六个项目的微格观察测查课堂教学的效率，目的在于指引教师从"师本"课堂对于教师"教"的关注转移到"生本"课堂对于学生"学"的关注。经过近五年的牵引导评，在 80% 的教师已经习惯于将培养学生"学"的能力和习惯作为自己课堂教育教学重心的情况下，我们提出"四有"课堂，是对"生本"课堂的再次回归和向纵深方向牵引。

2. "四有"课堂的解读

（1）有序："有序"是课堂教学的基本保证。核心：秩序、规范（外在）；知识的前后联系及循序渐进（内在）。

课堂要求：

①教师的课堂管理需建立常规，避免或消除影响班级有序学习的事件，

并通过合作学习凝聚班级合力，养成良好习惯。

②教师要尊重学生的认知特点，把握知识前后间的联系，从学生的实际出发，遵循知识由浅到深、由易到难的发展规律，引导学生循序渐进地学习。

（2）有趣："有趣"是课堂教学的重要动力。核心：吸引注意力（外在）；学生学习的愉悦感及成就感（内在）。

课堂要求：

①课堂能够吸引学生的注意力。

②课堂教学过程应该成为学生一种愉悦的情绪生活和积极的情感体验。

学习成绩＝学科兴趣×学习方法×学生智商。在这三大学习要素中，最难改变的是学生智商，甚至可以说是完全不可改变的要素。最容易改变的是学生的学科兴趣。在这一点上，教师的教学风格、对待学生的态度等都起着至关重要的作用。

（3）有法："有法"是课堂教学的必修内容。核心：解题方法的传授、学习方法的引领、学习过程的指导（外在）；学生用所学方法来建构自己的知识结构（内在）。

课堂要求：

①培养学生的主动性和交给他们学习方法是教师的主要责任。

②积极地用所学方法来建构自己的知识结构则是学生的主要任务。

（4）有效："有效"是课堂教学的根本追求。核心：生本、生成（外在）；学生学习目标达成度、教师教学计划实现度与课堂教学效果拓展度（内在）。

课堂要求：

①以生为本，重视学生在课堂中的注意力、参与度，真正把学生放到课堂的主体地位，不做无效活动，不做无效提问，不上那种精彩而低效的课。

②讲究课堂结构的学科深度与教育广度的均衡配置，注重课堂教学中的生成性与创新性教育效果。

> **案例** "四有"课堂

——人教版五年级上册

《"凤辣子"初见林黛玉》教学设计

广州市广外附设外语学校小学部 杨文霞

教材分析：

"凤辣子"王熙凤是古典文学名著《红楼梦》里的一个主要人物。本篇课文重点写的是林黛玉初见贾府众人的过程中，与"凤辣子"王熙凤见面的经过。文章通过对这一见面过程的描写，向读者展示了一个泼辣张狂、口齿伶俐、善于阿谀奉承、见风使舵、喜欢使权弄势、炫耀特权和地位的人物形象。课文通过正面描写和侧面描写向我们展示了王熙凤的性格特征，可以说，本篇课文是人物描写的经典。

学情分析：

五年级正处于一个思维活跃的学习阶段，在这一阶段学生具有一定的阅读理解能力与分析能力，并且学生的习作水平有极大的提升空间。在本学期的语文学习中，学生学习了不少作家笔下的典型人物形象，这些人物都有着鲜明的性格特点，在学生心中留下了深刻的印象。同时，学生阅读了大量的以写人为主的文章，也写过此类习作，已经积累了一些描写人物的经验。在此基础上，学习本篇课文，学生能进一步感受作家笔下的王熙凤这一鲜活的人物形象，体会作家描写人物的方法，并在习作中加以运用。

教学三维目标：

1. 知识与能力目标

（1）认识课文中的生字，能正确理解"敛声屏气、放诞无礼、转悲为喜"等词语。

（2）正确、流利地朗读课文，紧扣"辣"字，感受王熙凤这个鲜活的人物形象。

（3）品读外貌、语言描写等句子，感受王熙凤的人物形象，体会人物描写的方法。

2. 过程与方法目标

（1）通过小组合作学习和班级交流，教师引导学生感受王熙凤这个鲜活的人物形象。

（2）体会作家描写人物的方法并运用到自己的写作之中。

3. 情感、态度与价值观目标

在轻松愉悦的课堂氛围中，感受人物形象，激发阅读《红楼梦》等中外名著的兴趣，感受名著在塑造人物形象上的艺术魅力。

教学重点：

紧扣"辣"字，感受王熙凤这一鲜活的人物形象，体会作家描写人物的方法。

教学难点：

感受王熙凤这一鲜活的人物形象，体会并运用人物描写的方法。

教学准备：

1. 阅读少儿版《红楼梦》，重点了解王熙凤。

2. 查字典或联系上下文来理解文中的生词。

3. 教学课件、《红楼梦》主题曲、人物诗词。

课时安排：1课时。

教学过程：

课前三分钟（读、唱）

《红楼梦》中王熙凤的判词：

凡鸟偏从末世来，都知爱慕此生才。一从二令三人木，哭向金陵事更衰。

其曲为《聪明累》：

机关算尽太聪明，反算了卿卿性命！生前心已碎，死后性空灵。家富人宁，终有个家亡人散各奔腾。枉费了，意悬悬半世心；好一似，荡悠悠三更梦。忽喇喇似大厦倾，昏惨惨似灯将尽。呀！一场欢喜忽悲辛，叹人世，终难定。

（设计意图：课前三分钟意在增加学习本课的兴趣，给学生一个代入感，让学生在轻松愉快的歌唱中进入学习。）

一、引入课文

王熙凤是《红楼梦》中一个非常重要的人物，她给许多看过《红楼梦》的人都留下了深刻的印象。有人说："王熙凤是作者笔下第一个生动活泼的人物，是一个生命力非常充沛的角色，是封建时代大家庭中精明强干、泼辣狠毒的主妇性格的高度结晶。"有人说："心里歹毒，口里尖快，嘴甜心苦，两面三刀，上头一脸笑，脚下使绊子，明是一盆火，暗是一把刀。"还有人说："恨王熙凤，骂王熙凤，不见王熙凤却想王熙凤。"王熙凤到底是一个怎样的人呢？接下来，我们一起走进课文去深入了解王熙凤。

读课题，打开课本135面，浏览课文，说说课文从哪几个方面对王熙凤进行了描写（板书外貌、语言、动作等方面）

二、探究性格

同学们，作者从外貌、语言、动作等方面对王熙凤进行了详细的描写，那么作者到底想从字里行间向我们介绍她的什么特点呢？请大家一起走进课文，以小组合作的形式进行探究。小组合作学习的要求如下。

班级交流：

1. 从外貌描写探究王熙凤的性格。（略）

2. 从动作方面探究王熙凤的性格。（略）

3. 从语言方面探究王熙凤的性格。（详）

泼辣张狂，放诞无礼，阿谀奉承，使弄权势，炫耀地位，见风使舵。

小结：课文中对王熙凤的外貌、语言、动作的直接描写，我们称作正面描写。与正面描写相对应的就是侧面描写，我们看看课文中哪些地方是对王熙凤的侧面描写。（黛玉的纳罕，贾母的笑语）

同学们，我们来读贾母的话，贾母称王熙凤为"凤辣子"，这个"辣"字贯串整篇课文，如她的穿着香辣，如她的语言麻辣，走进《红楼梦》这部著作，你读出了她的什么"辣"？请结合具体事例谈一谈。

我认为王熙凤特别（　　），在《红楼梦》这本书中，体现在（　　）。

"泼辣"（说话、做事风格）在《红楼梦》这本著作中，体现在（　　）。

"香辣"（穿着华丽的衣服）在《红楼梦》这本著作中，体现在（　　）。

"毒辣"（经常害人）、"麻辣"（说话让人肉麻）在《红楼梦》这本著作中，体现在（　　）。

……

多么聪明、富有心计、毒辣的王熙凤！她的结局是悲惨的。请大家浏览《红楼梦》中王熙凤的判词：凡鸟偏从末世来，都知爱慕此生才。一从二令三人木，哭向金陵事更衰。其曲为《聪明累》：机关算尽太聪明，反算了卿卿性命！生前心已碎，死后性空灵。家富人宁，终有个家亡人散各奔腾。枉费了，意悬悬半世心；好一似，荡悠悠三更梦。忽喇喇似大厦倾，昏惨惨似灯将尽。呀！一场欢喜忽悲辛，叹人世，终难定。

（设计意图：此环节是这节课的重点，也是"四有"课堂的有序、有法的完美体现。在这个环节中，通过小组合作学习、班级交流、生生互动、师生互动，详细具体地对课文内容进行了深刻的理解。在交流人物外貌、动作、语言时，难的不是交流的内容，而是交流的角度和交流的方法，当每个学生交流后，教师要及时地总结方法，为后面的交流打好基础，学生再交流起来就有"法"可依。学生在交流中认知，在交流中成长。）

三、拓展延伸

作者通过外貌和语言等方面的描写把王熙凤的形象刻画得生动逼真，其实这些人物描写的方式我们在阅读中随处可见。课前，让学生收集喜欢的人物描写段落，现在，一起分享收集的成果（读出段落，并说说描写的方法及突出的人物的具体性格）。

四、写法运用

对于好的写作方法，我们不仅要学习还得会运用，让学生运用人物描写的方法，如语言描写、动作描写、外貌描写来刻画我们最熟悉的人，可以是老师，是同学，也可以是朋友。

（设计意图：写的训练在本课学习中是一个升华，对写作方法的运用最后一定体现在写作中。小练笔就是让学生运用刚学到的外貌、动作、语言描写来写一写你最熟悉的人，学生的兴趣高涨，语言幽默风趣，课堂生成的效果令人非常满意。）

五、课堂总结

生动的人物描写能让我们如见其人，一个细致入微的描写往往能将一个人物刻画得栩栩如生。通过这节课的学习，学生不仅感受到了作家笔下一个个呼之欲出的人物形象，还学会了描写人物的方法。

"凤辣子"初见林黛玉

正面描写　　　　　外貌描写　　　　　性格特点
　　　　　　　　　语言描写
　　　　　　　　　动作描写
侧面描写　　　　　黛玉的纳罕
　　　　　　　　　贾母的笑语

课后反思：

回顾这节课，可以说是一节"四有"课堂的完美体现。

1. 有趣

这篇选自名著的课文，乍一看与学生可能会有些距离，但整节课趣味性强，学生参与的积极性就很高。如开始展示的《红楼梦》歌曲，如老师点拨时语言的风趣，再如课后拓展时学生运用学过的人物描写方法来写自己熟悉的人等，这些都能激发学生的兴奋点。这些环节的设计让学生学起来更开心。

2. 有序

小组交流、班级交流，是这节课中"有序"的完美体现。学生在交流如何从人物的外貌、动作、神态的描写中看出人物的性格特点时，语言组织得相当有序，生生互动、师生互动时交流有序，整个教学由浅入深，循序渐进，可以说把"有序"体现得淋漓尽致。

3. 有法

语文教学的过程就是让学生自己掌握学习方法、运用学习方法的过程。这节课通过学习人物的外貌描写，把这种描写的方法运用到动作及神态描写中，学生学起来轻松自在。学生掌握了外貌、动作及神态描写的方法之后，马上能运用这种写法来写自己所熟悉的人，可谓是教学方法得当、学生总结的方法得当。

4. 有效

整节课从学生的表现上、从写作训练的展示上来看，效果是明显的。学生不仅理解了人物描写的方法想要表达的效果，更能运用这些方法来写自己笔下的人物。在规定的时间里完成了本节课的教学目标，达到了预期效果。

附："四有"课堂专题报道　小学部"华山论剑"，体艺综"巅峰对决"

——记小学部"四有"课堂教学研讨校级公开课（综合专场）

文字：文红梅　供稿：小学部　图片：肖晓敏，王琳　时间：2015-12-08

每学期小学部开展的"四有（有序、有趣、有法、有效）"课堂教学研讨校级公开课总是令人充满期待，继语文、数学、英语的专场展示之后，本学期综合组的校级公开课拉开帷幕。本次赛课学科众多，涵盖了外校小学部体育组、艺术组、综合组极具特色的体育、体特、武术、音乐、舞蹈、美术、品心、科学、电脑 9 个科目。赛课教师阵容强大，有入职才几年的 90 后新人，有经验丰富且教龄 20 余年的老教师。这次校级赛课，旨在日常教学研讨的基础上，通过校级研讨课的展评，对综合、艺术、体育各备课组的教研情况进行展示和总结，以此推动备课组的建设、生本"四有"课堂的探索及各种课型的研究，突出我校自行研发的校本课程的特色，落实学校"轻负荷，高质量"的办学理念。按照"上课—课后反思"的程序，赛课教师在一个班进行现场教学，再进行不超过 5 分钟的课后反思发言，校领导和各教研组长担任评委，小学部各学科教师前往听课。12 月 1 日—12 月 3 日，每天上午第一节课和晚自习时间，小学部这场精彩的教学研讨开始"华山论剑"，体育、艺术、综合三个教研组派出的 9 大高手"巅峰对决"！

9 位赛课教师的课堂精彩纷呈。

许璋国老师：体育课——交换脚跳绳

教师注重对学生学习兴趣的激发，通过配乐的教学手段来提高学生学习交换脚跳绳的兴趣，掌握交换脚跳绳的技巧。许老师注重对学生学习方式的引导和学习能力的培养，通过合理的教学设计、体育器材的恰当使用，引导学生自主练习、合作学习，提升学生的学习能力。他有效地解决了学生学习交换脚跳绳的重难点，导入的跳垫练习让学生体验交换脚的动作方法。他运用老虎和兔子的例子对交换脚的动作技巧进行讲解，形象地介绍了主动抬脚和被动抬脚的动作技巧，纠正了学生易犯错误动作。学生在体育课堂中快乐学习，学有所得，真正体验运动的快乐，养成运动的习惯。

俞漾老师：体特课——双手胸前投篮

俞老师这节课以人手一个篮球贯串课堂，使90％的学生初步掌握双手胸前投篮的技术动作。课堂结构完整，衔接紧凑，由易到难。以"蛇形跑"以及球操来代替以往传统的慢跑热身以及徒手操的练习，新颖、有趣，充分调动学生学习的积极性和主动性，既热了身，也让学生了解了篮球场地的构造。球操和各种运球练习使学生的各关节韧带得到充分拉伸，并且提高了学生的控球能力。在技能学习阶段，俞老师关注学生的个体差异，区别对待，分层教学。游戏"过山洞"，要求学生在比赛中相互配合、鼓励，团结协作，培养学生之间的团队精神。行之有效的教学设计使每一个学生在愉快而轻松的氛围中完成学习任务，真正做到了"不让一个学生掉队"。

王天雄老师：武术课——少年规定拳之前扫腿

王老师坚持以我校"一专多能"的体育课程体系为引领，整节课突出了学生"主导主练"的作用，将教师的教与学生的学相互融合，使90％以上的学生正确掌握前扫腿的动作方法。王老师处处体现出项目特点和项目要求，激发学生的训练激情，形成了良好的课堂训练氛围。在教学活动中，王老师注意自己角色的转换与控制，在启发与示范后，能够把足够的时间留给学生，让学生自己实践、展示自己。王老师通过大家熟知的"大白"来做引导，特别注重学生习武练习的氛围设置和内在的成功体验，学生在玩中学，学中练，练中会，会中得，真正体验武术这个运动项目带来的快乐。

杨晨薇老师：美术课——节日的餐桌

这是一节有趣的美术课，杨老师指导学生运用造型元素，绘制"形美、色美"的中国菜肴。"厨王争霸"这一情境给学生设置了有序竞争的活动背景，尤其是当孩子们戴上老师发给的厨师帽专心制作"菜肴"时的认真表情，使每一个在场的老师有置身"厨王争霸"赛现场的感觉。杨老师准备了丰富的图片、精美的道具、动感的配乐、暗藏玄机的裙子，自己制作的微课视频更是让大家眼前一亮。杨老师运用故事导入、闯关游戏、展示评价等活动，引导学生了解中国饮食文化，认识美食讲究的"形与色"，在想象中体会生活的美好。

胡英老师：音乐课——快乐的啰嗦

胡老师这节课针对学生的特点，运用了看、划、唱、奏、比、赏、听、跳等多种手段，充分调动孩子的手、眼、口、心，让孩子们在多种音乐体验中主动地思考和学习，欣赏和学唱彝族传统歌曲《快乐的啰嗦》。整个过程中，她运用多种手段，指导学生用小钟锤敲奏乐曲的二声部，教学由浅入深，逐级展开，逐步理解歌曲和掌握相关音乐知识和技能，从而实现隐性的教学目标，最后学生小组合作，以各自擅长的方式创编并表演了《快乐的啰嗦》，感受彝族的音乐文化，并充分感受民族音乐带来的愉悦。

　　陈晓畅老师：舞蹈课——啦啦操舞"加油！加油！"

　　这节热情洋溢、动感十足的舞蹈课融舞蹈、体操、音乐、健身、娱乐于一体。陈老师运用了"以生为本，先学后教"的教学理念，在轻松愉悦的氛围中呈现出舞蹈课堂从简单到复杂、从单一动作到流动组合的完整教学过程。整节课条理清晰，陈老师在重点环节里运用了生生互学、小组合作的方法，很好地展示了学生的自主学习能力。在锻炼身体素质、提高表演能力的同时培养了学生的团队合作精神。在最后的综合表演训练中，学生将肢体动作、队形变换、花球运用、口号配合完美地结合在一起，将本节课推向了高潮。

马睿老师：科学课——声音的变化

马老师的这节科学课紧紧围绕音量、音色、音调等主要科学概念，组织一系列的探究活动，实现了科学概念和探究技能的协调发展。教学活动设计巧妙，马老师引导学生拍击桌面，闭眼倾听，亲手弹奏钢琴、吉他、小钟琴、葫芦丝等多种乐器，以探究式学习为主要的学习方式，让学生亲身经历科学探究活动来学习科学知识，促进科学态度的发展。马老师整合教材，添加了新内容，回避了"振动幅度"和"振动频率"等学生难以理解的概念，使学生形成清晰而完整的科学概念。马老师授课语言幽默，金句迭出，课堂上笑声、掌声不断。

张骅老师：品心课——神奇的东方树叶——茶

在校本课程"成"教育指导的理念下，品心课尝试开发中国传统文化主题探索活动课程，这对教师的文化功底及课程资源的深度开发均有很高的要求。这节品心课突出了近年来小学部品心校本课程对主题课程的精心研发，展示中国传统文化主题探索活动之一的"茶文化"篇。课堂活动中，张老师与学生悠然地讲述茶的故事，感受祖国茶文化的博大精深，学生们行云流水般的茶艺表演成为课堂上瞩目的焦点。这节课已不仅仅是一节汇报课，它将成为"成"教育课堂一个更高的起点。坐下来，慢慢地品一杯茶，品味曼妙的人生！

林文琪老师：电脑课——选定与移动图像

本课要求学生掌握在电脑上"选定"和"任意形状裁剪"工具的使用等信息技术，操作环节多，素材要求大，对教师的系统教学提出了较高的要求。在教学过程中，林老师从复杂的内容中整理出了清晰的教学思路，一条贯串始终的主线将整个教学过程连为一体，将教学内容与大家都相当熟悉的搬家联系起来并作为背景。学生围绕搬家的主题，与生活实际紧密联系。林老师并没有刻意地去进行任何知识的讲授，而是让学生先尝试，再和他们共同探索来进行知识的传授。学生不仅学会了用最简单的方法解决实际问题，更在完成教学任务的过程中培养了互助品质和集体荣誉感。

这9节课生动、有趣、好玩、实用，虽然科目不同，教学内容不同，但是老师们设计时遵循的理念、操作时运用的方式是一致的——那就是践行学校"轻负荷，高质量"的教育教学理念，整合教学资源，既夯实基础，传授知识，更注重培养能力，提高全面素养。课堂中时时处处体现"生本"的理念，老师们研发了许多有利于学生主动发展的新课型和新课程，凸显学生学习过程中的发现、探索、研究等认识活动，把学生学习的过程变为发现问题、解决问题、生成知识、培养能力的过程。

　　这些可喜的教学成果都源自我们学校"为学生终身发展负责""轻负荷，高质量"的办学理念。近年来，小学部以"五课一评"（课堂、课型、课程、课时、课题、评价）为导向，全面推进各项教学改革。沿着"国家课程校本化，校本课程特色化，资源课程整合化"的思路进行课程建设，各学科按照"基础＋特色"的思路，以学科本质为核心，逐步构建"生本教育"理念下的外校特色的课程体系：语文——单元整合，模块推进，"读"树一帜的语文课程体系；数学——主题专题拓展，有"研"相伴的数学课程体系；英语——基于单元整体文本再构，"1＋X"的英语课程体系；体育——围绕"循序渐进、基础扎实、特色明显"的目标，形成"一专多能"的体育课程体系；艺术——课堂教学与校园活动结合、个体培训与团队训练结合、校内教师指导和校外聘请专家结合等多种方式的"一主多辅"的艺术课程体系；科学——以培养科学素养为宗旨，以丰富多彩的科学活动为载体（小发明、小制作、小论文，种植、养殖，车辆模型、航空模型、航海模型、建筑模型）的科学启蒙课程体系；思品——将思品、心理健康、诚信教育、综合实践活动、公民教育等学科全面整合，构建"成"（成长，成人，成才）教育理念下的综合学科课程体系。

　　各学科校本教材的研发编撰也在进行中：语文——《天鹅湖畔，童心书屋》《草头格书法教材》；数学——《有"研"在先》；英语——《文本再构》；艺术——《国画》《实用设计》《舞蹈校本教材汇编》；科学——《种植与养殖》；思品——《身边的事件》；体育——《武术校本教材汇编》；电脑——《广外外校小学部电脑学科教学内容纲要》。有些已经进入课堂开始使用，收到了良好的效果。

　　在如此丰富全面的课程框架下，各个教研组设立了独具特色的学科活动，每年小学部都有校园五大节——读书节、英语节、体育节、科技节、艺术节。体特课程架构有乒乓球、篮球、足球、毽球、羽毛球系列；艺术组将葫芦丝、小钟琴等小乐器引入课堂；更引进了一些成熟的校外培训，如"阳光喔"作文培训、网球、轮滑、小牛顿、最强大脑、航模、声乐、舞蹈、器乐、棋类、书法、语言、手工……深受学生和家长的欢迎。

　　小学部的"四有"课堂教学研讨校级公开课活动结束了，它是我们日常教学工作有效的新探索，更为教师的教研教改工作吹响了号角，指引了方向。外校的课改正行进在大路上，让我们继续前行，做本真教育，做幸福外校人！

三、从"乐学"到"高效"

(一)"乐学·高效"课堂的缘起与背景

大凡教育改革都有两个相同的起点:一是价值观的改变;二是思维的改变。纵观广外外校小学部的课堂变革之路,我们看到了这块主阵地所承载的广外人对教育教学改革的坚守和追求:从"师本课堂"走向"生本课堂",我们改变的是教师的观念,让老师们明白课堂最终是学生的舞台。在改变教师价值观的同时我们一起建立了"生本·生成"课堂的范式,在用"范式"引导教师做出改变的同时,最终统一了价值观。从"生本·生成"课堂走向"四有"(有序、有趣、有法、有效)课堂,我们经历的是超越某种既定的范式而走向更个性化的过程,因为对于已经从"统一价值观"走向"践行方法论"的成熟教师来说,"无模之模乃为至模"。从"四有"课堂再到"乐学·高效"的思维进阶课堂,需要用科学的方法去搭建"高效"课堂的四个系统,这是由经验提升走向科学研究的过程,这一次需要我们做出思维的改变。首先是教师思维方式的改变,然后才是学生思维系统的培养。为什么广外外校再次向"课堂主阵地"吹响"革命的号角"?

第一,未来社会人才发展的需要。物理学家玻姆曾经说过:世界上所有的问题,都是思维的问题。对于未来,随着社会形态发生的变化(信息社会向思想社会发展),未来的人才在具备深厚知识的同时,更要了解和认同知识背后所蕴含的情感、态度和价值观,从而成为有着高级社会性情感、勇于担当的未来社会的主人。我们的教育目标不应该单单定位于"促进劳动力"的成长,更要探讨作为"未来的社会形象"应该有的素质要求。"核心素养"勾勒出了新时代新型人才的形象,规约着学校教育的方向、内容和方法,导引我们在学校的课程和教学中,不仅要有基础的基本的知识习得,更要有借助知识技能去运用和培育学生的思考力、判断力和表达力的"高阶目标"。如果我们的日常教育教学由学生外在的如学习习惯、学习状态、学习过程、学习效果等表象测量,再充分深入到如人的大脑、思维、心理、情绪等微观层面的关注和研究,就说明我们的教学真正从"经验"走向"科学",我们的课堂才能真正走向高效。

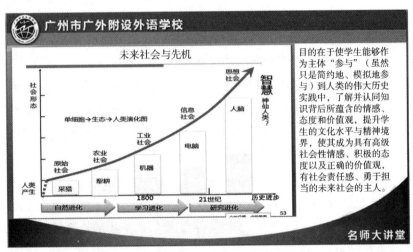

第二，学校发展的需要。新时代新征程，中国基础教育在全面贯彻党的教育方针、落实立德树人任务的前提下，已经进入内涵发展、高质量发展的新阶段。随着国家对民办学校的进一步规范化，将来对各学校的"规定动作"也会越来越多，在"自选动作"的空间越来越有限的情况下，我们更要把质量提升的主阵地放在课堂上，让课堂的小宇宙充分爆发，才能产生巨大的能量。日本教育家佐藤学写过一本书《静悄悄的革命》，佐藤学 20 年来观摩数不清的教室，发现教育教学的变革正是从一间间教室开始的。他及其深刻地指出"这场静悄悄的革命是从一个个教室里萌生出来的，是根植于下层的民主主义的、以学校和社区为基地而进行的革命，是支持每个学生的多元化个性的革命，是促进教师的自主性和创造性的革命"。因为教学实践是一种文化，所以这是一场文化的革命。佐藤学在保证每年听上千节课的基础上，通过科学理论、系统研究，提出了"课堂改变，孩子才会改变，学校才会改变"的观点。这一点和我们广外外校的发展理念是非常吻合的，我校在《广外外校发展教育模式》纲要中提出"以教师发展为前提，以学生发展为目的，以学校发展为保障"的三位一体发展模式。小学部多年来坚持教师的"两翼"发展模式，也就是我们经常说的"着眼于课程，聚焦在课堂"，以教师发展促进学生发展，继而带动学部的发展（如下图所示）。

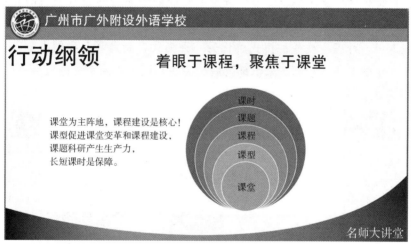

(二)"乐学·高效"课堂理论建模的历史密码

关于教学模式,国内外大多的方法是以归纳为主,从"个别经验"上升到可以推广的"普遍模式"。这样的模式操作性强、易于应用,我们称之为"实践模式"。还有一种是从理论出发,通过探索性演绎和探索性归纳得出的教学模式,我们称之为"理论模式"。

比较中外教育史,我国古代教育家孔子是"乐学"的创始者。子曰:"学而时习之,不亦说乎?有朋自远方来,不亦乐乎?人不知而不愠,不亦君子乎?"孔子强调温故知新的快乐、与朋友交流的快乐。为什么要"乐学"?"知之者不如好之者,好之者不如乐之者","知之""好之""乐之"是学习的三重境界，而"乐之"为最高境界。

怎样乐学呢？"知者乐水，仁者乐山；知者动，仁者静；知者乐，仁者寿。""乐学"不仅仅面向书本，更要"乐水，乐山"，在向大自然、向生活"乐学"的过程中，"审美"当为"乐学"之法。同时，阐述"静能生慧"的法则，在享受"动静皆宜"的乐趣时，"思维的乐趣"当为"乐学"的最高境界。

只有乐学才能高效，学生乐学与教师乐教相辅相成，"乐学"和"乐教"与成功、审美、分析、创造密不可分。这就是我们提出"乐学·高效"思维进阶课堂的理论背景所在。

(三)"乐学·高效"课堂的四个系统建设

我们提出"乐学·高效"思维进阶课堂的四个系统建设（教材的知识系统、学科的素养系统、教师的策略系统、学生的思维系统），绝对不是用一种理论战胜另一种理论或一种模式替代另一种模式，而是基于我们小学部十几年课堂改革的沉淀，根据未来学部发展的需要，经过长期系统的思考"内生"而成的课堂研究方向。

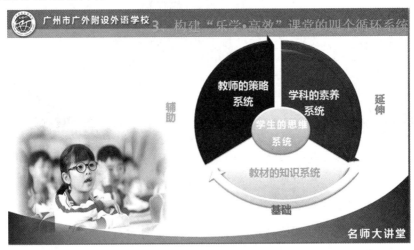

1. 教材的知识系统

任何教材的编写都有自己的逻辑体系，尤其是新编语文教材相较于以前人教版教材，其知识点、能力训练点更为系统。作为教师，我们要纵观1—6年级所有教材，向下既要关注幼小衔接，向上也要关注中考和高考的改革方向，还要尊重学生的认知特点，把握本学段知识前后间的联系，从学生的实际出发,遵循知识由浅到深、由易到难的发展规律,引导学生循序渐进地学习。

2. 学科的素养系统

学科素养是承接国家中小学生发展核心素养指标下的,通过学生学科学习之后逐步形成的正确价值观念、必备品格和关键能力。核心素养和学科素养之间的关系是全局与局部、共性与特性、抽象与具象的关系,学科不同,每门学科凝练的核心素养也不相同。但是,我们在思考学科素养的时候,一定要关注学科素养的独特性、层级性与学科性三个视点的交集,否则会陷入"割裂的""碎片的"的陷阱。早在 2014 年,我们小学部语文学科就凝练成"读"(朗读、阅读)、"讲"(复述、演讲)、"写"(书写、写作)、积(积累、积淀)、记(识记、记录)、查(信息的检索与筛查)六大核心素养指标,分别对应语文学习的语感、情感价值、过程方法、习惯养成等关键能力和必备品格(如下图所示)。

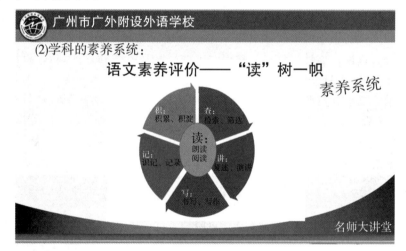

3. 教师的策略系统

我们这里所讲的"策略"就是教师为达到教学目标所实行的系统的方法论,小学部在方法上已经积累了很多的"金点子"。例如,语文组低段高效识字的原则、方法、口令,高段的"语文七课型学习策略",数学组"课前小研究"系列及"创意出题环节",英语组的绘本阅读实施步骤,等等。如何将这些已经经过实践验证的值得推广的经验和做法再进行系统化的整理、科学化的演进、效率化的检测,是我们"教师的策略系统"发展的方向。

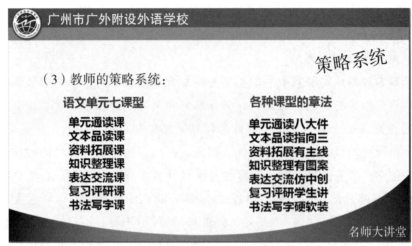

4. 学生的思维系统

"教育就是叫人去思维"。思维是人脑对客观事物本质和事物内在关系的规律性概念和间接反应。思维是意识向能力转化的关键，也是智力的核心部分。但是思维是个隐秘而复杂的系统，中国工程院院士钱旭红教授有个核心观点，即人类的思维需要从经典思维走向量子思维。经典思维的特性是"分界、部分、机械、惯性、划一、精确、定域、割裂、被动、计划"，思维方式是"非此即彼"。量子思维的境界则是"无界、整体、灵活、多向、差异、可能、联系、互动、莫测"。根据布鲁姆的弟子安德森修订的新版教育目标分类"塔图"来看，起始的记忆、理解、运用属于"低阶思维"范畴，而后的分析、评价、创造属于"高阶思维"能力。这个金字塔告诉我们："低阶思维"与"高阶思维"不是二元对立，而是发展和转化的关系（如下图所示）。

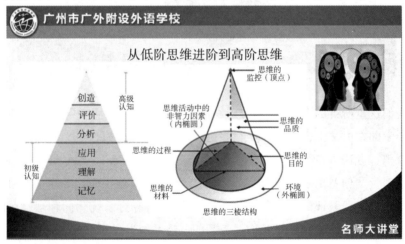

思维不能像知识那样直接教授，但可以通过氛围的营造和策略手段来激发，比如要让孩子善于发问，教师的提问角度很关键。在语文课上，我们提出教师要设计具有"生长点的问题"。什么叫作"有生长点的问题"？举例来说，有教师在上《钓鱼的启示》一课时一连串向学生提出了五个问题：父子俩在什么时间钓到的鱼？父子俩围绕放不放鱼进行了怎样的对话？后来那条鱼放了吗？你认为谁的话有道理？钓鱼的启示是什么？上述问题除了第四问稍微有点儿"思考"的价值，其余几个问题琐碎而且没有任何思考的价值，都是学生直接能够在文本中即刻找到答案的。针对这种情况，我们把五个问题合并成一个具有"生长点"的问题：你认为这条鲈鱼该不该放？为什么？请结合文本内容，遵循作者的思路，联系自己的生活认知和实际来回答。像这样指向文本内容、指向作者情感线索、指向读者生活实际的问题被称为"有生长点的问题"。

（四）"乐学·高效"课堂的有效落实

这次"乐学·高效"思维进阶课堂属于"理论模式"建构，那么在操作层面如何落实到位？在小学部的总体思路下，教学处在实践落实层面提出两条思路：

1. 在课程顶层设计的引领下，尝试做基于学科核心素养的课程重构。

课程重构是学科的素养系统的第一个支撑体系。做深度课堂改革，为什么先要做课程重构？第一，学校课程体系是学校新的核心竞争力。第二，我们的小学部发展到今天已经经过了资源积累阶段，现在到了系统化的梳理和提升阶段：由"点"到"线"到"面"再到"体"。第三，我们把学习内容进行最优化，也是为了践行我校"轻负荷，高质量"的办学理念。

那么，课程重构"构"什么？一定要在课程顶层设计的框架下，尝试做基于学科核心素养的课程重构。课程重构具体怎么做？我们已经有了完整的"攀登"课程体系。在此框架下，我们的思路聚焦在"完善"课程结构和内容上面。第一，教材整合。以单元或知识模块为单位，将现有的国家教材、校本教材、其他各类学习资源，进行序列化及系统化的梳理，使学习内容达到最优化。第二，学案编写。如将课前小研究、课中小研究、前置性学习、课后拓展及课外阅读等内容，编撰成册，形成以生为本的便于学生学习的学习指引。

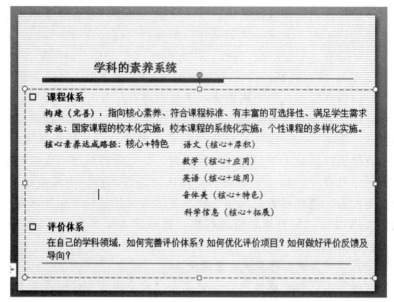

学科的核心素养系统的第二个支撑是学科评价体系。课程是学科核心素养落地的主要载体，而评价需要为这个载体的落地把脉导航。例如，我们会把"乐学·高效"课堂的几个数据作为评价的依据之一：课堂上60％的时间还给学生；80％的作业在学校有效地完成；90％的学生习有所得。我们同时对备课组、教研组的日常管理系统进行观察和评价。

（1）如何在教师的常态课、教研组的公开课中，落实"乐学·高效"课堂的理念及关注课堂的"四种意识"？（备课先行）

（2）教研组和备课组如何要心中有理念，手中有方法？（要有具体措施）

（3）各教研组及备课组有没有有针对性地研讨一些主题？如：教学目标的准确表述、课堂互动的深度开展、课堂问题的有效设计等。

2. 建设基于学科核心素养发展的学生深度学习课堂，培养学生的高阶思维。

什么是课堂的深度学习？我们认为在理解学习的基础上，学习者能够批判地学习新的思想和事实，把它们融入原有的认知结构中，与已有的知识进行联系、迁移，并做出决策和解决问题的学习就是深度学习。深度学习的课堂意味着：理解和批判、联系和构建、迁移与运用。深度学习"深"在哪里？大家注意，并不是知识的艰深，而是深在系统结构、深在教学规律、深在自主操作、深在深度互动、深在情感体验……深度学习是落实学科核心素养的基本途径，是课堂改革走向深入的基本途径，也是培养学生高阶思维的基本途径。

在接下来的课堂评价中，我们同样会观察高阶思维课堂的培养途径：是否设计出学生可以深度参与的学习活动？学生的学习任务情境是否与生活相联系以引起情感体验和共鸣？课堂问题的开放度、问题的探究性、知识的联系度如何？课堂上如何让学生隐性的思维外显化（如：学生的自主表达、学生的质疑辩论、教师的追问引导……）？

对于备课组和教研组的管理评价着眼于：

（1）各教研组、备课组是否找到适合自己学科的切入点和研究深度学习课堂的教学策略？

（2）深度学习与教师专业化发展相结合，即结合教育教学的具体实践，开展"项目"或"课题"研究了吗？

（3）深度学习与信息技术和现代化手段的结合怎么样？如对智慧课堂研究、跨项目学习研究如何？

在谈到教学管理体系时，刘主任尤其强调：在校本教研中，业务不等于事务（业务≠事务），因为教研组和备课组是开展课程建设、深化教学改革、进行教学研究、促进学科和学生发展的重要组织。

例如，英语组推出的"研究型集体备课"操作流程，即每个单元从集体备课走向个性化备课的流程是固定的，每个单元模块从单元目标到单课目标的演化都是层层递进的，这是小学部英语组单元集体备课的流程图：

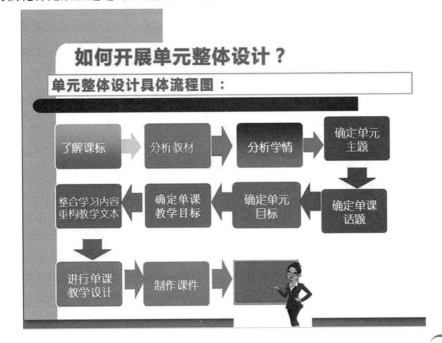

英语教研组以"课型"推进课程建设,为了保证"一阵多型"英语课堂的时效性,他们对每一个课时内容做了精确的预设,做到"定时间""定主题""定流程""定效果反馈"。例如一、二年级的语音课安排如下:

一年级:

班级	课程与节数	班级	课程与节数
1班	周一第五节语音课	8班	周二第五节语音课
2班	周四第四节语音课	9班	周二第六节语音课
3班	周二第四节语音课	10班	周一第六节语音课
4班	周四第七节语音课	11班	周二第四节语音课
5班	周二第五节语音课	12班	周四第六节语音课
6班	周四第三节语音课	13班	周二第六节语音课
7班	周一第五节语音课		

二年级:

班级	课程与节数	班级	课程与节数
1班	周三第三节语音课	8班	周四第六节语音课
2班	周一第六节语音课	9班	周一第六节语音课
3班	周二第七节语音课	10班	周二第七节语音课
4班	周四第六节语音课	11班	周三第四节语音课
5班	周一第七节语音课	12班	周一第七节语音课
6班	周二第五节语音课	13班	周一第二节语音课
7班	周四第七节语音课	14班	周二第五节语音课

再如三年级的特色课分别精确到每周的每节课,保证了特色课的有效开设:

三年级:

班级	课程与节数	班级	课程与节数
1班	周三第三节语音绘本 周四第七节报刊文专	8班	周一第六节语音绘本 周四第六节报刊文专
2班	周二第六节语音绘本 周四第六节报刊文专	9班	周二第七节语音绘本 周一第七节报刊文专

续　表

班级	课程与节数	班级	课程与节数
3班	周二第五节语音绘本 周四第七节报刊文专	10班	周四第七节语音绘本 周五第一节报刊文专
4班	周一第三节语音绘本 周三第三节报刊文专	11班	周一第五节语音绘本 周四第三节报刊文专
5班	周二第五节语音绘本 周四第三节报刊文专	12班	周二第七节语音绘本 周四第四节报刊文专
6班	周二第六节语音绘本 周四第七节报刊文专	13班	周二第七节语音绘本 周五第三节报刊文专
7班	周一第七节语音绘本 周二第七节报刊文专		

案例一　四年级上学期直播课堂　乐学·高效

——新冠病毒肺炎疫情环境下小学数学在线直播课堂"乐学·高效"方法的研究

广州市广外附设外语学校　陈其升

当教师的教育不得法时，学生是"无帆的船"；当教师的教育得法时，学生就是"鼓满风帆的船"。学生是一艘怎样的"船"，关键在于教师的教育手段和教学艺术。

课题背景

2020年2月伊始，新冠病毒席卷全球，"停课不停学"的线上学习模式成为广大教师的新课题。据中国互联网络信息中心统计，中国在线教育用户规模最多时达4.23亿。作为一线教师的我们，是迎难而上，推陈出新，大胆尝试新平台，还是故步自封，引导学生跟着电视、网络学习？我毫不犹豫地选择了前者，因为我与备课组的同事们对比发现：无论是江西省中小学在线教学课堂，还是北京市中小学在线课堂，抑或是广州市教育局主办的托底课程——"广州电视课堂"，虽然都是同步教学、名师执教、科学而有规划，但是这些教学面对的是各级各类学校，包括西部偏远地区的学生，师生之间无法实现交流互动，学生被动地参与学习，机械地抄抄写写，知其然不知其所以然，教师对学生的学习情况无法把握，学生遇到的问题没有途径解决，学生很容易分神且沉溺于网络。如何在居家学习期间高效地完成教学任务，用好直播平台，让学生成为"鼓满风帆的船"，达成"乐学·高效"的课堂教学呢？我和我的同事们在摸索着。

课题理解

乐学：指乐在其中的一种学习境界。学习有三种不同的境界：知道—喜欢—乐在其中。

高效：指在相同或更短时间里完成比其他人更多的任务，而且质量与其他人一样或更好。

高效课堂的特征：生动性、主动性、生成性。主动性是学习状态，会激发潜能，乐在其中，提高效率，生成能力；生动性是追求课堂的情感价值，突出"学乐"与"乐学"，学习如饮甘露琼浆，变"怕上课"为"怕下课"；生成性要求课堂要激发学生变各种"句号""感叹号"为"问号"，追求"主体多元"，鼓励不同个性的学习见解，让思维激荡思维，让思想冲撞思想，让方法启迪方法。课堂的智慧、高潮、价值观尽在不可预设的"现场生成"上。

我所了解的线上直播教学有三个平台：企业微信、腾讯课堂、钉钉。企业微信的表现形式丰富，互动性、实时性强，省去了下载 App 的麻烦，可以实现全球同步直播，但是其传播性只有一次，微信直播功能需要更完善；腾讯课堂可以在群里开播，学生加入很方便，网课功能最全，但是延时长，尤其是人多的时候，每次上课需要一个一个进会议，没有群管理、文件分享等功能；钉钉教学可以钉钉直播和钉钉视频会议，其中的钉钉直播多人参与，共享屏幕，自动录制直播视频，对网速的要求稍低，如果学生请假了，还可以观看回放，唯一的不足是教师只能看到连麦成功的学生，看不到其他在线学生的表现，不利于师生互动。

为了使每一节课都成为高效的课堂，让每一个居家学习的孩子通过钉钉爱上学习，让每一节课更有价值，我总结出以下经验，与大家分享。

课题实施

一、好课必从磨砺出

磨平台

没有了三尺讲台，没有了粉灰飞扬，没有了熟悉的黑板，我的面前只有电脑和鼠标，选择一个适合教者本人以及学生学习的平台很重要。这个平台还要方便家长加入并进行后期的监管，钉钉无疑是最佳的选择，但是要想熟悉钉钉的操作流程，还需要花费时间去琢磨和钻研，我就一边用一边学。第一次课后，我发现在 PPT 里写的板书效果差，写出来的字也不美观，我赶紧购买了 Wacom 手写板，果然书写的板书工整规范、清爽漂亮。经过三个月的摸索学习，如今钉钉直播已经陪伴我和孩子们上了近 60 节课，我和孩子们越用越熟练，甚至对钉钉产生了依赖。有一天我参加学校组织的核酸检测，停上了一节钉钉课，王彬同学说："钉钉直播请假了，好遗憾。"

砺细节

在线课堂需要师生隔着屏幕进行思想交流和思维碰撞，这对教师的备课、课堂教学设计以及教师对学生学习的掌控等都是全新的挑战。为了细化每一个环节，我利用视频沟通和软件中的共享功能实现了学习文件、白板、连麦、信息、手写板以及教学幻灯片的演示，将两个班级共81名同学进行分组，选出小组长，实现小组合作学习，互相比拼，鼓励每一名同学积极参与。我尽量每节课多请同学们进行连麦，把更多的机会给没有连过麦的同学，多一些耐心，多一些引导，保证每一个孩子都能被牢牢地吸引，积极地参与。

在线课堂需要学生有很强的自制力，为此，我特地设计了一节"慎独"教育课：疫情宅家，爸爸妈妈需要工作，很多孩子就一个人在家学习，老师相信大家一定能更严格要求自己，战胜自己，"慎独"努力，不负韶华，做最优秀的自己！同时我告诉孩子们：学习是一件自觉寻求快乐的事情，是提升自我、获得肯定的过程，其乐无比。

我还特地设计了一套"过五关斩六将"的专项思维训练题，这套题层次性强，富有趣味性，激发了学生参与的热情。过了"五关"的同学，获得了父母准备的礼物，姓名被清晰地书写在班级群公告栏里，他们学习数学的劲头更足了。

在线学习更需要家长的支持与配合。开课前，我先召开在线家长会，明确我们的学习内容和需要家长配合的要点，欢迎家长和孩子在线一起学习，并要求孩子在线学习的时候，家长做到"四不要"：不大声打电话，上网、看电视等不发出大的声音，家庭成员不争吵，对孩子不能听之任之。家长应做到"四要"：要保证家中的网络畅通，要保证孩子睡眠充足，要保证孩子的学习时间，要检查孩子的每一次作业。"三角形的三边'友谊'"这节直播课的在线上课人数达到了108人，其中有27人是家长，他们被孩子们的课堂吸引着，认真地陪伴他们学习。

磨教学内容

以"三角形的内角和"一课为例，这是一节动手操作课，也是一节有趣的数学课，学生对知识和技能目标并不难以理解，但是我认为更重要的是如何通过自主探究与合作交流，使学生经历知识的形成过程，领悟转化思想在解决问题中的应用，探索和研究科学的认识事物的方式：发现问题—猜想—验证—形成结论—解决问题—应用拓展。课前，我要求学生准备三种不同的三角形；课中，我引导学生采用自主探究、动手实践、猜想验证、合作交流的学习方法，多角度探究，组织讨论，适时启发，让教法和学法在"乐学高效"的目标中得以充分体现。

开课伊始，直接导入，我在屏幕上画出三角形，让学生思考什么是三角形的内角、三角形有几个内角、三角形的内角和是多少度。接着让学生猜测内角和是多少度，再追问猜测的依据是什么，鼓励学生寻找方法：量一量每个角的度数，然后加起来，制作成一个表格。但是因为量角有误差，最后计算出内角和是 180 度的同学相当少，有的算出 170 多度，有的算出 180 多度。我继续追问：三角形的内角和到底是多少度呢？还有别的方法探究吗？这时有的同学拿起了课前准备的三角形，用撕一撕的方法，拼成了一个平角，还有的同学用折一折的方法，把三个角折到一起拼成了一个平角。我让学生一一展示、分享自己的发现，并进行学法命名（以学生的姓来命名）——陈法、李法、张法，潜移默化地向学生渗透了"转化"的思想。动手实践、自主探究成为学生学习的重要方式。在总结环节，我有意识地培养学生的推理能力和逻辑思维能力，一次次的连麦增强了学生的语言表达能力，学生的喜悦之情无以言表。

二、此处无"生"胜有"生"

我与同学们约定每天早上 9：50 分开始口算 20 道题、班级之间进行口算均分比赛，学生在"一起学"平台上提交口算后，我就立即可以看到学生的错题、得分、班级均分等。我会表扬当天获得口算满分的同学，连续 5 天满分的同学获得家长颁发的小礼物。9：55 分开始新授课，我很注重课中联络，消息栏发信息、打卡、随机连麦、提问等变换着花样，课中练习完成的同学在消息栏打"1"，每道题讲评后正确的在消息栏打"OK"，老师点名连麦的同学如果连续三次点名未连麦，课后我会和家长、孩子进行沟通来了解情况。在班级群设置纪律委员，监督在消息栏发表情过多的同学；课代表管理纪律，对迟到、早退的同学进行记录。

充分利用作业、学习圈、工作通知等与学生沟通。我在每节钉钉课后会布置几分钟的课堂练习，学生完成后拍摄照片上传到"提交作业"处，我利用下午的时间一一进行批阅、反馈、订正，根据学生的答题情况设计第二天的教学内容。不会的同学可以在群里发问，我都会提供每节课的延时指导。

充分利用语音功能答题。我在钉钉授课时，发现连麦虽好但耗费时间，并且很考验学生家中的网络情况。我要求同学们一起用语音回答，这样既可以保证是学生自己独立思考的，又节约了时间。另外，语音回答还有一个好处是直接转换成文字，不用听就可以知道学生回答得对不对。

及时反馈当日信息。每一节钉钉课后，系统都会进行自动录播、链接分享、直播数据下载等，其中系统会生成学生参加学习时长和是否参与的数据，我都会及时向家长反映问题，并及时解决。对于没有上课的同学以及上课迟到或者早退的同学与其家长电话联系，询问原因；对于属于网络"卡""退"的问题，建议家长及时沟通网络公司，确保网络畅通。如果有学生生病、有事请假等原因不能上课，钉钉有自动录播、收看回放的功能，并且学生是否收看回放，我都可以通过后台看得一清二楚。

直播的第一节课，我们有将近半数的学生学习时长不够，而最后一节"小数加减的整理和复习"一课，全体同学全部参与，无一人迟到或早退。孩子们"亲其师，信其道"，通过网络，爱上了数学，养成了良好的学习习惯。

虽然我和孩子们隔着网络，但无"生"胜有"生"，有效地落实了教学任务，孩子们也学得轻松快乐！

三、春风化雨润无声

以下是几个典型的案例：

小策同学的父母是开公司的，受疫情影响，工厂招不到工人，夫妻二人不得不走上了工厂的流水线，只留下孩子一人居家学习。小策在上钉钉直播课的时候，刷起了抖音，导致视力下降，连麦连不到，课后作业做得一塌糊涂，随意乱写。我发现后及时和他的父母联系，找到了问题的症结，帮助小策改正了缺点。

小溪同学在微信里建起了群聊，拉了几个同学一起聊天，一边抄袭作业，一边聊一些私密的话题。我们在班级群里及时进行讨论：私下建群的益处和害处？小溪同学及时醒悟，解散了群聊，更加专注地投入直播学习。

小林、小龙等同学在校学习基础比较弱，父母也很着急，担心考不上中学。居家学习后，我及时和家长沟通，鼓励他们抓住这次居家学习的机会，请家长们用无微不至的陪伴、认真细致的指导帮助孩子进步。一段时间后，他俩做作业认真了，学会审题了，敢于连麦回答问题了，老师在课上的肯定与表扬让他们拥有了信心。

塞翁失马焉知非福，疫情肆虐，我们不得不居家学习。疫情遇上了钉钉，遇上了我们，却不得不低头，阻隔不住我们学习的热情。春风化雨润物无声，一直进步的孩子让老师感到无比的幸福！

四、直播效果任评说

尹少霏同学说："陈老师，谢谢您在钉钉上辛苦地给我们上直播课，在这段学习时间，虽然我们不能近距离接触，但是更要感谢陈老师的辛劳，我们终于可以在学校上课了。我想说，在钉钉上我学到了很多知识，虽然在屏幕上看到的也是我们的老师，但是回到学校才是最好的。感谢老师们辛苦地为我们上课！谢谢！这段时间因为疫情原因我们不能在教室里上课，但是陈老师给我们上网课，我们把知识掌握得更牢固了。但愿疫情远离我们，我们不用再上网课，这三个月确实是我小学生活中最重要的三个月。"

郭鉴谊同学说："三个月以来，我想对钉崽、钉妹、钉三多（他们都是钉钉的吉祥物）：'感谢你们让我们有一个软件上直播！'我想对陈老师说：'陈老师，您三个月以来真的很辛苦！谢谢您！'我还想对居家的我们说：'我们肯定又添了不少病，近视的近视，驼背的驼背，我也得了颈椎病，网上学习真的太累了！'最后，我想说，同学，老师，我们校园见！新冠病毒永远离开我们。"

学生永远是学习的主体，而教师起主导作用。乐学高效的课堂就是要求教师根据学生的身心发展以及学科特点，爱护学生的好奇心，保护他们的求知欲，鼓励学生探索研究，积极参与课堂表达，充分激发他们质疑、释疑问题的意识，关注每一名同学的个体差异和学习需求，积极营造民主、探究、经历学习过程的学习方式。只有这样，我们的课堂才称得上"乐学·高效"的课堂。

案例二 "乐学·高效"的美术课堂研究

——小学美术课中微课的设计与实践应用

广州市广外附设外语学校　王琳

摘要：随着智慧课堂的兴起和开展，微课作为新的教学手段逐渐被人们认可。美术作为一门视觉艺术，微课的运用更为有效。利用微课打造"乐学·高效"的美术课堂，这也是一线教师需要掌握的教学技能，从而为学生与课堂提供更好的服务。

关键词：乐学高效；微课运用；效果对比

随着时代与科技的飞速发展，网络教学平台和未来智慧教室的逐步普及，新的教学手段和方式早已悄悄打破旧的传统教学模式。作为一线教师，非常有必要掌握这些新的技能，从而为学生与课堂提供更好的服务。

近几年来，"微课"成为教育领域的热词和焦点，几乎出现了"全民微课"的现象。微课的英文为 micro lecture，它提示了微课的两个最基本特征：一是"微"，即短小精练；二是"讲授、讲解"，即其教学的特点。如何利用微课这一新型教学手段来打造"乐学·高效"的美术课堂？经过几年的实践研究，我们发现，美术作为一门视觉艺术，在课堂上运用微课进行教学，能有效地促进教学目标的达成，美术教师在微课的制作上也有得天独厚的优势。目前我们正在使用的美术教材是岭南版本。教材中将课程分为"造型·表现；设计·应用；欣赏·评述；综合·探索"四种类型。当今，基础美术教育已进入了核心时代。美术学科的五大核心素养为：图像识读、美术表现、审美判断、创意实践和文化理解。它们的共性都是通过美术教学活动让学生从中学会欣赏，从而学会表现与运用。

经过两年多的课题研究以及美术课堂上进行微课的实践教学，教师的"教"与学生的"学"都发生了悄悄地改变。

一、教师"教"的方面

1. 微课应用广泛，打造乐学课堂

通过课题研究时阅读大量的文献，课题组教师对微课有了更深更全面的理解，在实际设计制作微课时，有了理论的支持，微课制作更正规化、完善化、日常化。日常教学中，微课的使用频率大大增加，应用场合也更加广泛。微课不仅应用于日常教学，还在课程导入或课后评价环节中辅助教学。

使用前：上公开课时才使用微课。而微课也仅限应用于课堂上教师讲解示范部分。课堂环节传统单一，学生兴趣难以保持。

使用后：随着微课制作水平的提升，微课制作周期缩短。不仅在公开课，在日常课也经常使用微课。使用时也不局限于讲授部分的示范，导入环节的激趣、评价环节的展示，都让课堂变得更加活跃。课堂环节多样化，学生乐学爱学，美术课堂变得更有吸引力。

例如，宫淑琪老师在教授四年级课程"漂亮的挂盘"（造型·表现）一课中，在最初接触微课时，微课在她的理解中只是一种新型的表达方式，在课程设计中为了吸引学生的眼球和提高学生的学习兴趣，她将这节课的微课设计在了导入环节。内容是一个单纯为了吸引眼球而存在的画在挂盘里的定格漫画，这样的设计的确吸睛。但除此之外，对整体的课堂教学却影响甚微。

时隔数年，经过对微课理论的学习研究及实践，当她再一次准备这堂课的时候，她将微课穿插到了整个教学设计之中。微课整体设计以学生熟悉的动画主角作为故事背景，分别在课程导入、课程示范及课堂评价环节做展示。微课整体设计有趣，又不过分喧宾夺主，一切设计都围绕课程的重难点进行。她设计这节课的难点在于要让不同小组的学生运用不同的美术工具和材料（线描、水彩、橡皮泥等）和不同的装饰手法去完成挂盘的装饰。在传统的美术课堂上，一节课要展示这么多样材质装饰的挂盘，几乎是不可能的。因此在示范环节的微课设计中，她最终选择了分镜头同步展示的方式，学生可以在同一画面欣赏四种不同材质的装饰手法。课堂上学生分组制作，学习兴趣浓厚，课堂气氛活跃，教学效果明显。

2. 教师分身有术，满足不同需求

在美术教学中，每个学生的审美能力和绘画水平参差不齐，以往传统教学中教师只能顺应大部分学生的能力来讲解，容易造成学习能力强的学生"吃不饱"，学习能力弱的学生"跟不上"。美术课堂上微课的运用让教学效率有了明显的提升，减少了以往课堂教学形式中教师的重复性讲解，并让教师从中抽离出来。教师在学生作画过程中，可重复播放示范微课，让理解能力弱的孩子跟微课里的老师反复学习，同时教师在教室里巡回辅导，且有更多的精力关注整个课堂，既可引导学习能力强的学生"加餐"，也可为个别有困难的学生"开小灶"，从而帮助更多的学生达成学习目标。

使用前：课堂上的示范讲解只能照顾大多数学生的认知，重复讲解较多，不能进行分层个性化教学。学习能力强的学生"吃不饱"，学习能力弱的学生"跟不上"。

使用后：教师利用多媒体将微课循环播放，分身有术，可以从重复性讲解中抽离出来，会有更多的时间和精力引导学习能力不同的学生，进行个性化辅导教学。不同能力的学生都能得到老师的关注，促进学习能力的提升。

例如，一年级"大嘴巴纸玩偶"（综合·探索）一课总体分为两个环节。第一个环节是制作玩偶头部，需要折一个东南西北。这个部分的折纸在实际操作中对一年级的学生而言是非常复杂的，在以往的传统教学模式中教师需要不断重复示范折纸过程，而由于理解能力及视线限制等主客观原因，动手能力、理解能力弱一些的学生往往都不能独立完成。而另一部分已经成功折出玩偶头部的学生却不得不停下来等待，直到大部分同学都完成折纸再一起进入身体制作的拼接环节。在这样的课堂教学中，理解力和动手力强的学生被迫拖慢脚步，稍差的学生得不到老师的单独辅导，而老师整节课不断在重复，而最后的课堂效果却往往不尽如人意。

加入微课教学之后，前面所述的问题都得到了有效的改善。首先对老师的教学流程而言，只需要在示范环节播放微课时同步细致地讲解一遍完整的制作步骤，在接下来的操作时间可以将微课示范视频循环播放，教师可以走到学生中间单独为个别不会操作或操作有问题的学生单独辅导。对学习能力强的部分学生而言，他们可以通过教师的讲解和微课视频自主完成整个制作，不用再消耗不必要的时间接受重复的知识，节省下来的时间他们可以完成另一个设计不同的玩偶或者成为课堂小助教，帮助其他能力弱的学生。对学习能力弱的学生而言，一方面微课视频循环播放使得他们能不断观看自己不懂的部分，更有针对性地解决自身的问题，另一方面还能得到教师有针对性的个别辅导。

二、学生"学"的方面

美术课堂上，有动画、声音、文字的图像教学比简单的幻灯片教学更能激发学生的学习兴趣，调动他们学习的积极性，无形中增加了美术课堂的趣味性和吸引力。轻松愉快的课堂氛围使学生乐学、爱学，能有效提升课堂学习效率。

1. 规范学生课前准备，养成良好的课堂习惯

对于起始年级来说，这一点尤其重要。对于美术课的要求和规范，可以制作一节微课详细说明。例如，我校从一年级到六年级每学期都要开展一个月的国画校本课程的学习。特别是面对一年级新生，结合我校实际，我们制作了"国画课堂常规"微课，里面包含课前准备、物品摆放、执笔方法、运笔调墨方法、清洗工具的方法。

使用前：上国画的第一周，教师的嗓子都要变哑，特别是在清洗工具时，学生在听一遍讲解之后还不断地提问，教师只能一遍遍提醒、说明。

使用后：教师只要讲解一遍，就无须多言。在课前、课中、课后根据学生情况有针对性地滚动播放微课，有效地解决了授课教师以往的困惑。教师可以在教室里走动，引导学生使用正确的方法作画，并收拾干净相关用具。这样，既提高了课堂效率，教师也轻松很多。这些微课可以分段保存，随机播放。

以此类推，可以制作"美术课堂常规""手工课堂规范""正确的绘画步骤"等微课。一次制作，全校普及，也可避免不同的老师有不同的要求，全校统一，促使学生养成良好的课堂常规及作画习惯。

2. 提高课堂效率，打造高效课堂

作为小学美术教师，在课堂上适当的示范是美术课的重要环节，也是教学重难点突破的关键。特别是"造型·表现""综合·探索"课型，教师的示范是学生学习目标达成的关键。示范过程中，不同课程内容对示范的要求也是不一样的，有的示范只要点到为止，有的示范却要细致入微。

使用前：教师只在黑板或实物投影仪上进行示范。教师示范的区域小，学生受座位和距离的影响不一定能看得很仔细。教师受时间的制约只能局部示范，不能表现完整的过程。

使用后：教师在微课录制过程中可以整体或局部示范，后期又可通过调节速度快放或慢放。示范过程灵活、完整。学生观看时教师可以随时暂停来进行重点讲解或重复播放，有效提升了课堂效率，缩短了教师讲授的时间，延长了学生作画或制作的时间。课堂高效，作业效果好。

例如，一年级上册"我心中的太阳"（造型·表现）这一课中，1分钟的动画微课让学生快速了解太阳的科学属性，教师在微课示范中运用夸张、拟人、点线面等不同的方法来表现不同的太阳。学生课堂作业的效果还是比较明显的。运用微课教学的班级作业构图饱满，对于太阳想象丰富，点线的运用较好，故事性强。采用PPT而没有运用微课教学的班级，虽然也有优秀作业，但课堂作业的完整度和优秀率都远不及使用微课进行教学的班级。

三年级"巧变虚形与实形"（综合·探索）是一节手工课，引导学生利用虚实形剪贴出正负形有趣的画面。我录制的微课示范中有三种不同的制作方法，引导学生进行探究学习。未使用微课的班级，多数学生能完成一种制作方法，少数完成两种制作方法。使用微课后的班级，课堂效率大幅提升，多数学生完成两三种制作方法，甚至还有个别学生有第四种剪贴方法。课堂效果非常明显。

以上这样的实例还有很多，实践证明，微课能有效地提升课堂效率，让教师在课堂上分身有术，打造高效课堂。

3. 开阔学生视野，提高学习兴趣

小学美术课中最难上的就是欣赏课了。由于欣赏课讲授、观察、分析、理解的内容比较多，教师讲得口干舌燥，学生听得昏昏欲睡。因此，很多教师在教学进度中都会缩减"欣赏·评述"课型的欣赏课内容，这种缩减阻碍了通过欣赏名家名作提升学生欣赏水平和审美能力的发展。

使用前：看图欣赏，学生不能直观感受。课本上的图片及课件受清晰度的制约，不能放大。师讲生听，课堂比较沉闷，学生兴趣不高。

使用后：利用网络上名家名画的动画、视频进行讲授。这些动画、视频由专业团队制作，视觉效果好，画风诙谐生动，如动画片一样吸引学生，学生兴趣浓厚，再结合课本上的图片谈感受，学生对名家名作容易记忆，课堂气氛活跃。

如五年级上册"阳光下的世界"这一课中，我在网上找到了对画家莫奈的介绍动画，学生通过有趣的动画介绍，在较短的时间里了解了莫奈的生平、画作及风格特点，记忆深刻，兴趣浓厚。

4. 突破时空，延伸课堂

微课具有"短、小、精"的特点，不仅适合小学生的年龄特点，还可以随时通过网络进行分享，师生可以借助移动设备观看、下载和存储各个知识点。学生不受时间、空间的限制，即使脱离课堂也可以进行学习，学习时间和地点自由、便利。

使用前：课堂上教师的教学是一次性的，由于课堂时间的限制，教师无法针对理解能力弱的学生进行多次讲解。在美术课上，学生的作业很难在课堂或家长面前进行展示，作为非统考学科，教师和家长之间的互动沟通也较少。

使用后：课堂上可针对学生的不同情况进行反复播放，学习能力较弱的学生可利用课余时间反复学习。在日常课中，可随时将学生的课堂作画视频拍摄下来，发送至家长群。同时，将优秀作业制作成动态相册，在课前、课间进行播放，并发送至家长群。学生既能看到自己的优秀作业，也能看到其他同学的优秀作业，这起到了良好的鼓励作用。家长通过视频相册也能看到孩子在学校的表现，师生、家校沟通互动多了，也能有效地促进学生的学习态度和学习兴趣。

例如，校园艺术节活动中，学校举办了涂鸦大赛，不同年级的学生都可以制作涂鸦道具。一年级：手套。二年级：T恤。三年级：扇子。四年级：T恤。五年级：帽子。六年级：T恤。在活动方案出台之后，各年级美术老师根据年级选定的内容制作了相关的微课。学生和家长根据微课利用周末的时间在家进行涂鸦制作，不仅没有占用美术课的时间，还多了一次亲子学习的机会。活动效果突出。

我将制作的学生优秀作业视频在课前或课间播放，学生看到自己的作品非常开心，看到同学的名字还会一起大声读出来，这对学生是非常大的肯定和鼓励。

三、结语

通过在小学美术课堂上微课的设计与实践研究，我们发现微课在小学美术教学中的重要性，它也是打造"乐学·高效"的美术课堂的促进剂。小学美术教师应充分认识到微课的作用，微课作为一种新型的教学模式，它具有使用方便、内容丰富、短小精悍、主题突出等特点。微课通过动画、图片、声音等元素能有效地集中学生的注意力，可以弥补传统美术课堂教学中的不足。它能激发学生的学习兴趣，调动学生的积极性，使学生乐学、爱学，也能将教师从重复的讲授中抽离出来，更有效地关注学生，对学生的学习过程进行分层引导，从而提升课堂效率。后期的作品展示也能加强师生、家校之间的互动。因此，我们美术教师要充分发挥微课的优势，利用微课打造"乐学·高效"的美术课堂。

第四章　阳光评价的文化内生

一、从"五维"绿色评价到"六维"阳光评价

（一）三级评价的校本构建

十年课改中，素质教育之所以起起伏伏，命运坎坷，因为以分数为主导的评价的紧箍咒始终戴在我们每位教育工作者的头上。

我校小学部在创办之初，就建立了三级评价体系。第一级是基础评价，也就是跟随学校所在的市区教育主管部门进行统一的评价，这也是当初广州市作为区域平衡的必要检测手段，这项评价在我们对学生的评价中占 50%。第二级是我们自己建立的校本性评价，这个评价体系是围绕我校总的人才培养方向所进行的过程性评级，更多倾向于对学生学业水平、能力系统、习惯养成、品格形成等综合性评价。这一部分占学生综合发展鉴定的另外 50%。第三级评价是发展性评价，这一级评价主要针对学生个性、特长等方面的检测，作为加分项 20 分。所以，广外外校所有小学生的操行鉴定手册上的成绩是以 120 分计算的（如下图）。

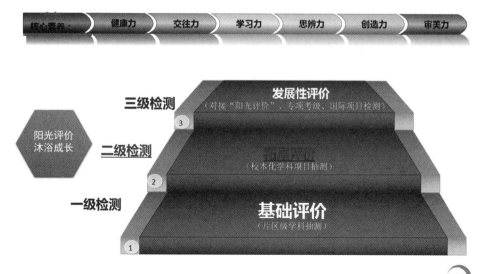

我校小学部作为十二年一贯制的奠基学段，打好质量基础，为中学和高一级学校输送基础扎实、行为良好、身心健康、具有可持续发展能力的人才，一直是小学部坚定不移的教育教学价值追求。从 2010 年开始，我们试着从学生的身心健康、学业水平、习惯养成、特长爱好、实践活动五大领域制定《小学生综合素质发展评价手册》，将评价学生的标准从单一的分数中跳出来，站在一个更高更大的发展平台上制定多元的评价学生的标准，从而以评价来促进教师教学方式的转变和学生全面的可持续发展，让评价为我们的教育教学把脉导航。

《发展评价手册》里面的检测和评价内容不同，检测的手段和方式也各不相同：有同一时间统一的笔试，如期末的基础知识试卷检测；有不同时间分段进行的口试，如二年级的英语口语等级检测；还有以成长袋记录为主要形式的行为习惯评估，如三年级的行为习惯养成达标评估；更有各种能力达标的过关测试和汇报演出，如一年级上学期的拼音过关测试，各年级学生的体育技能、艺术特长的汇报演出，等等。学生从一年级入校到六年级毕业，我们的《小学生综合素质发展评价手册》呈现的是一种对学生成长所进行的全方位的、立体层面的、个性化的记录与展现。评价的受体是学生，但同时学生也是评价的主体。例如在一年级的拼音过关测试中，我们的评委由教师、高年级学生和家长组成。在行为习惯的评价中包括学生自评、小组评、教师评（包括生活教师和团队教练）、家长评，最后汇总成的学生行为表现则是用操行评语的方式进行呈现，让学生明白差距，看清需要努力的方向。特别是校内外活动实践这一块，我们通常分三个阶段进行评测：第一阶段，学校对活动的策划与方案（或者小组计划）进行评价与指导；第二阶段，对学生整个过程进行多主体、多方位的记录、指导、调控和检测。第三阶段，学生对活动的总结、学校和社区部门对活动效果进行反馈与评价。总之，"让孩子们在体验中成长，在活动中育人和育智"一直是我校"活动育人"理念的核心所在。

以下是我校《小学生综合素质发展评价手册》的框架，其中的每一个分项评价点都另外设有精细的评估方案。例如习惯养成这一项，按照我校十二年德育目标体系，各年级检测的重点和要求又不一样（见下图）。

达标项目及标准＼年级	身心素质	习惯养成	道德素养	品格形成
一年级				
二年级				
三年级				
四年级				
五年级				
六年级				

附：广外外校《小学生学业素养及综合性素养发展性评价手册》部分内容（2010 年制定）

（1）责任心——迈向成功的起点；好习惯——快乐成长的源泉

文明形象（等级）　　　年级　　班　　姓名：　　　第　学期

习惯养成	形成性评价		期末评价		
	第一次	第二次	自评	互评	教师点评
对自己负责：学习、生活、行为健康					
对父母、师长为自己的付出负责：勤奋进取，健康向上					
对社会负责：道德情操，公民意识					
与社会交往：尊重师长，团结同学，善待友邻，热心公益，遵规守纪，珍惜资源					
我养成的好习惯是： 我热心公益的事例是：					

对自己负责：学习、生活、行为健康。对父母、师长为自己的付出负责：勤奋进取，健康向上。对社会负责：道德情操，公民意识。与社会交往：尊重师长，团结同学，善待友邻，热心公益，遵规守纪，珍惜资源。

（2）我——独一无二，做最好的自己

特长爱好（等级）　　年级　　班　　姓名：　　　第　学期

类别		项目或活动	参加展示或评比情况	自我评价	同伴评价	辅导教师综合评价
我最喜欢的	文学艺术					
	体育运动					
	科学创造					
	生活本领					
我参加了	校本课程活动					
我的特长	各方面					

（3）艺术——生命灵动的源泉

艺术（等级）　　　年级　　　班　　　姓名：　　　第　　　学期

评价项目	评价内容		形成性评价		期末评价		综合评价
			第一次	第二次	自评	互评	
音乐	课堂学习	遵守秩序					等级：
		积极表现					
		交流合作					
	自主学习	学会鉴赏					
		善于表现					
		个性创造					
美术	课堂学习	遵守秩序					等级：
		交流合作					
		作业作品					
	自主学习	学会鉴赏					
		实践活动					
		个性创造					

（4）实践出真知，但想象是一切发展创造之源

其他（等级）　　　年级　　　班　　　姓名：　　　第　　　学期

评价项目	评价内容	形成性评价		期末评价		综合评价
		第一次	第二次	自评	互评	
科学	课堂学习					等级：
	实践活动					
综合实践	课堂学习					等级：
	实践活动					
品德与社会	课堂学习					等级：
	实践活动					
信息技术	课堂学习					等级：
	实践活动					

（5）英语——走向世界的桥梁

英语（100分）　英语学科培养目标：词汇丰富，口语熟练，勤于应用

年级　　　班　　　姓名：　　　第　　学期

评价项目	评价内容	形成性评价		期末总评			
		第一次	第二次	自评	互评	综合评价	总评
课堂学习 （40分）	认真倾听						成绩： 等级：
	积极思考						
	乐于表达						
	交流合作						
自主学习 （20分）	实践活动						
	课外学习						
	作业作品						
期末考试 （40分）	口试						
	笔试						

（6）体育健康的生命在于运动，顽强的性格在于磨炼

体育（100分）　体育学科培养目标：不怕吃苦，健康第一

年级　　　班　　　姓名：　　　第　　学期

评价项目	评价内容	形成性评价		期末总评			
		第一次	第二次	自评	互评	综合评价	总评
课堂学习	遵守秩序						成绩： 等级：
	不怕吃苦						
自主学习	健康知识						
	自主锻炼						
运动能力 （60分）	技能技巧 （30分）						
	身体素质 （30分）						

（7）数学——我们的思维体操

数学（100分）　数学学科培养目标：概念清楚，善于思考，解题灵活

年级　　　班　　　姓名：　　　第　　　学期

评价项目	评价内容	形成性评价		期末总评			
		第一次	第二次	自评	互评	综合评价	总评
课堂学习（10分）	专心听讲						成绩：
	积极思考						
	乐于提问						
	合作交流						
自主学习（20分）	作业作品						等级：
	实践活动						
单元测试（30分）							
期末考试（40分）							

（8）母语——涵养民族情感的精神家园

语文（100分）　语文学科培养目标：喜欢读书，能说会写，一口流利的普通话，一笔好字，一手好文章

年级　　　班　　　姓名：　　　第　　　学期

评价项目	评价内容	形成性评价		期末总评			
		第一次	第二次	自评	互评	综合评价	总评
课堂学习（15分）	专心听讲						成绩：
	积极发言						
	合作交流						
自主学习（15分）	喜欢读书						等级：
	作业认真						
	一笔好字						
单元测试（30分）							
期末考试（40分）							

（二）阳光评价的区域背景

据说，苹果公司创始人乔布斯生前曾经提出了一个著名的"乔布斯之

问"：为什么计算机改变了几乎所有的领域，却唯独对学校教育的影响小得令人吃惊？2011年9月，美国联邦教育部长邓肯给出了答案：原因在于"教育没有发生结构性的改变"。

对于教育，世界各国都在寻求改变。

我国"十年课改"（国家第八次课程改革）虽然没能让学校发生多少结构性的变革（因为评价的方式没有根本性的改变），但通过诸如著名的"钟王之争"（钟启泉与王策三）这样的百家争鸣，完成了一场先自上而下而后又自下而上的以普及课程知识和唤醒课程意识为主旨的教育启蒙运动。在基础教育课改的百花园中培育了一批诸如"窦桂梅"这样的明星教育家，形成了精彩纷呈的课改流派，为二期深度课改积累了经验和教训，也铺就了通向深入二期课改的正确航向：那就是评价方式的变革。

2010年，教育部将上海确定为国家教育体制改革试点单位。2011年，上海市研制了学业质量"绿色评价"，并启动了中小学学生学业质量评价工作。作为第一批实验区，上海、北京率先摸索出一套中小学生综合评价的框架，积累了先进的经验。

2013年，教育部发布了《关于推进中小学教育质量综合评价改革的意见》，提出了包括学生品德与社会化水平、学业发展水平、身心发展水平、兴趣特长潜能、学业负担状况5个方面和20个关键性指标的评价体系，明确了教育评价、考试改革的时间表和路线图。

2014年，广州市作为教育部确定的国家中小学教育质量综合改革30个实验区之一，在当年5月正式启动中小学教育质量阳光评价实验项目的研究工作，由广州市教育研究院牵头实施，第一批有116所试点学校。

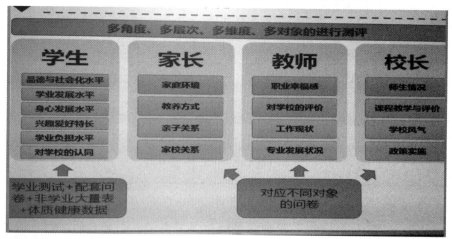

考察报告　"阳光评价"成都考察纪行

广州市广外附设外语学校　叶和丽

成都是在2013年12月获批国家中小学教育质量综合评价改革试验区的，两年来已经积累了自己的成功经验。2016年11月1日—5日，白云区"阳光评价考察团"在教育发展中心彭主任和邓部长的带领下，前往成都进行考察。

成都教育质量综合评价带来的新发现和溢出效应

成都市中小学教育质量综合评价从品德发展水平、学业发展水平、身心发展水平、兴趣特长养成、学业负担状况5个方面分解出的20个二级指标和31个三级指标的测查中，获取学生发展的"全息"数据，并从学生学业负担状况、学生学习背景等的调查中获取大量的关联数据。从以上"全息"和"相关联"数据中对参与实验的学校进行了全方位的诊断，获得以下发现：

1. 成都的学生创新意识和行为习惯最优。成都市教科院副院长秦建平在报告中指出，成都市抽样的5年级和8年级学生在综合素质各个指标项上的表现水平较高。大部分学生具有良好的行为习惯、较好的公民素养、较好的实践能力、较高的创新意识、较稳定的情绪，以及较高的有恒性和自律性。表现最好的两个指标是创新意识和行为习惯，平均得分率高且分化程度低，尤其是创新意识中的挑战性，小学平均得分率高达86.3％，初中高达83.3％，表明绝大多数抽样学生具有较好的创新意识和良好的行为习惯，且学生之间的均衡性较高。

2. 寄宿制学生综合得分略低于走读生。寄宿制学生除在独立性指标上得分高于走读生，其他方面得分都偏低。分析结果得出大多数寄宿学生属于"留守"儿童。此次数据再次验证：家长素质的高低影响孩子素质的高低，家长的高质量陪伴在学生的成长中起着非常关键的正相关作用。

3. 学业负担抑制学生综合素质的发展。秦建平院长说："根据综合评价的数据显示，无论是公办学校还是民办学校，教师占用主科的时间越少，书面作业越少，学生的综合素质评分就越高，所以给广大家长提出警示：报课外补习班需慎重！"

4. 破除"唯考试分数论"与中高考改革方向一致。从秦院长的报告中得知，成都市5年级学生的学业负担整体情况尚可，大部分区县的抽样学校在学业负担事实方面基本符合国家标准。成都市8年级学生的学业负担整体表现对比5年级学生，在各项指标上均呈负担加重的趋势。父母受教育程度高的学生主观感受到的压力要小于父母受教育程度低的学生。其原因可能是受教育水平高的父母，更多地倾向于采用尊重、理解的教养方式，而受教育水平低的父母，则倾向于对孩子采用拒绝、惩罚等消极的教养方式。总体方向与中高考改革的趋势是一致的。

二、从数据分析到数据决策

（一）数据分析的溢出效应

成都市中小学生综合素质评价通过对整个实验区各学校进行了"量体裁衣"的评估和摸查，还产生了以下的溢出效应：

（1）克服了以往把学业成绩作为教育教学唯一目的所造成的教育价值偏移的现象，比较公平客观地对学校的特色和优势进行了评估和亮相。这次评估涌现出了一批特色办学的"黑马"学校，也对以往大家心目中的好学校有了更为客观的认识。例如，他们在横向分析中发现：以往大家心目中最牛的学校如四川师范大学附属实验小学的"作业量过多"现象和农村小学诸如万和小学的"学生民主度不高"是因为课堂教师以讲授为主等问题，都通过数据客观地显现出来，可喜的是这些学校在评估过后都进行了相应的调整和整改。

（2）随着实验的深入，以往那种单纯以学科考试成绩衡量教育质量的现状逐步被改变，学生综合素质发展逐渐成为教育行政部门以及学校的重要工作目标。教育检测评价是使教育从"艺术"走向"科学"的工具，它为学生个体差异、教育过程及学校的优势和劣势提供了诊断，为课程目标的达成情况做出检验，让学校工作重心的转移变得"有章可循"和"有据可查"。

（3）通过检测和评估，影响学生一生的核心素养，如公民素养、创造能力、实践能力、情绪行为调控能力、交流合作沟通能力等社会情感技能正在被学校关注，素质教育的难题正在被逐步破解。例如，我们这次参观考察的一所县城小学——新津一小，作为一所硬件设施有限的学校，校长抓住了"大阅读"这一项提高学生人文底蕴的抓手，让这一所处在比较偏远的县城小学成为这次综合检测中"规则意识最强""阅读主动性最强"的一匹"黑马"学校。

（二）基于数据的管理决策

1. 基于广外外校"阳光评价"的数据分析

广州市广外附设外语学校（简称"广外外校"）是一所十二年一贯制学

校。小学部作为基础教育中的基础，课程作为学校育人的载体，也是学校的"产品"，其质量决定着学校育人的质量，其特质决定着学校发展的特色，其科学的顶层设计决定着学校的品牌。最终推动广外外校小学教育由"经验型"向"科学化"转型，继而朝着"品牌"方向发展，是我们富有特色的课程建构与管理。

2012年，我们参照国际公认的核心素养构成的共性元素"自主发展、社会参与、文化学习"，根据外校学子身上显现的"健康，快乐，向上，向善"的特质，提出了广外外校小学部学生"六力"发展核心素养：健康力、交往力、学习力、思辨力、创造力、审美力。我们围绕这"六力"核心素养的培养目标构建了六大课程领域：体育与健康、品格与成长、阅读与表达、数学与逻辑、科技与创新、艺术与审美。为保证课程的落地和实施效果，我们把学生的"六力"核心素养进行分解，再具化成各个课程领域的学科素养目标，形成我们学校的系统抽测项目。各学科、各年级既有相对固定的检测项目，又互相形成不断"攀登"的知识能力体系（如下图）。

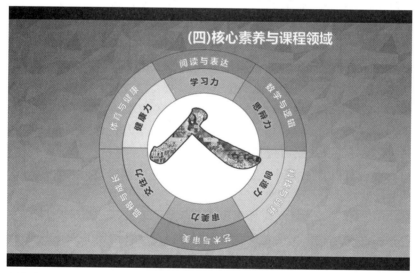

例如语文这一科，我们根据不同年级段，分期初、期中、期末对学生进行读（阅读和朗读）、讲（复述和演讲）、写（书写和写作）、记（识记和记录）、积（积累和积淀）、查（检索信息和筛选信息）等各项能力的测试和过关考级，很多是以游戏闯关的方式进行的（如下图所示）。

（"读"树一帜的语文核心素养测查体系）

这样实施两年后，我们发现学生的综合学科能力明显提高了。评价对教育教学起着调节作用，老师们在这样的评价体制下逐渐扭转了原来只盯着期末统考成绩的教学策略，他们的课程意识越来越强，课堂教学内容越来越丰富，集体备课、资源共享的教研氛围越来越好。这样，学校的顶层课程设计得到有效落实，平行班之间的成绩也越来越均衡。2016 年 11 月初，广州市对两批共 486 所试点学校进行施测的时候，广外外校小学部六年级 5 个偶数班共 209 人参加了测试。尽管作为一所学校来说参与人数是最多的，但我们对于测评的结果还是比较胸有成竹的。

2017 年 3 月 8 日的培训会上，我们拿到了自己学校的相关数据，通过对数据的解读发现我们的深度课改已呈现出以下优势：

（1）"读"树一帜的语文阶梯课程助力学生阅读素养的提升。

广外外校作为一所以外语为特色的学校，小学部的语文课比其他普通学校平均每周少 2—3 学时。为了拉伸语文学习的空间，浓缩语文学习的效度，小学部早在 2008 年就以"生本"理念为指引，以"五课（课堂、课型、课程、课时、课题）一评（综合评价）"为抓手，确立了"读"树一帜的语文课程重构体系（课程图略）。

从 2016 年广州市第二批"阳光评价"反馈给我们的数据中可以看出：广外外校六年级学生的阅读素养呈现出一定的优势，总成绩高于市区的平均分 5 分左右，也略高于市直属学校的平均分。在阅读素养的能力指标和阅读的文本类型上都是整体偏高的（如表1所示）。

表1 六年级阅读素养测试总体情况表

地区	六年级阅读总成绩					文本类型						能力层次			
	人数	平均分	标准差	最低分	最高分	实用类	实用—非连续文本	实用—说明	文学类	文学—寓言	文学—散文	分析与整合	获取与解释	连接与推论	感悟与评价
全市	20126	77.35	12.24	3.0	100.0	32.88	16.11	16.76	44.48	20.18	24.30	10.28	25.14	19.80	22.13
白云区	2091	76.91	12.03	23.0	99.0	32.63	16.17	16.45	44.28	20.19	24.09	10.30	24.89	19.73	22.00
直属	85	81.46	10.94	30.5	99.0	36.19	17.74	18.46	45.27	21.22	24.05	10.92	26.42	20.51	23.62
广州市广外附设外语学校(小学部)	209	82.16	8.88	34.5	98.0	35.60	17.98	17.62	46.56	20.98	25.58	10.83	27.19	20.87	23.27

表2 六年级阅读素养测试配套问卷总体情况表

地区	总阅读量	经典著作阅读量	阅读兴趣	阅读策略				阅读动机		数字阅读	上网目的	
				理解策略	记忆策略	监控策略	精致策略	阅读内部动机	阅读外部动机		上网学习	网上娱乐
全市	2.96	2.33	3.16	2.62	2.92	2.98	2.90	3.31	1.96	1.89	2.66	2.45
白云区	2.93	2.31	3.18	2.66	2.97	3.00	2.93	3.30	1.96	1.87	2.69	2.45
直属	3.31	2.56	3.33	2.57	2.95	3.07	3.04	3.32	1.96	1.80	2.71	2.37
广州市广外附设外语学校(小学部)	3.00	2.33	3.15	2.71	2.94	3.00	2.99	3.29	1.90	1.91	2.66	1.00

　　但是在文本类型中的"实用—说明"类数据略低，我们查看了一下我们阶梯课程的年级推荐书目，发现学校在推荐的书目体系中确实是文史类最多，而实用说明的书目偏少。一是因为这些书目本身就少，二是因为我们选书大多是根据学生的阅读兴趣来选的，小学生还是对童话、散文、文学类更感兴趣。

　　在这里需要特别关注的是，我校的学生虽然在阅读素养中呈现出整体的优势，但在学业配套问卷中的数值普遍偏低（详见表2）。为此，我调出阅读问卷资料进行了分析，又请教了试卷的设计者来询问问卷设计的意图，再结合我们广外外校学生的特点，基本可以做出如下判断：寄宿制学校学生的阅读计划、阅读空间、阅读内容基本都是被安排好的，再加上我们一直提倡

"不为什么而读"的观点，希望学生通过阅读量的增加，阅读素养会在潜移默化中涵养和提升。所以，学生对问卷中诸如"我会努力记住课文的所有内容""我会尽可能多地记住细节内容""我会一遍遍地反复阅读课文""我会把课文读很多遍，直到我会背诵"等"阅读策略"可能是比较排斥的。当然，请教华南师大黄博士（问卷设计参与者），她也说："有的学校学业得分低，但配套问卷得分高，不排除学生在回答问卷的时候揣摩'标准'答案作答。"所以，这个得分只是作为一个参考。

当然，通过这次对相关数据的分析，我们也明确了今后的方向：坚持以"读"为核心的语文教学模式不动摇，继续完善我们"读"树一帜的语文阶梯课程体系，比如对于实用说明类等非连续性文本有计划成系列地进行补充，进一步拓宽学生自主阅读的空间，激发他们内在的阅读兴趣和欲望，还要引导他们明白为什么而读、读什么和怎样读，通过提升他们的阅读素养来提高他们的综合能力。

（2）有"研"相伴的数学七课型彰显分层教学的高效性。

为培养教师的课程整合意识和建构能力，我们先从课型入手，用课型来带动数学课程建设。我们数学课型有感受课、新授课、复习课、评研课、数学思维拓展课、练习课、文化专题课。

这些课型的确立促进了教师的课程研发意识和能力，"课前小研究""课中小研究""课后小研究"的设计让不同层次的学生从不同的起点出发，学生通过同伴互助、教师辅导，在学习过程的生成中达到相同的高度。

2016年广州市"阳光评价"反馈数据显示：广外外校六年级的总成绩优势明显，比市、区的平均分高出 12—13 分，比市直属学校也高出 6 分左右。除了总成绩优势明显之外，在表格所有的正相关数据中，如内容层次和能力层次的各项指标，我们均有明显的优势。而学习时间、学习投入等显示低于市、区学校（详见表 3、表 4）。

表 3　六年级数学能力测试总体情况表

地区	六年级数学总成绩					内容层次			能力层次			
	人数	平均分	标准差	最低分	最高分	数与代数	图形与几何	统计与概率	了解	理解	掌握	运用
全市	20100	70.80	18.86	0	100	47.99	17.77	5.04	1.56	4.49	39.45	25.29
白云区	2089	71.10	18.77	10	100	48.40	17.72	4.98	1.59	4.70	39.54	25.32
直属	85	77.34	16.49	26	98	52.73	19.46	5.15	1.44	5.20	42.85	27.55

续　表

地区	六年级数学总成绩					内容层次			能力层次			
	人数	平均分	标准差	最低分	最高分	数与代数	图形与几何	统计与概率	了解	理解	掌握	运用
广州市广外附设外语学校（小学部）	208	83.24	12.08	34	100	56.79	20.93	5.52	1.82	5.64	45.16	30.67

表 4　六年级数学能力测试配套问卷总体情况表

地区	学习时间	学习态度	方法策略	学习投入	自我效能
全市	1.78	3.02	2.98	3.04	3.15
白云区	1.82	3.07	3.00	3.08	3.17
直属	1.88	3.07	2.96	3.09	3.19
广州市广外附设外语学校（小学部）	1.84	3.05	2.96	2.99	3.15

（3）"轻负荷，高质量"背后的隐忧如何破解？

"轻负荷，高质量"是我校的教学理念，也是办学特色。从以下学生的非学业检测表中的数据可以看出：广外外校学生的品德和社会化水平、学业发展水平、身心发展水平都是最高的，学生的兴趣爱好也得到了充分的发展，所以家长和学生对学校的认同度也最高。学生的学业负担最轻，说明我校"轻负荷，高质量"的教育理念得到了充分落实和体现（具体数据详见表 5、表 6）。

表 5　六年级学生非学业测试总体情况表（一）

地区	品德与社会化水平					学业发展水平				身心发展水平			
	本评价内容	国家认同	国际理解	社会责任	道德品质	本评价内容	学会学习	科技与人文素养	知识技能方法	本评价内容	心理健康	自我管理	身体健康
全市	4.11	4.25	3.93	4.13	4.10	4.19	4.04	4.32	4.16	4.03	4.16	3.68	4.37
白云区	4.16	4.30	3.98	4.18	4.13	4.24	4.08	4.38	4.17	4.05	4.19	3.67	4.48

续 表

地区	品德与社会化水平					学业发展水平				身心发展水平			
	本评价内容	国家认同	国际理解	社会责任	道德品质	本评价内容	学会学习	科技与人文素养	知识技能方法	本评价内容	心理健康	自我管理	身体健康
直属	4.12	4.31	3.98	4.06	4.13	4.29	4.14	4.38	4.46	4.08	4.20	3.82	4.13
广州市广外附设外语学校（小学部）	4.29	4.34	4.23	4.33	4.24	4.41	4.25	4.51	4.60	4.16	4.25	4.04	4.01

注：

[1]"知识技能方法"指标是根据本次测试的学业测试成绩总分（阅读＋数学）转化的。

[2]"身体健康"指标是根据学校学生体质健康数据合成的。

表6 六年级学生非学业测试总体情况表（二）

地区	兴趣特长潜能					学业负担状况					对学校的认同					
	本评价内容	审美修养	爱好特长	实践能力	创新意识	本评价内容	学习时间	课业质量	课业难度	学习压力	本评价内容	文化认同	教学方式	师生关系	家校关系	组织公民行为
全市	4.07	4.10	4.08	4.12	4.01	2.28	2.59	1.65	2.15	2.73	4.11	4.32	3.96	4.11	4.16	3.83
白云区	4.09	4.11	4.09	4.13	4.03	2.26	2.60	1.60	2.15	2.72	4.11	4.30	3.99	4.13	4.16	3.81
直属	4.12	4.08	4.26	4.15	4.06	2.24	2.64	1.64	1.92	2.74	4.07	4.22	4.04	4.01	4.19	3.72
广州市广外附设外语学校（小学部）	4.32	4.30	4.39	4.43	4.22	2.13	2.47	1.48	1.89	2.64	4.34	4.34	4.23	4.32	4.51	4.29

然而，学生的"轻负荷，高质量"是以教师的"高负荷，高投入"换来的。在寄宿制民办学校，教师工作时间长，工作压力大，再加上家长和社会对广外外校的高期许，老师们如果调节得不好，就很容易走向职业倦怠（当然，无法适应的就会被淘汰）。

从表 7、表 8 中可以看出，老师们无论是对职业的幸福感，还是对学校管理的现状评价都比较低。作为民办学校的教师，因为享受和占有公众资源的机会很少，所以老师们对未来职业和专业的发展前景不明，以致缺乏目标方向感和发展的动力，这也是民办学校教师"打工者"心理的显现。

对我们任何人来说，负荷过重都必然会导致肤浅。因为过度的负担会使一个人忙忙碌碌，疲于应付，而没有足够的时间去消化、深化、细化所获得的知识，使智慧的潜能得不到应有的滋养和生发，从而导致平庸和肤浅以及缺乏可持续发展的能力。怎样才能使教师的"高负荷"成为有效而适当的负荷？让教师的"高投入"成为高效而愉悦的投入？这不仅是每位教师应该思考的问题，更是民办学校教育管理人员应该深深思考的问题！

表 7　六年级教师非学业测试总体情况表（一）

地区	教师职业幸福感							学校管理现状及评价		
	本评价内容	对教师职业的认识	职业交往	专业成长	躯体健康	学校管理	社会支持	本评价内容	管理与组织	学与教
全市	3.18	2.88	3.37	3.10	3.07	3.18	3.73	3.92	3.87	3.95
白云区	3.16	2.84	3.38	3.11	3.12	3.13	3.65	3.79	3.70	3.85
直属	3.20	2.97	3.59	3.48	3.27	2.83	3.64	3.39	3.33	3.43
广州市广外附设外语学校（小学部）	3.11	2.58	3.33	3.32	3.26	3.03	3.57	3.57	3.28	3.77

表 8　六年级教师非学业测试总体情况表（二）

地区	工作现状					专业发展状况			
	本评价内容	工作要求	工作资源	工作压力源	压力反应	本评价内容	专业化理念	专业知识技能	专业发展行动
全市	3.18	4.05	2.10	3.09	3.25	3.22	4.38	4.27	2.98
白云区	3.20	4.13	2.20	3.04	3.30	3.19	4.33	4.30	2.93
直属	3.28	4.36	2.57	2.76	3.73	3.36	4.64	4.91	3.04
广州市广外附设外语学校（小学部）	3.20	4.26	2.35	2.89	3.35	3.29	4.35	4.39	3.05

2. 从 LPA 结果分析的数据决策

广州市这次的"阳光评价"相比较第一轮更为成熟，特别是对于数据的分类及相关数据的分析更为科学。对于整个广州市来说，提供了先行的样本，产生了以下的溢出效应：

（1）克服了以往把学业成绩作为教育教学唯一目的所造成的教育价值偏移的现象，比较公平客观地对学校的特色和优势进行了评估和亮相。这次评估虽然还没有进行横向数据的分析比对，但我们从区市教研员有限透露的数据信息中发现：特色学校在有些数据中显示出自己的"黑马"本色，也对以往大家心目中的好学校有了更为客观的认识，仅仅靠拼分数的老牌学校开始关注自己的不足，已经着手进行改进。

（2）随着实验的深入，以往那种单纯以学科考试成绩衡量教育质量的现状逐步被改变，学生综合素质发展逐渐成为教育行政部门以及学校的重要工作目标。教育检测评价是使教育从"艺术"走向"科学"的工具，它为学生个体差异、教育过程及学校的优势和劣势提供了诊断，为课程目标的达成情况做出检验，让学校工作重心的转移"有章可循""有据可查"。这次整个白云区教研员参与了"阳光评价"的培训，相信会对他们今后制定评价的方向有很大的帮助，尤其是像我们这类学校希望得到更大的自主评价的空间。

（3）通过检测和评估，影响学生一生的核心素养，如公民素养、创造能力、实践能力、情绪行为调控能力、交流合作沟通能力等社会情感技能正在被学校关注，素质教育的难题正在被逐步破解。例如，我们广外外校有些学科成绩在片区期末检测中并不是第一，但综合成绩十分突出。我们之所以能够得到社会、家长的高度认同，是因为我们培养的学生综合素质相对较强。也就是说，对于我们这样一所私立性质的学校，家长认同我们学校的理念而先选择我们，我们再对学生进行选择。这样"双选"的结果是：家长素质相对较高，家庭教育相对较好，家长对学校的教育参与度高，对学校的认同度也高。这充分证明了家长的素质高低与学生素质的高低呈正相关（具体数据详见表9、表10）。

表9　六年级家长非学业测试总体情况表（一）

地区	学业成绩（家长评）	人际关系（家长评）	家庭环境			家庭教育					
			本评价内容	教育能力	社区满意度	本评价内容	管教引导	宽容理解	民主关怀	情感联系	专制粗暴
全市	3.55	4.28	4.20	4.45	3.99	4.12	4.17	4.45	4.15	3.92	3.90

地区	学业成绩（家长评）	人际关系（家长评）	家庭环境			家庭教育					
			本评价内容	教育能力	社区满意度	本评价内容	管教引导	宽容理解	民主关怀	情感联系	专制粗暴
白云区	3.53	4.30	4.16	4.46	3.92	4.12	4.15	4.44	4.16	3.91	3.93
直属	3.70	4.25	4.18	4.53	3.90	4.26	4.30	4.52	4.29	4.18	4.01
广州市广外附设外语学校（小学部）	3.73	4.25	4.47	4.67	4.30	4.29	4.32	4.56	4.28	4.21	4.10

表 10　六年级家长非学业测试总体情况表（二）

地区	家长参与				家校关系								
	本评价内容	学习的参与	活动的参与	情感的参与	本评价内容	交流意愿	交流行为	交流途径	师资水平	环境设施	日常管理	学生学业	学生压力
全市	4.01	3.94	3.99	4.09	3.42	2.53	2.50	2.72	4.19	4.04	4.21	4.12	4.08
白云区	4.02	3.97	3.99	4.11	3.43	2.53	2.55	2.72	4.18	4.02	4.21	4.13	4.08
直属	4.11	4.02	4.14	4.18	3.45	2.55	2.46	2.73	4.19	4.08	4.32	4.19	4.16
广州市广外附设外语学校（小学部）	4.12	3.98	4.11	4.28	3.60	2.70	2.77	2.80	4.44	4.22	4.34	4.33	4.25

（4）寄宿制民办学校的优劣势得到显现，为我们的工作改进提供了依据。我们也提出了希望和要求：通过这次检测家长和学生对学校高度的认同是在我们意料之中的，教师职业幸福感偏低也在我们的意料之中，但教师对于学校的认同度偏低、对自己职业发展方向比较迷茫、动力不足是值得引起我们学校管理层以及上级领导部门的关注和重视的。我们希望得到上级部门更多的资源支持，提升民办学校教师的待遇，提升教师的职业归属感和职业幸福感。

第五章 个体"自育"的文化内生

一、从"要我发展"到"我要发展"

教育之元，在于自我；自我发展，育人之元。以学生发展为本，是对教育的本源定位，也是新课改推向纵深发展的突破口。学生发展的核心在于自我意识的觉醒，自我主观能动性的发挥。学生发展，涉及身体素养、心理素养、社会情感及文化素养，其中心理素养在系统中属于主导性因素，也是自我发展意识和能力的支配性因素。在学生的发展中，从"要我发展"到"我要发展"，中间需要唤醒学生"自育"的意识，构建促进学生"自育"的框架，培养学生的"自育"能力。

（一）自觉自育的学生成长模式

"自育"是"自我发展教育"的简称。马克思说："自由自觉的活动恰恰就是人的类特性。""自由"是掌握运用了规律后的境界。"自觉"包含了认知、情感并且以意志为特征的一种心理，具有主动性、目的性、计划性、协调行和预见性。

（以下这段论述文字由课题组冯国文教授提供）

1884 年，在论述人与其他动物的基本区别时，马克思说："自由自觉的活动恰恰就是人的类特性。"应当这样看，教育只有在培养出具有人的类特性的学生的时候，它才能够说"我真的完成了人类交付的任务"。可见，培养学生具备自由素质、自觉素质是多么重要。

自由素质：指学生在学习过程中逐步形成的自由性的素养，或者说，在学校、教师的引导下形成做人规律、学习规律、健身规律以及生产规律、生活规律（或者说形成认知素质、情意素质、行为素质、生理素质和身体素质，相当于通常所说的思想道德素质、科学文化素质、健康素质），逐步具有良好社会性、良好个性的素养。

自觉素质：指学生在学习过程中逐步形成的自觉性的人格心理，或者说，在学校、教师的引导下形成积极主动地有目的有计划地进行学习、反思，能协调各种关系，克服困难，坚定不移地朝着预定的方向前进的素养。当学生能自觉地掌握和运用规律进行活动时，便初步具备了人的类特性。

学生发展，是一个生命个体全方位的、多侧面的发展，是依据青少年、儿童、幼儿身心发展规律，朝着社会进步、世界发展的方向，以及个体发展的可能与需求，在教育的引导下，主体自身发展的过程。

案例 **磨砺中前行，自律中成长**

——四年级"自律，从我做起"德育系列活动纪实

广州市广外附设外语学校 傅丽丽

一、活动启动

2009年3月16日晚，四年级大型德育主题活动"自律，从我做起"拉开了帷幕。文红梅老师主持了本次德育活动的启动仪式。首先，她别出心裁地对同学们进行了现场采访："上课时，窗外鸟儿飞，喳喳叫，这时你会怎么想，怎么做？作业未做完，动画片却开始了，你会怎么办？游戏时别人踩了你的脚，好痛。你会狠狠地踩回去吗？"一个个贴近孩子们生活的问题，引起了他们强烈的兴趣，在轻松愉悦的氛围中自然而又巧妙地引出了主题——自律。当你面对诱惑或遇到困难、挫折时，内心有一种强大的力量帮助你做出正确的选择，这种力量就是自律。文老师列出了详细的目标，将自律渗透到生活、学习、活动、行为、语言、交往等各个方面中，并提出了班级开展"自律园地"，个人开办"自律展示台"的措施。最后，同学们庄严地宣誓："当顺利时，我鼓励自己，挑战自我；取得成功，我乘胜前进，不断完善；身处逆境，我积极主动，明确目标；面对挫折，我磨炼意志，坚持到底。"仪式在响亮的自律宣言中圆满结束。

二、学写自律卡

古人云：吾日三省吾身。成功，源于自律！年级组活动后，为了让学生更好地领悟自律的含义，年级组提出统一要求：每个同学都制作自律卡，每天用一句话小结自己关于自律方面做得最好的一件事，目的是让学生学会总结，学会反思，不断提高自律能力。

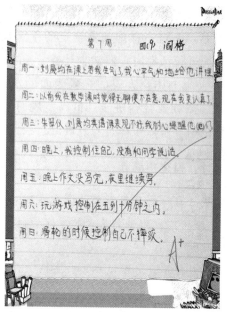

三、学写自律故事

5月份开始，年级组自律活动进一步深入细化，由每天写一句话到学写自律故事，让学生不断提高自律意识。在"光明周记"中写故事，学生明确目标，坚持不懈，逐日反思。

以下是选自学生写的"自律故事"，从中可以看出孩子成长的足迹。

四（6）班　岑鑫：

这个学期我参加了白云区的电脑打字比赛，在500多名参赛选手中名列第16名，获得了区级二等奖。一开始我有些沾沾自喜，觉得自己比周围的同学都厉害，但很快我发现有很多同学打字的速度也很快，并且老师也及时引导我要制订更高的目标。所以，我及时克服自己骄傲自满的情绪，明白了做人要谦虚的真正道理。我要求自己在看到其他同学有打字慢的情况时不要看不起人家，应该主动帮助他们纠正错误的打法。由此，我感受到了自律带来的快乐！

四（7）班　梁津肇：

曾经有一段时间，我和同学的关系很不好，自己很苦恼，对学习也没心思。不过，这学期开展的"自律，从我做起"活动让我改变了。特别是每次班会上的讨论让我有了很深的感触。我想：我不能改变别人，但是我可以改变自己呀！我不能光想着自己，要多为别人着想，就像俗话说的"将心比心"一样。我的学习成绩还不错，同学有困难时我就热心帮助他们，这时候我的周围总是围着很多人，我很高兴。老师也表扬我很有耐心呢！现在，我的脸上整天挂着笑容，整个人都变得活泼开朗了。

古人说："其身正，不令而行；其身不正，虽令不从。"这句话说明了"自律"是多么重要。以前，我去管理别人的时候，别人会说："你自己还没做好呢？"现在，我去管理别人，同学都能听从了。我们的宿舍变成了优秀的宿舍，我们的小队变成了优秀小队！

四、自律班会

"立志言为本，修身行乃先。"围绕着班会主题"生活、学习、活动、行为、语言、交往、校内、家庭、校外、道德、体验、创造"等富含教育点的不同方面，年级组制定了本学期班会的基本模式。班主任们每周都精心策划自律班会，通过"班评组评、小组合作讨论、填写'自律措施'表格、展示讨论成果"等形式，让"自我发展"的理念悄然升腾。

五、总结自律格言

随着活动的深入，自律行动已经深入每个孩子的心田，当渐入佳境的时候，如何能让孩子们依旧保持高涨的兴致，巩固活动成果，并将前期收获及时总结，提升以后的行动？王安石有云："不患人之不能，而患己之不勉。"于是就有了"总结自律格言"的创意。一句句充满稚气和个性的自律格言在孩子们的笔下诞生，自创的小小格言为活动带来了巨大的推力。

请看学生的"自律格言"（摘录）：

只有幼时养成自律的习惯，长大才能走向成功的彼岸。

——四（2）班陈颖姿

我们是花儿，自律是泥土，它会帮助我们茁壮成长。

——四（4）班　姚扬

生活中没有自律，我们就好像没有翅膀的鸟儿。

——四（10）班　莫然

六、评选"自律小明星"

"自律，从我做起"活动中涌现出大批表现突出的孩子，为了让活动开展得更加深入，年级组在各班评选了"自律小明星"，在月总结会上表彰这些有显著进步的孩子。

四（9）班杜昆儒在介绍经验时说：自从进入四年级，我们的功课逐渐多了起来，但是我仍然坚持不懈地练钢琴，还参加了在德国举行的戈特里安——施坦威国际钢琴大赛。我是如何应对这些课外的任务呢？平时我给自己规定：周一到周五每天早晨到琴房练琴40分钟，晚上坚持练琴一个小时，周六周日各5个小时。这样练琴的确很辛苦，每当我想出去玩的时候，我就用郎朗、李云迪的成就鼓励自己，渐渐地我的意志越来越坚强了，做事更有耐力了，我体味到了"全神贯注""专心致志"带来的喜悦。

七、展示自律成果

一个学期结束了，"自律，从我做起"德育活动扎实而有效，同时收获了沉甸甸的果实。

6月13日晚6：30，年级组举行了隆重而热烈的展示活动，总结这一个学期的自律成果，表彰活动中的优秀学生。每个班还围绕"自律"主题表演了各具特色又蕴含自律深意的节目，让"自律"得到进一步的升华。

【点评】

1. 从孩子们的几个自律故事，我们可以看到通过自律教育主题活动，有的转懒为勤，有的戒除骄傲，有的学会良好共处，有的学会学习，有的坚持课余练琴……孩子们都在自律活动中逐步增强了自觉意识，觉察到自我发展过程中的不足或者需求，及时在行动中着力改进，并获得成效。于是或认知素质，或情意素质，或行为素质都得到了增强。

2. 从年级组的德育主题活动，我们看到了从学写自律卡、写自律故事，到自律班会、自律格言，再到评自律小明星、展示自律成果，在几个月里，造舆论，造氛围，促自省，促自觉，见行动，见成效。对于大多数学生来说，自觉学习素质主要是教育工程的结果，不能自发生成。

（二）"四维度"教师全人发展模式

早在1998年，广外外校就制定了学校发展的纲领性文件《广外外校发展教育模式》，确立了"实施全人教育，为学生的终身发展负责，培养走向世界的现代人"的办学目标，构建了"学生、教师、学校"三位一体的基本发展框架。让学生具备自我发展的能力无疑是学校教育的最高目标，问题是如何让学生具备这种自我发展的能力，关键在于教师，"自身不断发展的教师群体是促使学生发展的重要条件和必要前提"。按照"自育"的理念，教育的对象从来就是教育自己的主体，所以对教师的教育是教师自己，而教师达到"自育"则是学校教师发展的最高目的。

1. 教师发展内涵

"从教师专业发展的方式来看，主要有外塑培训和内塑自主两条道路，外塑培训是短暂的，有阶段性的，而基于自我完善的内塑发展则是伴随终身的。教师的专业发展真正成为可能，也只有通过教师的自我发展才能实现。教师的自主发展是相对于教师的被动的、消极的、规定性的发展而言，它强调教师在发展过程中表现出的主动性、自觉性和独立性。"（《教师自主发展论——教学研同期互动的教职生涯研究》金美福著，教育科学出版社）

　　叶澜教授认为，教师做的是育人的事业，首先要自己活得像个人，才能对别人产生影响。作为"全人教育"理念下的学校教师，我们也是从"全人"的视角来看待教师的成长与发展的。在《广外外校发展教育模式》纲要中，我们有这样的论述：我们认为，教师的全人格发展概括为生命的、文化的、社会的、职业的四个维度。"和所有人一样，教师的角色与身份是多元的。作为一个有生命的人，他/她应该生机勃发、意趣盎然，而非精神萎靡、情感苍白；作为一个文化的人，教师负有传承文明的特殊使命，他/她应该学养丰富、品德高尚，而非捉襟见肘、人格庸俗；作为一个社会的人，他/她应该是权利和义务的统一体，全力奉献社会，同时得到社会的承认——物质和精神的承认；作为一个职业的人，他/她应该勤奋、敬业、不断实现自身的专业化成长，而非敷衍塞责、不思进取。"（《广外外校教育发展模式——教师发展的四个维度》）我们强调全人格发展是教师专业发展的基础，只有全人格的教师才能培养全人格的学生。

　　2. 教师发展策略

　　对于教师的发展，我们追求的是个体自主发展和协同发展模式同步交叉进行。首先，让教师成为自己生涯规划中的主人，把学校变革的需要和教师自我参与变革的自觉结合起来，这样，学校变革的愿景内化成每位教师自我生命更新的需要，才会产生持续、持久且强大的动力。基于以上理念，我们通过以下策略促进教师的自我发展：

（1）读书——教师"自育"的前提

如果说全人格发展是教师专业发展的前提，那么读书则是教师全人格发展的前提。因为读书能改善一个人的心智，提高一个人生命的价值。一个读书的团队就是一个有战斗力的团队，通过读书建立共同的价值追求，形成共同的愿景，营造心有灵犀的团队教研文化。所以，我们把读书从最初的工作"常规"变成现在工作的"常态"，从教师的"学习方式"变成教师们的"生活方式"，从最初的"教学需要"变成现在每位教师的"生命需要"。

那么具体读什么书？怎样落实读书计划呢？我们也有一套整体的思路和具体的做法。

先说读什么书吧。我们推出的读书计划是从"教育通识"到"学科专业"，再到"人文社科"，到"心理健康"教育，最后读诸子百家及佛、道、儒、禅等。

怎样建立读书的机制呢？

对教育通识类的书籍，我们采取的是全校统一购买。例如，我们分学期给教师统一购买了《论语新解》（钱穆）、《陶行知教育名篇》（方明）、《给教师的建议》（苏霍姆林斯基）及肖川的系列教育随笔……这类书中的内容是作为一个教育工作者需要具有的普及型知识，读这些书是教师专业化成长的前提。这些书发下去之后，老师们通过自己阅读、教研例会交流、期末写读书笔记等方式来落实。

对于专业性的书籍，我们采取的是分教研组购买。每学期每个组利用学校拨下来的教研经费根据需要统一购买，同时利用教研会进行读书交流。读这类书可以为我们的专业化成长助跑。有一个学期，我们的各组老师通过阅读专业书籍，将全国各个流派的教学法放在一起比对，最终总结和提炼出我们广外外校的"生本""生成"高效课堂三要素，即目标分层、过程互动、反馈自主。

对于人文社科类，我们采取推荐的方式让老师们自己购买。我们推荐的有：《思想国》（熊培云）、《重新发现社会》（熊培云）、《国家记忆》（章东磐）……这类书不但能帮助老师们提高人文素养，而且是教师全人格发展的精神食粮，更为重要的是它们能让老师们跳出教育看教育，以更广阔的视野和眼界来回望教育，追溯教育的本质，回到教育的原点思考教育。

此外我们还在学校的图书馆建立心理健康教育书籍阅读专区，因为老师们在日复一日的高压、琐碎的工作中，很容易走向职业倦怠，造成心理的亚健康状态。此类书能帮助老师们由内而外地进行自我审视和自我调整。

记得南怀瑾先生有精妙的比喻，他说：儒家——好比粮食店，为俗世男女提供必不可少的精神食粮；佛家——是百货店，提供日常用品和日常所需；道家——是药店，有灵丹妙药，用于治病救人。儒家重"治世"，道家讲"治身"，佛家求"治心"。我们利用沙龙和茶座的形式引导老师们阅读诸子百家书籍，目的是在老师们遇到困难的时候，能够学会"退一步，海阔天空"。

通过读书，掌握人生的智慧，学会智慧地生活，在工作中活出生命的意义，这就是我们所追求的教师全人格的发展及教师发展的四个维度。

讲话稿 ▷ **读书即需要，写下便永恒**

——疫情期间广外外校第 20 个"云上读书节"写给老师们的话

广州市广外附设外语学校　叶和丽

以往的这个时节，我们的读书节正在校园里如火如荼地开展，读书的氛围犹如这个明媚的春天，一派繁花似锦。

搁在案头的有些时日的这些书，借助这个长长的假期全部读完了。在此，有些话想在这个特殊的应该读书的季节里和大家分享。

记得俞敏洪曾经说过"教育最可怕的是一群不读书的教师在拼命教书"，道出了中小学教师的部分实情。中小学教师的工作除了教书，更多的时间被耗费在学生管理、家校沟通、评比检查、作业批改、考试升学等每一件烦冗的琐事上。教师还要挤出时间进行教研学习、备课研讨等，最后留给自己读书的时间和心理空间少之又少。

作为一名曾经的老中师生，现在回头看那时的师范教育不仅仅是为每一个中师生打下了宽厚的综合素养的底子，更重要的是三年的师范生活教给了我们每个人要爱读书、会读书。因为当时没有高考的压力，我们得以有更多的时间和空间去读书和发展个人的兴趣爱好。

读书，点亮人生的航向

我读书的记忆始于那个鸟鸣草翠的春天，家乡的那所小学校依山傍水，山脚下一条淙淙的小河从校门前潺潺流过，前面是一片金黄的油菜花地，蜂蝶嬉戏，花香醉人。那天，坐在学校后面盛开着映山红的小山坡上，我慎重地摊开那本绿色封皮的作文选——它是去县城出差回来的班主任老师带给我的礼物。就是这本在当时标价两角八分钱不到四十页的课外书，让我惊喜地发现：除了我们所学的语文数学课本，还存在着一个别样的书的世界。从此，我便执着地朝着这个让我梦牵魂绕的世界进发。

我不可救药地爱上了阅读，从糊在墙上的旧报纸、同学家的小人书到报亭的彩色杂志、老师家壁橱的藏书，凡是有文字的地方就会有我近乎贪婪的阅读的眼睛。从最初的捡书读、借书读，到能自己买书读，再到现在推荐书给别人读，凡是有书的地方总会有我驻足的身影。从读文学，到读大部头的教育教学理论，再到读历史、哲学、心理学，甚至社会学、经济学，凡能开启智慧、涵养人生的书籍都渐渐挤上了我的书架。

本人读书还有个特别的习惯，就是喜欢做读书笔记。在学生时代，经济条件所限，那时家中没有藏书，所读的书都来自图书馆或者藏书人的书架上，我充分体会了"书非借而不能读"的紧张刺激。我把书中的重要内容尽可能多地记下来，参加工作后，我发现自己所记的读书笔记摞起来竟然有半人高，这是我当时最大的一笔财富。慢慢地，经济条件有所好转，有钱买书了，我就把读书笔记写在书上。每一本自己读过的书上面都密密麻麻地写满了我阅读时的思考，这个时期是"书非买而不能读也"。每次出差，最重的行李可能就是在行李箱底层的那些书了。记得有一年带学生到英国游学，背到英国房东家的几本书在回国的时候因为担心行李超重，只好把看过的书丢弃在房东家里，谁知被同事又全部背回来了，他也住在这个房东家，看到了我留在案头上的厚厚的几本书，他说不仅仅是那些值得读的书，还有书上我留下密密麻麻的笔记都应该作为特别的珍藏。现在虽然读电子书更方便，但是因为我已经习惯了把纸质的书页同时当成记读书笔记的本子，所以一本本装帧精美的纸质大部头书源源不断地攻占了我的一个又一个书架。

"胸藏万卷凭吞吐，腹有诗书气自华。"记得小学特级教师窦桂梅说过："读书是女教师最好的美容。"同样作为一名小学教师，我更相信，无论你给学生讲多少学习的知识，都不如让他接触一位书香氤氲的老师更为有效。

如今，虽然教育教学管理工作的繁忙越来越挤占了读书的时间和空间，但我依然在周末、寒暑假的时间多读书，我认为这是一种非常享受的生活方式。每个学期，我会将自己读过的好书推荐给同事、学生和家长，我认为这是我作为一名教育教学管理者和教师的责任，同时我更体会到分享的快乐。

写作，沉淀生命的厚度

记得叶澜教授曾说过："一个教师写一辈子教案不一定成为名师，如果一个教师写三年教学反思可能成为名师。"

《重新发现社会》一书的作者熊培云有一句话"自由在高处"让我感触很深。教育教学的写作经历让我懂得：即使是日常琐屑的小反思、小叙事，也能成为个人成长的阶梯，这种阶梯帮助我们登上"高处"。

写作到底意味着什么？葡萄牙作家佩索阿曾经说过："写下便是永恒。"对于我们教师来说，写作更像修行，写作的过程也是成长的过程。我们应该以思想作为犁铧，在学校教育的这片厚土上勤奋耕耘，剔除石子，捡出蚜虫，敲碎板结的土块，将"心和种子一起埋进地里"。写作还可以让我们在经年累月的修行中逐渐去除火气、小家子气，在成长中逐渐荡涤掉笔端的矫情与亢奋，学会沉淀，学会冷静，让人变得越来越睿智，文风也愈来愈大气。

多年来，我个人从读书笔记到教学反思，从课堂实录到教学论文，从教师的听课随评到学校教学管理的宏观总结，一路走来一路沉淀，反省自己，指点别人，笔耕不辍，收获颇多。六十几篇教育教学论文分别在《人民教育》《中国教育报》《课程·教材·教法》《中国小学语文教学论坛》《广东教育》《教师月刊》等发表，多篇还被选入华东师大出版的《教师专业发展》《赢在课堂》等中国名师系列丛书之中。

作为一名教育教学管理者，我还要带动全体教师读书和写作，营造浓厚的教研学术氛围。我们由最初的"一言心得垫高教育人生"教学反思的提倡到后来的每月"千字文"的教学小结，到学校人人参与的课题研究，再到教师个人专著的不断出版，学校已经形成一个强大的学术研究的磁场，每一位教师在这个磁场文化的熏陶中，教育科研能力获得突飞猛进的发展。同时，教育科研所产生的强大生产力也带动学校的教育教学质量一路攀升。

（2）实践——基于课例研讨的"自育"方式

教师的专业发展最终发生在课堂上，所以行动研究是教师专业发展的主要途径。基于课例的研讨成为我校教师专业化成长的主要方式，每学期我们每位教师必须开设至少一节公开研讨课，这些公开课可以是备课组以人为镜的"同题课"（同一个备课组的教师上同一个课题的课，彼此互相观照，取长补短），也可以是以己为镜的"反思课"（有"两课两反思"，还有"一课多反思"，通过反思来促提高），当然更多的是以生为镜的"会诊课"和有着明确教研主题的研讨课。

重点讲一下"教研主题研讨课"。"教研主题"的含义有两种：一种是对教学内容而言，另一种是对教研方向来说。"教研主题研讨课"强调教师是研究的主体，基于教学的问题才是有价值的。

比如我们开展的关于"课前先学"的主题研讨。先学到什么程度？不同的学科有不同的定位：语文学科总结出了单元通读"三大件"，课文预习"八小件"（标段画词查新词，注音写字并组词，精彩语句写批注，提问两个课题处）的经验模式；数学的课前小研究通过不断的总结和提升，目前也总结出了"六种方式"（实践体验式，以旧引新式，以退为进式，循序渐进式，整体建构式，疑难突破式）；英语作为非母语，先学存在一定的难度，但老师们从兴趣出发，从情境入手，课堂三分钟"脱口秀"和课中的文本再构已经成为英语课堂教学改革中的亮点。

再比如关于"小组建设与课堂合作"的主题研讨，老师们通过"组间同质，组内异质""座位就近，动静搭配"的建组原则及"各司其职，人人发言，个个补充"的交流原则，将新课程"自主合作探究"的理念在课堂上得以具体落实。在主题研讨课上，无论小组交流还是全班发言，后一个同学一定要在前一个学生发言的基础上，或有所补充，或纠正，或质疑，或评价，做到后语接前言，生生互动，师生互动，动态生成，以此训练学生思维的逻辑性、连贯性、流畅性。

案例▶ 改变 激活 生成

——"四自四导"理念在《草船借箭》教学中的运用

广州市广外附设外语学校　文红梅

指导理念：教育的作用是使人天天改造，天天进步，天天往好的路上走，就是要用新的学理、新的方法来改造学生的经验。　　　　——陶行知

前言：虽然按原设计完成了《草船借箭》一课的教学任务，但我心中还是留下了些许遗憾：课堂上，因为导课的平常，学生参与不积极，生气不足；因为评价方式的普通，各小队合作学习、汇报时人气不旺；因为对合作学习的方法指导不够，每个人的灵气没有被充分调动出来；因为忽视了课本中现有的学习材料，让学生失去了大胆尝试的机会；因为只是把"学会运用"的理念浮于表面，学生的才气没有得到完全的展现……

马克思说过人的类特性就是"自由自觉的活动"。培养自觉能动的人就是要在教育的基础上，导引受教育者正确的发展方向，在受教育的过程中不断地提升个人的认知能力。学生的"四自"——自定向、自运作、自调节、自

激励，教师的"四导"——导定向、导运作、导调节、导激励，都在这个过程中彰显着其巨大的作用。而现代教育也正是在这样的过程中展现它真正的价值，教育在传授知识、技术的同时，将自觉能动的习惯、能力予以植入，教育在此时才能真正塑造人。

当课程由"专制"走向民主，由封闭走向开放，由专家走向教师，由学科走向学生的时候，课程不再只是特定知识的载体，而是教师和学生共同探求新知的过程。学生与教师共同参与课程的创建与开发，教学过程成为课程内容持续生成与转化、课程意义不断建构与提升的过程。课堂教学的最终目标是让学生"学会学习"，学生学习的过程应时时蕴含、渗透"学会学习"的理念，教师的教学设计需要不断地尝试、运用、反思、调整，让学生自然而然、耳濡目染、潜移默化地形成学会学习的素质。

循着新课标指引的方向，想要改变这节课中的那几处"遗憾"的愿望就更加强烈，这种感觉都来自课堂教学的生成，也正是有了这些教学过程中生成的遗憾，才有了让我运用"四自四导"的发展理念在另一个班进行教学同一篇课文的新尝试。

一、改导课，激活生气

指导理念：强迫不如说服，命令不如自愿，被动不如自动。

——陶行知

原设计：

师：《三国演义》是我国文学史上的一部巨著，它其中闪光的思想影响了几代人，其中的三国人物更是灿若星辰，今天我们所要学的《草船借箭》就是选自《三国演义》第46回，请同学们利用事先查阅的资料介绍《三国演义》和其中的重点人物诸葛亮。

生：（学生照本宣科，泛泛介绍）

改动后：

师：课前布置同学们自读《三国演义》的精彩片段，请同学们把有关诸葛亮的回目抄录在黑板上并大声读出来，再用一句话概括主要内容。

生1：第37回"司马徽再荐名士，刘玄德三顾茅庐"，讲的是刘备三次诚请诸葛亮出山，帮他成就大业的事。

生2：第43回"诸葛亮舌战群儒，鲁子敬力排众议"，讲的是诸葛亮用自己雄辩的口才说服东吴联合抗曹的事。

生3：第50回"诸葛亮智算华容，关云长义释曹操"，讲的是火烧赤壁后，诸葛亮用计捉拿曹操的事。

生4：第95回"马谡拒谏失街亭，武侯弹琴退仲达"，讲的是诸葛亮以少胜多，用空城计吓退了司马懿百万大军的事。

改后效果：1. 课堂活跃起来了，学生跃跃欲试，津津有味地听着，时时帮助更正。

2. 扩大了课容量，既对文章重点人物进行有针对性的介绍，又由此延伸课外内容。

3. 使学生既受到传统文化的熏陶，又使课堂充满了勃勃生机。

反思：原设计那种强调共性划一的教学，使课堂教学成为学生服从教师完成学习的过程，自定向无从体现，因此要重视学生的个性差异和独特感受，给学生的求异思维留下空间，促进学生形成"你从这个角度说，我从那个侧面讲"的主动求异意识，为课堂教学带来蓬勃活力，让学生根据自己的爱好、能力、兴趣、标准去判断，选择适合自己个性特点的学习内容。改变后的"导定向"，不再把学生的思维局限在一个狭小的范围内，它既规定了与教学主题贴切的大范围，又适合学生在这个大范围之下灵动地"自定向"，让学生在这种动态变化的情境中学会"求变"和"应变"。

二、改评价，激活人气

指导理念：学生只有在情绪高涨、不断要求向上、想把自己独有的想法表达出来的气氛下，才能产生使作文丰富多彩的那些思想、情感和词语。

——赞可夫

原设计：没有设专门的评价，只是在学生汇报后，老师请大家用掌声鼓励。

师：第一小队汇报得怎么样？

生：好（有气无力地）。

师：让我们掌声鼓励（学生稀稀拉拉地鼓掌）。

师：（有些焦急）掌声能再大些吗？（学生一齐在教师的指挥下整齐划一地鼓掌）

改动后：

师：今天我们几个小队都要上来做汇报，我特别邀请来听课的蒋老师当评委，满分10分，每个组汇报完后老师会在黑板右侧给出得分，获得前三名的小队将获得三国人物小贴纸。

师（蒋）：（听完汇报后给出分数）因为第二小队同学声音洪亮，全员参与，表达流畅，我给9.5分。

生1：上场前提醒组员要大声发言。

生2：合作学习时把发言内容写成提纲。

生3（开场白）：我们小队一定会齐心协力，争取超过前面的最高分。

生4（结束语）：我们小队的汇报就到这里，请大家批评指正。

生5（结束语）：听了我们小队的讲述，是不是已经把你带到了硝烟弥漫的三国古战场？请大家为我们的精彩表现鼓掌！

改后效果：1. 主持语精彩纷呈，或自信，或谦虚，或鼓励，或自勉。

2. 对前面小组汇报时出现的问题在后面的汇报中能有意识地进行矫正，汇报水平逐级提高。

3. 每个学生都很重视各自小队的人气指数，课堂热度骤升，使他们更加重视合作学习的过程，珍视合作学习的成果。

反思：课堂教学是教师和学生共同探求新知的过程，教师和学生是课程的有机构成部分并作为相互作用的主体，改动后的评价方式就成了师生双方互动提升的一个途径，难怪原来单向的"导激励"方式不为学生所接受。教师的激励性评价，目的是促使学生自学知识，提高学习能力。"导激励"带动起学生内在自我实现的需要。于是"自激励"的作用在小队的合作学习中凸显。这种因评价而引起的学生自发性，会促使他们纠正偏颇，发扬优点，为学生参与发现提供了机会，而且伴随发现所带给学生的愉悦、成功又会进一步激发学生深入探究的内在动机，既能让学生在自主探究的过程中获得成功的快乐，又能使学生从中领悟有效的学习方法。

三、合作学习，激活灵气

指导理念：教师不必刻意去追求要使学生"怎么怎么发展"，而必须遵循人才成长的规律，是小草就让它装饰大地，是参天大树就让它成为栋梁之材。

——门肯

原设计：合作学习前没有给出具体的学习要求，小组拿到思考题后，大多指定一个代言人发言，其他人或无所事事，或事不关己，或七嘴八舌，呈无序状态，"合作"二字无从体现。汇报多是一人讲述，汇报的只是一个人的思想，泛泛而论，多数同学注意力不集中。整个课堂气氛沉闷，形式单一。

改动后：

合作学习前，教师提出小组合作的学习要求（大屏幕出示）。

1. 成员共同合作完成讨论题，组长主持，人人参与。

2. 汇报时有主持，有介绍，有总结，不超过3分钟。

3. 汇报时每组不少于3人（包括主持人），讲述清晰，有条理。

生：第三小队讨论题：读了《草船借箭》，说说诸葛亮是个怎样的人。

合作学习过程：

1. 小队长分工：小队共五人，一人当主持人，负责开场和结语，其他四人分别说说诸葛亮的一个性格特点。

2. 集思广益：小组讨论人物性格——机智、勇敢、博学、宽容，分别由四人举例讲述。

3. 各自准备，完善内容。

4. 集中试说，组内纠正指导。

改后效果：1. 变一人汇报为全员参与，调动了学生学习的主动性、参与性。

2. 要求汇报时有主持，有总结，增强了学生的口语交际能力，使小队的合作学习成为一个流畅而完整的体系。

3. 因为有了组长主持，整个合作学习有序、高效，使教师的教学设计落到实处。

4. 汇报形式多样，充分调动学生各自的特长。学生充满灵气，时时有不俗的表现。

反思：原来课堂上有过合作学习时无序、混乱的经历，其实还是因为教师的要求、点拨不到位和对学生学习过程的预见性不够。"导运作"在合作学习中没有起到应有的作用，导致学生在"自运作"中思路阻塞，操作迟缓，心灵封闭，无创造性。改变为"导定向"，有了小组长的合理分工，有了大家的合作互助，学生在充分自主地参与学习和承担"主角"地位的时候，他的"责任感""成就感"都会使他变成独立者、自主者、主人翁，促使他的思维迸发出更多闪光的火花。学生不仅在新的合作学习方式中各取所需，各展所长，还在轻松愉悦、乐于探究的氛围中学懂了文章，而且在课堂中构建了"生生合作""生师合作"等多种形式交互进行的立体型的交流网络。学生的个性得到充分的发展和体现，课堂呈现出精彩纷呈的多元化感悟，这正是学生的"自运作"显示的力量。

四、改文为图，激活勇气

指导理念：所谓课上得有趣，这就是说学生带着一种高涨的、激动的情绪从事学习和思考，在学习中意识到和感觉到自己智慧的力量，体验到创造的快乐。

——苏霍姆林斯基

原设计：

师：请同学们再读课文，用自己的话给大家讲讲《草船借箭》的故事。

因为对课文了解较多，学生能流畅讲述，但不够生动，基本上是照文宣讲，几个学生讲述的内容大致相同，没有太多的创意，调动不起学生的情绪。

改动后：

师：请同学们仔细观察课本第53页的画面，结合课文内容，发挥自己的

想象，讲讲课文中最精彩的部分。（大屏幕出示课文插图）

生：话说诸葛亮接了周瑜让他三天造十万支箭的军令，就请鲁肃备好所需物资，第三天的四更时分，他要鲁肃来到船上，一起去"拿箭"，鲁肃心中替他担忧，哪有闲心喝酒，一脸愁容坐在那里一言不发。快到曹营，诸葛亮命令军士擂鼓高喊，他知道曹操一向谨慎，不会出兵。果然，曹操只让放箭，不一会儿，几条船两面的草垛上都插满了箭。曹操知道真相后，懊恼地说道："我上了诸葛亮的当啊！"鲁肃看到这些，由衷地佩服诸葛亮，一扫愁容，陪他喝起了庆功酒。周瑜听到此事，心里虽有不甘，但也不得不佩服诸葛亮的神机妙算。这真是：诸葛借箭用奇谋，周瑜妒忌终必败！

改动效果：1. 依照插图，人物形象更直观，入境更快，学生讲述重点更集中。

2. 插图和课文内容结合，激发学生的想象和对细节的描绘。

3. 直观的插图、易懂的画面，激发了学生的想象和表达的勇气，使复述课文内容、讲述课文梗概成为一个更富有挑战性、创造性的训练。

反思：生动的画面比文字更有趣，适时地在字、词、句、段的训练中插入课文的插图，会让学生感觉到自己智慧的力量，体验到创造的快乐，此时的"导调节""导运作"就显得尤为重要。教师将学习方式重新调节，变文为图，加入了引导学生想象的内容，鼓励学生自由地表达自己的思想，鼓励学生大胆质疑，敢于提出自己不同的意见。唯有这样，我们的课堂才有可能成为培养创新意识的沃土，学生才能积极主动、创造性地学习。在这里，学生的任务不在于接受现成结论、固有现象，而在于敢于质疑、敢于创造，并在这其中获得认知，发展思维，学生的学习能力也在自运作、自调节中不断提高。

五、改结尾，激活才气

指导理念：知道事物应该是什么样，说明你是聪明的人；知道事物实际是什么样，说明你是有经验的人；知道怎样使事物变得更好，说明你是有才能的人。

——狄德罗

原设计：

师：学了这篇课文，能讲讲你的收获吗？

生 1：我知道了诸葛亮是一个神机妙算的人。

生 2：我知道了诸葛亮是怎样用草船借到箭的。

生 3：我了解了《三国演义》中许多有关诸葛亮的故事。

生 4：我要学习鲁肃的热心助人、诸葛亮的宽容机智，不要像周瑜那样总是妒忌、陷害别人。

......

改动后：

师：围绕文章的写作特点，请第四组同学从文章的结构布局、细节描写、人物刻画等方面，谈谈《草船借箭》的读后感。

生1（主持人）：大家好，下面请我们组的四名同学从结构、细节描写、人物刻画、修辞方法等方面给大家谈谈学了《草船借箭》一课有什么收获。

生2：这篇课文是按事件的发展顺序记叙的，不但整个事件有前因后果，事件中的一些具体情节也都有前因后果。文章层层将事件的前因后果展示出来，条理清晰，让读者能深刻地理解课文内容。

生3：本课人物对话比较多，这些对话既交代了故事情节，又体现了人物的内心想法。例如，周瑜和诸葛亮谈造箭的事，周瑜表面客气，内心暗藏杀机，表现了他心胸狭窄，凶狠狡诈；诸葛亮明知周瑜不怀好意，却以大局为重，从容镇定，令人佩服。

生4：文中的人物性格鲜明，语言各具特点。周瑜的阴险狡诈，诸葛亮的胸有成竹，都是从多方面进行对比描写的，生动形象地展现了他们不同的性格。

生5：我觉得文章的题目起得特别巧妙，一个"借"字就吸引着人想要看个究竟，以后我的作文也要起这样吸引人的题目。

生1（主持人）：希望大家能从我们的发言中有所收获，并把这种方法运用到自己的作文中，祝愿大家都能写出美妙的文章。

反思：学生五花八门的答案，看似热闹，其实多与前面所汇报的内容或重复，或交叉，智慧含量不高。改动后的"导调节"剔除了对所学知识无效的重复，另辟蹊径，着眼于学生运用能力的训练上，使得学生自行调节所学新知和学习能力，既是一个复习回顾的过程，更是一个自我理解、运用的过程。教师在教学中既要让学生掌握有关知识，又要教给学生终身受益的学习方法，引导学生形成自动、自觉、自得地寻求知识、获取知识的能力，让学生的学习不仅仅停留在感知、欣赏的层面，更要上升到运用的高度。这种改变让学生在语言实践中理解、积累和运用语言，使学生真正成为课堂学习的主人，使他们真正成为聪明的、有经验的、有才气的人。

结束语：正如冯国文教授在《论以学生发展为本和以自我发展为魂的育人模式》中说："......学生发展过程中，自我发展是灵魂，人格发展是根本。教育的育人目标，应当是教育学生学会发展，尤其是学会自觉地自我发展"。《草船借箭》的改变，正是教师改变了"四导"，使学生生成新的"四自"的表现。教学方法的转变，激活了课堂气氛，活跃了学生的思维，使学生真正成为课堂教学的主人，为培养学生的创造素质、发展创新思维提供了有利条件，有利于调动学生学习的主动性、创造性，锻炼学生的口头表达能力、组织能力、应变能力，使学生的个人感受和独特见解得到尊重，从而培养了学生自主学习能力和钻研精神，使学生形成良好的学习习惯。

改变缘于生成，改变的是课堂教学的节奏，改变后的节奏是使教学诸要素相互渗透、相互作用所产生的有秩序、有规则、有节拍的合乎规律和富有美感的变化和运动。改变后的课堂和谐了，有了张弛，快慢、起伏犹如一支动听的乐曲。就让思考后的改变带来今后更多的双向互动、和谐共存，把"四自四导"的自我发展理念深深地根植于我们的课堂中。

主要参考文献：

1. 黄亢美. 小学语文课程理念与实施 [M]. 桂林：广西师范大学出版社，2003.

2. 苏霍姆林斯基. 给教师的一百条建议 [M]. 周蕖，王义高，刘启娴，译. 天津：天津人民出版社，1981.

3. 魏书生，张彬福，张鹏举. 魏书生中学语文教学改革实践研究 [M]. 济南：山东教育出版社，1997.

（3）科研——理念与实践联姻产生生产力

教师的专业化成长最终需要借助科研跃上新高度，否则，仅仅停留在经验基础上的成长只是"经师"，不是"学者型教师"。所以，教师一定要朝着科研之路攀登，在实践中总结和提升，用提升的理念进一步指导实践。这就是理念与实践的联姻能产生生产力的缘故。

我校具体的策略是采取"课题超市"的运作方式。本着"问题即课题"的原则，先让教师申报个性化的课题，对教师申报的个性化课题学校进行统一的审核、认定和汇总，形成"广外外校的课题超市"，然后让教师在"课题超市"中通过"菜单式"选择来最终确定自己的课题，这样做到"组组有课题，人人都参与"，让每位教师进入一种研究的工作状态中。

每学期开学，教学处先就"小课题研究"的相关理论知识给大家培训，同时让在课题研究中走在前面的教师进行现身说法，通过他们的经验介绍，以点带面，调动全体教师课题研究的兴趣和热情。课题研究的过程管理交给教研组和备课组，要求做到"三结合"：一是让课题和自己的公开课相结合，二是让课题和日常教学相结合，三是让课题研究和每月的"千字文"相结合（"千字文"是教师每月的教学反思，要求每位教师每月要写不少于一千字的教学反思、教育教学叙事、教学设计、读书笔记等，俗称"千字文"）。

在教师专业发展中，我们的体会是教师的观念转变不是一个一蹴而就的过程，而是需要时间和反复磨合，要允许教师有一个逐步认识和接纳的过程。要以行动研究的方法，引导教师将学校的各种理念转化并落实到自己的教育教学等工作实践中。将教师的专业素质、人文素质以及职业和生命价值的共同实现更好地有机结合起来。

其实，当理念形成，氛围形成，人的状态就变了；人的状态变了，一种良好的校园文化也就形成了。作为一种已经形成的氛围和文化，反过来又能达到影响人的目的。教师，就是在这样的氤氲和熏陶下，逐步实现专业的自我发展。

案例 ▶ 论在"自育"框架下关于"有效教学"的策略与实践研究

广州市广外附设外语学校　叶和丽

【摘要】"自育"是"自我发展教育"的简称。马克思说："自由自觉的活动恰恰就是人的类特性。""自由"是掌握运用了规律后的境界。"自觉"包含了认知、情感和以意志为特征的一种心理，具有主动性、目的性、计划性、协调性和预见性。有效教学不是指教师教给学生什么，而是教师怎样引导学生学习。有效教学的基本目标是通过改变学生的学习方式达到高效率地提高教学质量，从而促进学生的全面发展。我们在这里提到的有效教学是相对于无效和低效教学而言的。基于以上理论，我校以"自我发展教育"为理念，以课堂为主阵地，以教师发展为核心，打造有效教学的课堂，提高教育教学质量，从而促进学生的全面发展。

【关键词】自我发展教育；有效教学；学生全面发展的框架体系

一、缘起与背景

21世纪之初，基础教育课程改革在党中央、国务院的直接领导下，以令世人瞩目的迅猛之势在全国顺利推进。这次改革，步伐之大，速度之快，难度之大，都是前几次改革所不可比拟的。它将实现我国中小学课程从学科本位、知识本位向关注每一个学生发展的历史性转变。但我们同样也看到，这次国家规模的课程改革在行进的过程中，由于高考制度滞后、教育立法滞后、教师研究滞后三大瓶颈的制约而面临重重困难，甚至有举步维艰的感觉。作为限制新课程推进的三大瓶颈，前两则有待国家政府的宏观调控，第三项则是我们可以考虑和改变的。

"教师成为研究者"——不仅要研究教学内容，做课程的开发者，同时要探索有效教学的策略，探索如何创设情境和氛围，如何设计教学活动，如何搭建师生、生生之间交流的平台，如何构筑研究性学习的支撑系统，如何评价学习的效果，等等。一句话，新课程的实施，决战在课堂！只有抓住课堂这个主阵地，从教师的成长入手，提高课堂教学的质量，才能真正实行把学生置于教育教学的中心位置，这也是新课程和旧课程的分水岭。

《学会生存》一书中说："未来的学校必须把教育的对象变成自己教育自己的主体。受教育的人必须成为教育他自己的人；别人的教育必须成为这个人自己的教育。""自育"是"自我发展教育"的简称。马克思说："自由自觉的活动恰恰就是人的类特性。""自由"是掌握运用了规律后的境界。"自觉"包含了认知、情感和以意志为特征的一种心理，具有主动性、目的性、计划性、协调性和预见性。

有效教学不是指教师教给学生什么，而是教师怎样引导学生学习。有效教学的基本目标是通过改变学生的学习方式达到高效率地提高教学质量，从而促进学生的全面发展。我们在这里提到的有效教学是相对于无效和低效教学而言的。

二、框架与策略

基于以上理论，我校建立了以"自我发展教育"为理念，以课堂教学为主阵地，以课程建设为突破口，以教师发展为核心的有效教学框架体系。

（一）有效备课

一所学校的发展主要靠的是教学质量，而教学质量的高低取决于课堂教学。课堂教学的质量如何，则取决于教师的备课。所以，向四十分钟要质量，首先得向教师要备课的质量。那么，什么又是决定教师备课质量高低的因素呢？是教师本人的综合素质和上课前的精心备课。关于教师综合素质的提高所涉及的范围较广，也不是一朝一夕就能改变的，在这里不纳入讨论的范围。现在我们要讨论的是狭义的备课，即教师课前的准备和所写的教学预案。

首先，树立正确的目标意识。

教学目标是每位教师都非常熟悉的，因为它是备课的必经之路，是课堂教学的开端和起点，在教学预案中也是第一个被写下的。但正因为它处于无数次的重复当中，而慢慢地被老师们当成了一种不需要思考的条件反射，甚至被当作构成一个完整教案的"摆设"。特别是新课标提倡的三维目标，在课堂教学中怎样去体现？怎样去融合？预设目标和生成目标如何去处理？恐怕思考的教师不多。

有一种耗散结构理论说，初始细小的变化能在以后产生极大的差别，这种"变化"与"差别"之间的关系往往还不会以线形相关的方式出现。因此，人们在寻找原因的时候常会感到扑朔迷离。其实，教学目标就是这样的一个行为起点。一堂课的成功与失败，在很大程度上取决于教学目标是否合理。

第二，教学设计要给生成留下空间。

教师课前要做到精心备课，但这个"精心备课"绝不等于要设计一个多么详细的教案。写文章讲究通风透亮，给读者留下回味和想象的余地，你把什么都说白了，读者反倒读着没意思。教案的设计也是这样，要给课堂的生成留下空间，给学生留下发挥的余地才行，预设太细致的教案容易使课堂显得生硬。因为课堂是动态的、多元的，有时一个很不经意的场景会激发许多创新的火花，这就是课堂的生成。很多教师喜欢在教案中详细叙述自己的教学流程，即第一步干什么，第二步该怎么做，在课堂上严格执行这一流程。学生一有旁逸斜出，教师就进行生拉硬拽。例如，在我们的语文课堂上，经常会看到这样的现象：学生明明已经预习过课文，知道课文写了什么，但教师偏让学生从课题开始质疑。当学生质疑到课文写了什么，老师说："我们读读课文就知道了。"然后教师带领大家再读课文。再比如，在一节数学课上，学生在上课开始就根据教师所出示的几组数量关系完整地说出了三步应用题的解题步骤，但教师又偏偏把学生再拉回到一无所知的状态，然后从三步应用题的第一步开始讲起……

以上种种僵化的例子，就是教师在教学设计当中没能为课堂的生成留下空间，再加上教师课堂智慧不够，不能灵活应变，就导致了生硬而低效的课堂。所以，建议教师在备课时要准备充分，做到胸有成竹而简写教案（当然，对于刚刚走上讲台的教师，还是提倡写比较详细的教案，因为课堂上的应变机智虽然一部分来自教师本人的素质，但更多则取决于教师的讲课经验）。

课堂是一个动态生成的过程，预设越充分，生成也就越精彩。这种预设应该作为课堂精彩生成的准备，绝不是僵化的教学步骤。

俗话说，"一人交换一个苹果，每人还是一个苹果；一人交换一个点子，每人将获得无数个点子。"所以，集体备课和个人备课相结合，按照主题单元进行模块备课是一种很有效的策略。具体做法是备课组每位教师分单元承担备课任务，作为主备人的这位教师主持一个单元的备课会议，畅谈自己的备课思路，然后各位教师畅谈自己的想法，在此基础上形成总体思路。但具体到每位教师和每个班级的学生都是个性化的，所以需要教师在集体备课的基础上进行个性化的教学预设。

（二）有效教学

在探讨有效课堂规律方面，我们提出了"课堂教学四环节"策略。

第一环节：前置性学习指引（课前小研究）（学生自定向与教师导定向）。前置性学习指引（课前小研究）相当于我们以前说的课前预习，但又与传统的预习不同。传统的预习更多的是接受教材的内容，即现成的结论，是指向基础知识和既定结果的学习，重在对答案的寻求。而前置性学习指引是以研究的方式对学习的内容进行思考和探讨，进行实践体验，重在方法的习得和习惯的养成。无论是单元前置性学习指引，还是课时前置性学习指引，都要做到少而精，问题的设计要具有开放性，尽量避免设计得太满太碎。

第二环节：小组交流（学生自运作、自调节到互运作、互调节过程）。有备而来的学习是高效的（一定要在自主学习的基础上），小组合作是目前在班级授课制中能做到面向全体、建立良好的学习生态环境、培养学生良好的学习品质的有效策略。建立小组良好的学习生态环境需要遵循小组建立的原则（组间同质，组内异质），并规范小组合作时的组织、发言、倾听、评价、补充等细节。

第三环节：全班汇报（师生、生生互激励与互评价过程）。叶澜教授说过，"动态生成的课堂是有效的课堂"，但她这里所说的"动态生成"强调的是师生互动，而"自育"的课堂更注重"生自互动"（我对自己说：我学什么？怎么学？学得怎么样？）、"生生互动"（谁有不同意见或想和我交流？）。在"生生互动"中，要给学生提供语言规范和个性化的范式。比如"听了╳╳同学的发言，我深有感触，不过我还想再补充一点……"这样的语言提示有助于学生更好地进行"生生互动"。提供一定的语言范式是从提高学生的口语表达水平和口语交际能力出发的，学生对范式熟能生巧时，一般的范式就可以不存在了。

第四环节：课堂小结（学生进行反馈并自调节、自激励过程）。在这里，呼吁老师们一定要重视课堂"总结"这个环节，因为这是对学生进行知识整理、归纳、提升、反思等多种学习能力的训练。一般性的课堂小结谈收获较多，但课堂小结更要谈学法、谈问题，因为课堂"有效"的意义还在于把学生的学习和研究兴趣引向课外，向学生的生活方面做延伸。

（三）课程构建

在探讨学科本质、打造特色学科、培养学生良好的学科素养方面，以语文学科为例，谈谈该学科提出的构建"以语言表达为中心"的课程建设。

语文首先是语言艺术，在当前我们的语文教学中一味强调教师的教和学生的学的时候，恰恰忽视了学生语言表达的训练。根据我校"轻负荷，高质量"的教学特色和"建特色，创品牌"的发展方向，要求我们外校的学生必须在自信的基础上有较强的语言表达方面的优势，特别提出构建"以语言表达为中心"的高质量语文教育体系的设想。其框架如下：

以语言表达为中心的语文教学体系简图

第一，坚守课堂教学主阵地。

学生学会阅读的关键是在课堂上培养学生的阅读能力，我们计划在课时不变的情况下，通过整体设置、整合教材、压缩环节，拓展语文学习的资源并做外延。一年级运用"生本"教材，通过多种识字游戏，利用文本再构形式进行集中高效的识字训练，在"高效识字，高质量写字"的基础上，推进绘本阅读和加大对经典文章的积累和背诵。二年级在一年级大量识字的基础上，全力推进从"以读引读""以读引说"向"以读引言"和"以读引写"过渡。三年级以上，推进整体单元设计下的整体教学，即通过单元通读课—教材品读课—拓展阅读课—表达交流课—知识整理练习课—复习评研课—书法课七种课型，做到集语文的字词句篇、语修逻文为一体，熔学生的听说读写习惯养成为一炉，打造着眼于学生语文素养的单元整体课程设置体系。

第二，开展课内外阅读积累。

阅读积累包括知识的积累、语言的积累、文化的积累、情感的积累。这些积累都来自良好的阅读习惯，要求学生具备一定的阅读思考能力。为此，我校推出系列计划，开设多种活动促进学生阅读。例如，"经典诵读"计划，各年级开设的阅读课，每学期推荐的必读书目和选读书目，教师还针对所选书目每两周举行一次阅读讲座，每月对阅读情况进行调查和反馈，每学期中小学的图书换购成为校园的一大盛事……

另外，我校还提出了构建以"培养学生思维品质"为核心的数学教学体系，以"实际运用"为中心的英语教学体系，以"体育文化与技能相结合"的体育教学体系，以"培养学生兴趣加特长"的艺术、综合学科体系，等等。这些都是根据学科特点，抓住学科最核心、最本质的内容进行对课堂教学的核心定位，以达到有效教学的目的。

（四）校本教研

1. 主题研讨课。

我校每学期每位教师都要上一节公开课，这种公开课又叫"教研主题研讨课"。"主题"的含义有两种：一种对教学内容而言，另一种对教研方向来说。"教研主题研讨课"主要在新课程背景下，教师是研究的主体，基于教学的问题才是有价值的。以往对于专家们在学校搞的课题研究，教师们有的认为与自己的教学实际脱钩，或者根本不是自己感兴趣的课题，对于这种自上而下的教研方式教师们有一种本能的抗拒。真正的校本科研应该是自下而上的，教师们可以就自己的教学风格、教学特色确定主题，也可以就自己教学中存在的困惑提出问题，然后由问题上升到课题。例如，我校一位低段语文教师在实际的教学中发现低年级语文看图写话中的图总是没能发挥它应有的作用，于是，他把这个问题提到教研组讨论。他自己经过不断的摸索和探讨，在教研组老师们的共同研讨中，最后形成了"口创式阅读教学"模式，此种模式曾在《小学语文教学论坛》杂志上引起关注和讨论。

2. 主题教研会。

每学期教学处会根据学校的发展目标确定一个大的研究主题。例如，上上学期是关于"轻负荷，高质量"的课堂效率研讨，上学期是关于"培养学生良好学习习惯"的研讨，这学期在此基础上研究"什么是有效和高效的课堂"。在学校这个大主题下，各教研组再根据本学科确定研讨主题，如上学期在学校"培养学生良好学习习惯"这个大前提下，各教研组的研讨主题是：各学段学生学习习惯的养成研究，再到各备课组的诸如"阅读能力的培养""在口语交际中培养学生的倾听和思辨习惯"等小而具体的教研主题。教研组利用每月的两次教研例会并结合教研主题研讨课进行主题的深入研讨。

3. 校本教研文化。

文化是超越制度层面而存在的，是一个无形的"场"。当这种文化在经验的基础上发展起来，成为教师的一种习惯和日常生活方式的时候，那么，这种文化就成为一种导向，而且教师会不断成长。基于课例的研讨是最基本的教研方式，也是教师成长的主要方式。打造学校的教研文化，让教师在文化的氤氲中提升自己的专业技能，我们认为首先要从聆听与倾谈开始。

"带着思辨走进课堂"是学校对全校教师的要求。执教者上课前要与自己思辨：我这节课是基于学生的教学设计吗？教学目标定位准确吗？这是课前反思。执教者在上课后仍要与自己思辨：我这节课达到预期的目标了吗？现实的课堂和理想的设计之间还存在哪些差距？我还有哪些地方需要反思和改进？这是课后反思。

同样，要求听课的教师带着思辨走进课堂。每位教师每月必须听同年级同学科4节课以上，每听一节课，都必须提出自己的建设性的意见。执教人追着听课人问建议或听课人追着执教人提建议，成为小学教研的一道特别的风景线。学校的走廊、食堂、校园的小路……凡能驻足的场地，都能成为老师们教学研讨的地方。这种非正式的教研方式成为正规教研的有力补充，其效果甚至比正式教研更佳。因为非正式的教研可以是聊天式，可以是激烈辩论式，也可以是捶胸顿足式……性格不同，方式便不同。但大家的愿望只有一个，那就是希望你也希望我能把课上得更好，让学校的评课文化成为一种可持续发展的态势。

二、从"我要发展"到"我能发展"

(一)"四自四导"的希望放飞

广州市教育科学研究所副研究员冯国文教授，把学生"自觉自育"的发展通过建模思维，构建了教师"四导"策略下的学生发展"四自"模式，即自定向、自运作、自调节和自激励。冯国文教授强调，学生学会"四自"，离不开教师的导定向、导运作、导调节和导激励，简称"四导"。由教师的"四导"和学生的"四自"就构建成自觉发展教育的"四自四导"操作模式：

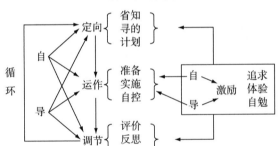

"四自四导"操作模式

冯国文教授进一步展开阐述学生发展的"四自"策略：

首先是自定向，学生要为自己确定学习的方向，包括大方向和小方向。大方向当然是将来成为有什么思想、有什么才能的人；小方向有多个层次，具体到学科的学习方向，学年、学期的学习方向以至单元、章节的学习方向。在定向中有三个内容：第一是省知，这是认识自己的一种表现，应当了解自己在学习新内容前的知识准备、现有的水平；第二是寻的，要找到、确定本段本次学习的目的、目标；第三是计划，要对本段本次学习做一个打算，计划内容，计划分工，计划时间，确定学习策略、方法。这是与元认知相适应的。

定向后是自运作，运作在此处含义广泛，泛指实施计划，可以是学习过程、讨论过程、自学过程、探究过程、解决问题过程、写作过程、实践过程、社会活动过程、劳动过程、制作过程等。当然在实施前还有准备，例如，预习、材料准备、工具准备、人员组织分工等。在运作中，学生要自律，控制自己的注意力、情绪和方法。

自运作后有自调节，这包括了对照标准的自我评价，评价后要反思自己在学习内容、策略运用、情感态度等方面的长短优劣，提出调整的措施。反馈后应当回到自定向，调节原计划和目的。

自定向、自运作、自调节三者构成了自我发展的监控过程。在这三个阶段中，其动力系统在于自激励。自激励首先指动机激励，尤其在自定向阶段，学生在一定的教学情境中激发起学习的兴趣、动机，推动着他们去追求。在自运作阶段，自激励表现为责任心、意志力。到了自调节阶段，自激励表现为对正反馈的自信心、成就感和负反馈时的忍耐力、持久力。自激励还指元认知体验和元情感体验后所产生的自我鼓励。学生通过"四自模式"的学习，逐步建立了自我发展的内在结构和运行机制，形成自觉的学习品质。

案例　德育叙事：家校协同，为孩子的成长助航

——《放飞希望》手册在家校协同教育中的运用

广州市广外附设外语学校　文红梅

小 D 是个 11 岁的男孩，聪明，但成绩中等。他喜欢政治军事，对课本不感兴趣；调皮好动，凡是两个人以上的活动，他总会引起摩擦。凡此种种，让老师头疼、同学疏远、家长忧心。批评、说服的教育方式不奏效，我们利用《放飞希望》手册，寄希望于家校协同教育。《放飞希望》手册是我校德育工作的特色，学生人手一本。里面描述学生的进步，展示学生的成就，评价学生的现状。这个载体有学习、德育等多方面的内容，有老师、家长、同学的参与和交流，学生在使用这个手册的过程中，会把自己活动中的认识、体验、感悟、反思真实地记录下来，能逐步增强主动性和自觉性。其中，光明周记、家长信箱、教师签阅、成长足迹、同学寄语几个环节对小 D 很有针对性。同时，教育理论指出，引导学生自我发展的教育是指教育工作者创设条件，综合运用元认知理论及组织理论对学生进行教育，引导学生认识自我、发展自我、自我发展，是自由自觉地发展的人的教育。

于是，利用《放飞希望》手册这个载体，新学期伊始，我们的家校协同教育正在进行中。

一、九月：我的新目标

开学伊始，我找小 D 谈话，帮他分析现状，提出要求——在《放飞希望》手册中真实地记录心声，让手册助他成功。他对这种新鲜的教育方式很感兴趣，表示会认真填写，并制订了学期个人目标。但是在具体的操作中，他的改变并不大，行为总有反复。

本学期个人目标：

学习态度：勤奋学习。	
学习成绩：期末考试争取班级前十名。	生活区表现：严守纪律，不犯错误。
各项活动：不为班级抹黑。	周量化考核：每周扣分不超过2分。

光明周记：

拔河比赛（第4周）

星期一，我们举行了一年一度的拔河比赛。记得去年，我们在比赛中失利，进不了前4名。这次我们的目标就是进入前4名，在比赛中，我们使出了吃奶的劲儿猛拉，赢了3班，却输给了2班，没有达到预期目标，老师对此很不满意。其实，当时我们个个都用尽了力气，只是队形歪了。

家长信箱：孩子对自己表现好的地方能详细口述给家长听，对自己表现不足之处就轻描淡写，既然对自己的缺点不敢面对，为什么不把它们消灭掉呢？在活动中能看到孩子对自己没有正确的认识，从作业上也能看到孩子上课没有认真听！建议给自己定一个认真做事的目标。

教师签阅：1. 一次活动促使我们要认真反思：开始时占优势，为什么后来却输了？是不是注意力不够集中？是不是责任心不够强？事理都是相通的，少些抱怨，多谢认真，才会有进步啊。（第3周）

2. 能感觉到家长对孩子要求严格。开学以来，孩子对自己的不足有认识，也有改变的行动，只是如果能持久些，就更好了。我会更多地鼓励他，提醒他，相信他！（第4周）

同学寄语：我们知道你很聪明，但是也不能每节课都不听讲，光顾着玩啊。被老师称为"跑神大王"，好听吗？希望下个星期把这个毛病改掉！我会监督你的哦。（第4周）

新目标：上课认真听讲，不玩东西。

评析：在学生自我发展的目标体系中，"四自三学会"显得尤为重要。《放飞希望》手册帮助小D了解自己的思想、品德、人格、认知、情感、意志、行为的实际情况。手册中老师、家长、同学记录的内容正是引导他朝正确的方向发展，在家校教育和自我教育的过程中不断地提升个人的认识能力，达到符合社会情势发展与自身禀赋相结合的"自由自觉"的行动。

二、十月：我在成长

成长足迹：

9月27日：我上课回答问题正确，被老师表扬了。

9月28日：英语第一次听写我就得了100分，我很开心。

9月29日：我问的问题，连老师都回答不出来，老师说这个问题很有价值。

光明周记：

回家乡的见闻（第5周）

在十一假期，我回到了老家。一路上，我看到很多破旧、简陋的平房，妈妈说那就是农村的学校。到了老家，我们走的都是坎坷不平的泥路。我们来到亲戚家，他们住在一栋老旧的平房里，因为家里穷，孩子没有上学，整天在家帮助务农。回来的路上，我还看到很多孩子在田里帮助大人劳动，我十分感慨。我们现在有这么好的学校读书，应该珍惜才对，而且要不断进步，如果再不认真听讲，就连他们都不如了。

第一次全家包饺子（第7周）

这个周末，我们全家齐动手，吃了顿我们自己包的饺子。上午10点多，妈妈就给我们分好工，爸爸拌好肉馅，我就按照在学校学的包法包起了饺子，时不时还变个新花样，弄得妈妈哭笑不得："这是不是饺子啊？"中午，每个人都吃了满满的一大碗。通过这次包饺子，我不仅学会了包饺子的技巧，还让爸爸妈妈品尝到了我的劳动成果，我们全家都沉浸在快乐中！

家长信箱：1. 假期在家表现不错，如果做作业的效率提高一些，会有更多的时间玩。只有在课堂上听懂了，才能提高做作业的效率。记住哦！（第5周）

2. 本周能够在家主动帮助家长做家务。在校期间你要有恒心和毅力做到最好！希望你上课认真听讲，不要走神；作业认真书写，不要潦草；要遵守宿舍纪律，按时作息，坚持睡午觉。（第7周）

3. 孩子在家开始有计划地写作业，有进步，要表扬！字写得也工整了，要继续努力！（第8周）

教师签阅：1. 又看到小 D 的进步了，好高兴！虽然还是发生了一次小争执，不过很快自己就想通了。讲给家长听听吧。（第 6 周）

2. 上课看其他书籍的现象还没有杜绝，专注力的培养是你下周的目标。（第 7 周）

3. 小 D 这周表现不错，一直在努力达到家长和老师帮他定的目标，尤其是做的幻灯片和手工作品很有特色，得到了大家的好评！（第 8 周）

同学寄语：1. 一周又过去了，每次帮你写评语，都有很多话要告诉你。这周，你有些毛病还是改不了，不过，还是有那么一点点进步。（第 6 周）

2. 你在作业书写、准确方面提高很快，数学课上再积极一点儿，相信你会更棒！（第 8 周）

新目标：1. 争取每天不被老师批评。

2. 科学安排时间。

评析：育人的重点在于人的精神。培养自觉能动的人的理论就是要让学生学会自我发展，在教育过程中令人的主体精神和身心力量得以张扬和发展，这就是所谓能动精神之所在。

教育不是造人，而是育人，将人性调教驯良，将品质雕塑培优。从上面两则光明周记中，我们能够看到小 D 在家长"向上"的引导下，感受亲情，主动地自定目标、自我调节、自我完善。在老师、家长和同学的鼓励下，他善于收集进取的信息，在实施中检查自己的言行，反思，辨析是非，注意调整自己的心理状态与言行，扬长避短。冯国文教授在《论以学生发展为本和以自我发展为魂的育人模式》中说："……教育的育人目的，应当教育学生学会发展，尤其是学会自觉地自我发展"。"自觉"二字在家校的协同教育中得以突出的体现。

三、十一月：遭受挫折

成长足迹：

11 月 28 日：由于作业没有写完，第二课堂时间被老师留下补课，不开心。

11 月 29 日：第二次测试成绩比第一次进步了 2 分，我很失望，觉得自己的成绩应该更好。

11 月 30 日：老师说下个星期就要进行手工作品展览，我还没有做好，急得像热锅上的蚂蚁。

光明周记：

烦人的事（第 10 周）

星期五，我想跟谢耀昌开玩笑，就把他的胳膊拧到身后，他很痛，还哭了。老师把这件事情写在了《放飞希望》手册里，我怕爸爸看到后会批评我，就想不带手册回家。可是我一想：不带手册回家，"光明周记"写不了，老师会批评我。后来，我决定下午上完课后再装进书包，可是后来还是忘记了。回到家里，爸爸知道了我没把"光明周记"带回来，就打电话给老师。爸爸知道了事情的经过，狠狠地教训了我一顿，还差点儿打我。爸爸说："犯了错误不可怕，最可怕的是隐藏错误，不去改正。"今后我再也不敢不带手册回家了，因为我实在很怕再有类似的事情发生。

教师签阅：柜筒太乱，被值日生警告；每天值日班长的违纪记录中，都有你的名字；"光明周记"书写不认真，被罚重写；上体育课用石子丢女同学；语文单元测试 82 分……小 D，忘了自己定的目标了吗？要加油哦！

家长信箱：1. 孩子汇报在校表现时，有意隐瞒弄哭同学的事情。逃避错误，只能使自己的错误越来越严重。只有知错能改，才是好孩子！（第 10 周）

2. 对于孩子在各科学习上存在的问题，我本周都给他一再重申，要求他遵守纪律，服从老师，并且处罚了他值日逃跑和找借口等不良行为，以后凡有类似的现象，请老师及时告知，以便及时予以纠正。只有严格要求，严格教育，才能帮助孩子改正错误。我们家长会全力支持，坚持不懈地与老师共同努力。（第 12 周）

同学寄语：1. 告诉你一个上课听讲的好方法吧：手里什么都不要拿，身体坐直，认真听老师的每一句话，思维专注，就不会走神了。（第 10 周）

2. 大家都知道这几天你被老师批评，你心情不好，可也不能总是低头玩东西啊！这是你最大的缺点，我不相信你男子汉大丈夫就改不了！（第 11 周）

3. 你不是很欣赏我们最近学的课文中那个"闰土"吗？他的知识面很广，这一点跟你很像，但是他为人诚恳，活泼可爱，就跟你很不像了。（第 12 周）

评析：人性中免不了有"自我"的一面，自觉性的发展是有阶段性的。从《放飞希望》手册的记录中，不难看出小 D 的自我意识发展是不完善、不成熟的。如何在学生的发展中因势利导地将人的优势发扬，将人的短处尽可能地补足，学生的精神领悟显得尤为重要。《放飞希望》手册中记录的内容，或中肯，或严厉，或劝告，或指导，目的就是将孩子的盲目被动状态上升到自觉主动状态。一段段的寄语，就是帮助小 D 设计自我意识、自觉性培养的目标、要求和方法。在他的实际成长过程中，让自发与自觉相互作用，相互补充，实现其从自发到自觉的飞跃。

四、十二月：体味成功

成长足迹：

12月6日：由于这周三我要参加班会课的"成功展示"，所以今天的体育课留在教室里练习，虽然不能跟同学一起玩，但是感觉很值得。

12月7日：今天上午，我们班的校级公开课引起了很大的反响，我特别开心。

12月8日：我们班的元旦节目是诗歌朗诵，老师让我领诵，我感觉很骄傲，要把握机会，好好练习。

光明周记：

第一次演讲（第14周）

生活中有很多第一次，可这个第一次演讲却很特别，让我难忘。星期三，在我们班举行了校级公开课《体味成功》，我进行了演讲——"解读美伊战争"。在演讲的时候，下面安静极了，我估计大家都在全神贯注地听。我讲完后，赢得雷鸣般的掌声。后来，我知道这次演讲使得很多老师都认识了我，而且我还给老师们留下了美好的印象。第一次演讲很成功，这可是我坚持每天刻苦练习才有的成果啊！下次，我会继续努力！

家长信箱：在老师们的悉心教导下孩子有了一定的进步，感谢老师们！我们希望小D能继续坚持下去，每天都进步一点儿，做个"天天向上"的快乐好少年，也希望老师们继续引导、教育、督促、提醒他。

教师签阅：感谢家长的配合，孩子关于美伊战争的演讲准备得很认真，演讲很成功，让老师和同学们对他刮目相看。只是课堂上听讲改进不大，继续努力。

同学寄语：小D，你好棒哦！看到你那天在公开课上的成功展示，很多老师都为你鼓掌，我们也为你感到骄傲。你不仅证明了自己的实力，还为班级争了光！我们相信你在其他方面也会取得成功。

评析：学生对自己成功的期望是他不断上进的源动力。这种"期望效应"所产生的积极向上的心理暗示，正是他自我发展过程中最强有力的推动力。手册中，大家帮助小D记录下他的"光明"的思想和优秀的行为，其产生的"期望效应"引领他不断进步。

赞可夫说："播种行为，可以收获习惯，播种习惯，可以收获性格，播种性格，可以收获命运。"《放飞希望》手册中记录了教师的教化和学生周记中的自我引导，使他学会关注自己的发展。他不但关注自己的现在，更在乎自己的将来，强烈的自我意识让他对自己的将来会有一番预想，这种志向让他有信心、有力量做好现在的事情，并在成长的过程中逐渐地将自己的发展与社会、国家结合起来。从长远发展来看，更是为现代社会培养合格的公民，为未来的世界培养充满创造力的工作者。

结束语：《放飞希望》手册在家校协同教育中对学生能动精神的引领作用在上述的案例中可见一斑。引导学生自我发展的道路还很长，培根说："习惯真是一种顽强而巨大的力量，它可以主宰人的一生。因此，人从幼年起就应培养一种良好的习惯。"学校和家庭要引导学生把培养自己的能动精神当作一种习惯，不断培养学生发展自我意识，通过各种方式让学生弘扬个人的精神和身心力量，让他们自信，充满热情，使他们的精神得到健康的成长，从而培养热情、正直、勇敢、自信、有创造力的人。

《放飞希望》手册就是给学生一个发展空间，释放他们的能动精神，它的"期待效应"和引领作用逐渐形成一个学生的自我感悟—接收—反映—内化的过程。在班级中有老师和集体的肯定，在家庭中有家长的督导，这样一个良好的循环过程使学生不断提升个人的认识能力，达到马克思所说的"自由自觉地活动"。

参考文献：

1.《坚持指导学生进行自我教育是提高学生素质的有效途径》——汤显承

2.《如何培养学生自我教育能力》——北大附中远程教育网

3.《论以学生发展为本和以自我发展为魂的育人模式》——冯国文

(二)"反思型"教师的专业化成长

1. 反思性教学溯源

反思性教学是 70 年代末期和 80 年代在西方发展起来的一种教学思想，90 年代风行全球。反思性教学把着眼点放在提高教师的素质上，把"名师出高徒"的理念变为现实，提倡学者型教师。90 年代以后，我国东南沿海相继涌现出一批反思性教学的实验学校。

2. 反思性教学的目的

反思性教学以"两个学会"为目的：即教师学会教学，学生学会学习。

3. 反思性教学的意义

专家研究表明：教师的专业发展是需要实践性知识做保障的，教师的成长和发展的关键在于实践性知识的不断丰富和实践智慧的不断提升。而实践智慧又是缄默的，它蕴含于教学实践过程之中，更多地与个体的思想和行为过程保持着一种"共生"关系；它又是情景化和个体化的，难以形式化或通过他人的直接讲授而获得，只能在具体的教育实践中发展和完善。由此得出一个结论：教师的发展需要的是有行为跟进的全过程的反思。在此理论的引领下，本学期我校将"两课两反思"纳入到校本教研当中，并作为改进和加强我校教学研究工作和深入推进课程改革的一项新举措。

4. 我校"反思性"教学操作流程图

校本教研方式一：

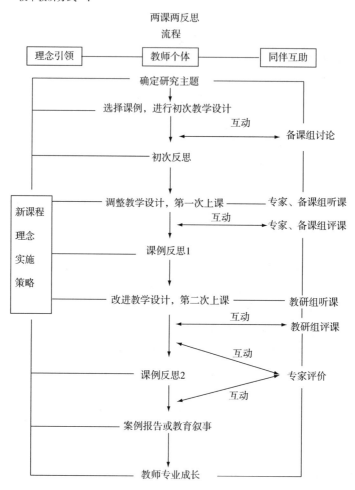

教师在反思性教学中成长

——以六年制人教版第四册《小蝌蚪找妈妈》为例

广州市广外附设外语学校　叶和丽

一、不一样的引题，引出不一样的效果

第一节课，我是这样引题的：

【案例】师：我知道同学们最喜欢看动画片，请同学们看看这个动画片讲了一个什么样的故事。（播放动画片）谁愿意用自己的话把你看到的内容说一说？

【反思】我的设计意图是想通过动画片引起学生的兴趣，营造课堂上轻松和谐的气氛。因为这是一篇看图学文，通过看和说来培养学生的观察能力，锻炼学生的语言组织能力。但由于平时学生看动画片较多，再加上画面移动缓慢，结果一开始就营造了课堂的沉闷气氛。大多数学生都是通过读书来讲述故事内容的，结果此环节变成了"多此一举"。

【行为跟进】第二节课，我用的是实物引题。

师：（出示一盆小蝌蚪和一只青蛙，指着小蝌蚪）这是什么？

生：是小蝌蚪！

师：（板书：小蝌蚪。又指着青蛙）认识它吗？

生：小青蛙。

师：小蝌蚪，小青蛙，它们有什么关系吗？

生1：青蛙是小蝌蚪的妈妈。

师：一种说法！（板书：妈妈）还有其他的说法吗？

生2：小蝌蚪是青蛙小时候的样子。

生3：小蝌蚪是青蛙的孩子。

生4：小蝌蚪长大就会变成小青蛙。

生5：小蝌蚪和小青蛙是一家人，它们是母女关系。

……

师：大家说得非常好！一个意思可以有这么多种说法，你们真了不起！

【反思】此种导入课题的方法直接、自然，一开始就调动了学生学习的积极性，使学生明白同一个意思可以有不同的表达方式，锻炼了学生的语言组织能力。不一样的导入，获得了不一样的效果，营造了不一样的课堂气氛。

二、在"导定向"上的重大突破

作为引领课堂教学新理念的"四导"（即教师的导定向、导运作、导激励、导评价）和"四自"（即学生的自定向、自运作、自激励、自评价）的课堂评价标准，体现了新课程的标准精神。但学生的"四自"必须在教师的"四导"下完成，"四自"和"四导"在课堂上应该呈现出相互促进、水乳交融之势。

第一节课，我是这样引导学生进行自定向的：

【案例】师：刚才同学们看了动画片，说得非常好，你们想知道课文是怎样写的吗？请大家读课文，你读明白了什么先说给同桌的小朋友听一听，再说给全班同学听一听。

生1：我读懂了小蝌蚪有尾巴。

生2：我读懂了乌龟告诉小蝌蚪青蛙妈妈长什么样子。

生3：我读懂了小蝌蚪长大后尾巴就不见了。

……

师：你们还有哪些地方不懂呢？

生1：我想知道小蝌蚪为什么不和它的妈妈在一起。

生2：鲤鱼和乌龟妈妈为什么让小蝌蚪"到那边去找吧"？

生3：小蝌蚪见到了妈妈，为什么"后腿一蹬，向前一跳，蹦到了荷叶上"？

……

【反思】学生自读课文，先整体感知，说说自己读明白了什么，然后老师从学生的回答中抽出文章的两条线索：1. 小蝌蚪是怎样变成青蛙的？2. 小蝌蚪在找妈妈的过程中获得过谁的帮助？学生由此完成"自定向"。但从以上课堂实录看出：由于事先没给学生指定方向和范围，结果学生说得漫无边际，特别是就文中的某个词、某句话等细枝末节说得很多，根本说不到课文的主线上去。最后还是老师将这两个问题提出来，而学生的"自定向"成了一个泡影。

在小组合作学习二、三、四自然段后，我试图变换策略来突出学生的主体地位，让学生上台当小老师，下面的同学对这些小老师自由提问。请看一段课堂实录：

【案例】生1：我想问台上的小老师：青蛙是绿色的，小蝌蚪为什么是黑灰色的？

答：因为小蝌蚪在成长的过程中身体的颜色发生了变化。

生2：那小蝌蚪为什么有尾巴？人为什么没有尾巴？

答：因为人在由猿猴进化成人的时候，尾巴就消失了。

【反思】应该说学生问的确实是他们想知道的问题，台上的小老师回答得也很精彩，但完全背离了这节课要解决的实际问题：小蝌蚪在变成青蛙的过程中身体发生了哪些变化？小蝌蚪是怎样找到妈妈的？看来，教师要引导学生围绕教学内容进行"自定向"，否则就容易偏离教学的实际轨道。

【困惑】第一节课后，教研组就"导定向"能否在小学二年级学生当中实施展开了激烈的讨论。许多老师认为，在整个小学阶段学生都处在一个需要指导的学习过程，他们无法进行"自定向"，今天的这节课就说明了这一点。

我本人对于这节课存在的最大的困惑是：到底如何做才能突出学生的主体地位？"老师牵着学生走"不对，但"老师跟在学生后面走"也不对，这个度到底如何把握？在这节课上两次引导学生"自定向"的时候，都是因为害怕不能突出学生的主体地位老师不敢多说，结果导致学生的活动偏离了教学目标。

【专家指导】在争执不下的时候，我们将自己的困惑抛给了教研室的有关专家，以下是学校教研室的专家们就这节课所做的指导：

1. 要强化问题意识。在任何教学活动中，教师所起的作用就是"引导"。"导定向"就是教师要引导学生学会围绕教学目标提问题，不能漫无边际。

2. 如何突出学生主体。"突出学生主体"应该围绕教学目标来进行，"引而不发，助人自助"，教师无论是"带"还是"跟"都要视情况而定。该引导的时候教师一定要引导，绝不能因为害怕不能突出学生的主体地位而出现"老师被学生牵着鼻子走"的现象。

3. 有关语文学科性质的定位问题。情感浓烈的课文要引导学生以"读"和"悟"为主，故事性强的课文要突出"演"和"想"。《小蝌蚪找妈妈》是一篇充满儿童情趣的童话故事，可以让学生读一读，演一演，在读和演中自然就理解了课文。

【行为跟进】听了专家们的指导，在第二次设计教案时，我将学生可能会提出的所有问题都事先在脑海中回放了一遍。针对这些问题教师该如何引导？我又事先在脑海中细细地预演了一遍。第二节课，我共设计了三次质疑。第一次是在出示课题后。

师：今天我们要学习《小蝌蚪找妈妈》一课，讲的就是小蝌蚪和它妈妈之间发生的故事。一个"找"字，可以让我们产生许许多多的问题，叶老师想知道，在你们的头脑中都产生了哪些问号呢？

生1：我们都和自己的妈妈在一起，小蝌蚪为什么要找妈妈呢？

生2：小蝌蚪找到妈妈了吗？小蝌蚪是怎样找到妈妈的？

生3：小蝌蚪在找妈妈的时候发生过什么事吗？

生4：小蝌蚪找到妈妈后又会怎么样呢？

……

师：请小朋友们翻开书，你们刚才提的问题在书中都会找到答案。请自由朗读课文，你读懂了什么？还有哪些问题不懂？读完课文后和同桌的小朋友互相说一说。

（评：著名教育家陶行知说："发明千千万，起点是一问。"学会提问，是培养学生创新思维的开始。提问题，可以由不懂而生疑，也可以由已知而设疑。学生无论是由不懂而生疑，还是由已知而设疑，都是对文章的思路进行梳理的过程。）

第二次质疑设在读完课文后，引导学生围绕课文内容提出所产生的新问题。

师：读完课文后，你又有什么新问题吗？

生1：小蝌蚪为什么错把乌龟当成它的妈妈，而不把鲤鱼当成它的妈妈呢？

生2：小蝌蚪和它的妈妈为什么长得不一样？

生3：书上说"小蝌蚪游啊游，过了几天长出两条后腿"，"过了几天"到底是几天？

……

（评：从以上学生提的这些问题可以看出，第一次产生的问题在读完课文后基本都找到了答案，而读完课文后又产生的新问题，离本节课的教学目标更近了，而且这次学生提的问题更具体、质量更高了。）

第三次质疑设在学完课文后。

师：现在谁还有什么不懂的问题？（两名同学提出的都是课堂上已经讲过的问题，其他同学很快帮助他们解决了。）

师：通过学习这一课你们有什么新问题？

生1：我想知道一只小蝌蚪长成青蛙需要多长时间。

生2：一只青蛙一年可以消灭多少只害虫？

生3：我想知道青蛙的种类有多少。

……

师：同学们提的问题都非常好！你们提的这些问题在课文中找不到答案，但可以从这两本书中找到答案。（向学生推荐两本课外书：《动物知识》《动物世界大图集》）

师：给你们布置两道思考题，请写在课外作文本上。（思考题：1. 蛙的大家庭里共有多少成员？主要成员分别生活在什么地方？2. 一只小蝌蚪长成青蛙需要多长时间？青蛙有哪些生活习性？任选一题，查阅资料后写成100字以内的小短文。）

（评：这次问题的设置带有层次性，目的是"抓两头，带中间"，后进生和优秀生都得到了关注，从而也带动了中间的大部分学生，并做到由课内向课外的自然延伸。）

三、专家及教研组评价建议

1.【评价】这节课条理非常清晰，上出了教师自己的风格，具体表现在以下几个方面：第一，突出了学生的主体性，整堂课都是在学生的推动下步步深入；第二，教师"导定向"做得好，三次质疑都有质的飞跃，体现了学生思维的推进过程；第三，教师非常注重学生的个性体验，在课堂上经常听到老师问"你为什么这样读?""你为什么这样演?""你为什么这么说?"让学生自己体验，自己感悟。

2.【建议】对学生提出的所有问题都应该给予及时的回应。如：对一些很明白的问题应该当场解决；对牵涉课外知识的问题，告诉学生可以通过查阅资料获得；对涉及的课文主要内容，即本节课教学目标的有关问题，则放到学课文当中去解决，而不应该将所有的问题不分主次，统统摆在黑板上。

四、一点启示

任何思想的转变和观念的蜕变都是一个痛苦的过程。新课标带来的新观念对我们传统的教学思路是很大的冲击，怎样让这种冲击成为我们前进的动力而不是一种束缚?"两课两反思"使我终于完成了蜕变的过程。第一次上课时，我把三张崭新的教学评价表当成了备课时的框框，将自己的教学思路分割成一条条往里装，结果三张评价表成了捆绑我的绳索，导致第一节课并不成功。第二次上课前，我要求自己先跳出这个框框，力求站在一定的高度来俯视这三张评价表。得到的结果是：它只给我指出了前进的大方向，至于如何迈步则是我自己的事，于是我终于超越了自己。虽然仍有缺憾，但我想我至少已完成了重塑自我的轮廓，如果进行"三反思"的话，我相信我会做得更好!

由此可见，理想的教学设计与教师的课堂实施总有一定的差距。差距会带来困惑，更会带来冲突，但困惑催人奋进，冲突使人成熟，而成功就等待在冷静的思考与沟通之后。

五、"反思"成长的连锁效应

继上学期"两课两反思"之后，我总结了让自己深感困惑的几个问题：语文学科的工具性和人文性如何统一? 课堂上教师主导和学生主体地位如何把握? 教师"导定向"和学生"自定向"之间怎样融合? 在日常教学中，我对这些问题进行了有意识的探讨和研究。下面就自己探索的结果谈几点体会：

(一) 读通，读懂，读活——阅读教学的三部曲

语文姓"语"，阅读要"读"。我将读书概括为三步走，即读通、读懂、读活。

1.读通。《语文课程标准》指出，阅读是收集处理信息、认识世界、发展思维、获得审美体验的重要途径。阅读教学是学生、教师、文本之间对话的过程。这种"对话"应该是思维、情感、心灵的相互交流。语言的流畅是这种交流的第一步，所以读书的第一步是把课文"读通"。这里的读通课文对小

学生来说并不容易，必须做到"不添字、不漏字、不错字、不读破句、会读标点（停顿、语气等）"。

2. 读懂。在读通课文的基础上再读懂，也就是明白课文写的是什么。读懂课文先得读懂课题，读懂句子先得读懂句中的关键词，这是我对学生读书方法的指导。

3. 读活。"读活"则要加上个人对文本的理解，和文本进行对话，要从书里走个来回，走进去，还能走出来，也就是《语文课程标准》中说的"阅读是学生的个性化行为"。按照"空白"理论的说法，就是文本给读者留下的不确定的空白，等待读者用想象去"补充"。其实，补充的过程就是发掘意义的过程，是以自己的经验去创造的过程。所以，个性化阅读又是一种体验性阅读，学生在和文本的对话交流中不断丰富着文本和自我，让文本和自我逐渐相融合，这种融合就是一种独特的体验。例如，《一个小村庄的故事》最后一个自然段："什么都没有了——所有靠斧头得到的一切，包括那些锋利的斧头。"我反复让同学们读这句话，问他们是带着怎样的心情来读的。大部分同学说"同情、惋惜、难过"等，这时，突然有一名同学站起来说"我很高兴"，我当时感到比较意外，问她为什么。她说："因为这个小村庄的人乱砍滥伐，只顾自己的利益，而不顾大自然的感受，就应该让大自然给他们一个惩罚。所以，现在他们什么也没有了，我很高兴。"我说："是的，不过惩罚过之后，应该给别人带来警醒才对。"《路旁的橡树》这篇课文讲的是筑路工人为保护那棵橡树，让笔直的公路在这里拐了个弯儿，赞扬了筑路工人保护大自然的美好心灵。有一名同学却从另外一个角度看问题，她说："其他的灌木丛都被工人毫不犹豫地砍掉，工人们却为了保护这棵橡树而让公路拐了个弯儿，说明这棵橡树长得高大出色，所以它才继续生存下来。"我说："你说的这种现象就叫'优胜劣汰'。"这名同学通过自己的独特体验又丰富了文本的内涵。

（二）落实新理念——用教材而不是教教材

叶圣陶说："教材，无非是个例子。"这就要求我们教师要将一篇篇的课文看成学生情感体验的对象，是学生学法的例子，是培养学生阅读个性和思维品质的凭借。

对于《一个小村庄的故事》这篇课文，我是从谈读书方法入题的。

师：老师告诉过我们，读书要分三步走，哪三步？还记得吗？

生：记得。第一步是把书读通，在读通的基础上才能读懂，只有把书读懂了，才会读活。

师：总结得非常好！告诉老师：《一个小村庄的故事》这篇课文你们已经

读过多少遍了？读通了吗？大家帮我检查一下。（找一组同学分自然段开火车读，其余同学要认真听，仔细评。针对几个读得不太准的词再提出来巩固。）

将教材只是作为一个例子还体现在不唯教材是从。《一个小村庄的故事》中有一句话："谁家想盖房，谁家想造犁，就拎起斧头到山坡上去，把树一棵棵砍下来。"我经过反复阅读，认为这儿也可以这样写："谁家想盖房，谁家想造犁……就拎起斧头到山坡上去，把树一棵棵砍下来。"我让学生比较这两句哪儿不同，学生根据这个省略号将这个句子扩成了一个内容更丰富的长句子："谁家想盖房，谁家想造犁，谁家想打家具，谁家想烧柴……就拎起斧头到山坡上去，把树一棵棵砍下来。"同学们经过比较认为，将课文中句子的逗号改成省略号更好。

（三）将质疑、寻疑、解疑的主动权都交还学生

"学起于思，思源于疑"，一切思维都是从问题开始的，教学要促进学生的思维就一定要培养学生的问题意识。记得上学期上"两课两反思"，第一次上课就失败在教师"导定向"时学生的质疑上，第二次稍微有了一些改进。从这以后，我就一直在琢磨如何引导学生进行"自定向"，也就是引导学生自己学会提出有价值的、又不偏离教学目标的问题。

1. 教给学生质疑的方法。

（1）抓住课题大做文章。因为文章的作者或编者在给一篇文章定题目的时候绝对是有一定的根据的，有的是以人命题（文章的主人公），有的是以事命题（文章的主要内容），有的是以中心命题（文章的主旨），等等。所以，抓住课题就等于抓住了阅读这篇文章的钥匙。如《一定要争气》，学生就课题提出了下列问题：课文写谁一定要争气？在什么情况下为谁争气？结果怎么样？根据这些问题学生自然就读懂了课文。

（2）抓住中心句不放。《一个小村庄的故事》最后一句："什么都没有了——所有靠斧头得到的一切，包括那些锋利的斧头。"这是全文的文眼，也是学生理解的难点。如何让学生自己去逐步理解，我认为能提出"问题"就能理解。这一课我采用的是变序讲读。前面让同学们根据"美丽"一词尽情想象小村庄如何美丽，然后由故事开头直接切到故事结尾：这么美丽的小村庄后来怎么样了？所以很自然地引到这一句。我让同学们反复读这一句，要求根据这一句话至少提出一个问题，结果学生很快提出了这样三个问题：①"什么都没有了"，为什么？②"所有靠斧头得到的一切"，这一切到底指什么？③为什么后面还要加一句"包括那些锋利的斧头"？我又将第三个问题引申了一步："斧头"到底象征什么？对于这三个问题中的前两个问题，学生通过读课文是不难解决的，第三个问题稍难，但我相信通过讨论和学习小组

的集思广益也可以解决。

（3）抓住"留白"处想象。所谓"留白"处大多是文章中比较隐讳或含义较深的语段。我通常引导学生根据明线设疑，再牵出暗线。例如，《第六颗钻石》这一课，我让学生反复读最后四个自然段，体会"我"和那个人的对话："这是我的第一份工作。您知道，现在工作很难找，请多多关照。""是的，工作的确很难找。我能肯定，你在这里干得不错，祝你好运。"我让同学们根据这段对话提出问题，同学们提出了：明明是找钻石，他们为什么谈找工作？"我"的心里此时在想些什么？那个人的心理又在发生什么样的变化呢？这些都是非常有价值的问题。

2. 激发学生寻疑的兴趣。

对于学生提出的问题，无论是有价值的，还是没有价值的，我都给予充分的引导和鼓励：你这个问题可是提到点子上了。我还没想到这个问题，居然被你想到了。你这个问题提得真好，其实答案就隐藏在你这个问题的背后，读读找找看。这些鼓励性的语言经常被我运用在课堂上。孩子们质疑的能力被一点点培养了起来，寻疑的兴趣也一点点被激发起来。

3. 培养学生解疑的能力。

学生解疑的途径主要是阅读、感悟，加上老师的点拨和引导。例如，《一个小村庄的故事》这篇课文，学生就结尾提出了几个问题：为什么没有了？"一切"指的是什么？通过读课文都能找到答案。至于最后一个问题："斧头"象征什么？老师提供的课外资料，其中有一句："随着人们将斧头不断伸向森林，人们也将斧头伸向了自己；当人们向草原迈出掠夺的脚步时，人们也把自己引向了灾难之路。"根据这一句，他们很快解决了"斧头在本课象征什么"这个问题。这种能力有赖于学生知识的积累和语言的积淀，需要教师日积月累地进行有意识的引导和培养。

第六章　团队"共育"的文化内生

一、从"新父母学校"到"教育合伙人"

1966 年，著名的"科尔曼报告"中的调查结果让当时的美国人吃了一惊。因为研究发现，影响学生学业成绩的主要因素是家庭，其次是学校的文化氛围、教师素质、课程设置、设施设备等（如下图）。

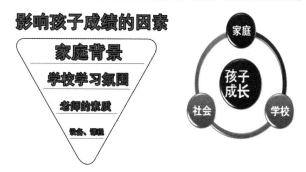

广外外校是一所双选制的国有民办学校，当初为孩子选择广外外校的家长们算是一个精英群体，不少人都是国内各行各业中的佼佼者，他们洞悉社会的需求与发展的方向，其对子女的教育绝不轻易盲从。广外外校除了注重教育功能的有效实现外，更要满足家长高层次的教育需求，这样才能保证学校具有可持续发展的竞争力。

学校开办"新父母学校"，把家长变成教育的合伙人，这样间接把社会资源引进学校，成为"家校共育课程"。

（一）"新父母学校"起始课程

1. 幼小衔接，新父母学校共生成

每年三四月份，在新一年级入校前，我们都会"下沉"到各个幼儿园，了解各个幼儿园的课程设计及准一年级家长的期许，成立"新父母学校"，为准一年级学生提供我们的衔接课程。

作为一所全寄宿学校，在幼小衔接会上，我们经常被家长追问：寄宿制学校会不会影响亲情？

要想回答好这个问题，首先要弄清楚：什么样的孩子更适合寄宿？我们的回答是：来自和谐家庭的、身心健康的孩子更适应寄宿制学校的生活。

（1）课题引领，形成教育同盟

我们通过"幼小衔接"的课题，打通了幼儿园和小学低段教育链接的通道，把小学的养成教育向下延伸，通过课程衔接、专题讲座等对家庭教育中孩子的心理抚育问题、情感培养问题、性格塑造方面进行全方位的指导，与一批志同道合的家长形成教育同盟。

（2）新父母学校，加强学校的认同感

当所有小一新生报名选择我们学校的时候，家长就自然成为我们新父母学校的一员了。我们通过"共读一本书"、新父母学堂课程、微课堂等，将新时代父母的育儿经验、广外外校的教育教学理念源源不断地对家长进行输送。通过问卷调查、座谈会、校园志愿者在行动等活动，对每个学生形成个性化的教育预案。就这样，家长在新父母学校的学习过程中，家校之间生成了相同的教育理念、共同的价值理念、同步的教育策略，加强了家长对我校办学理念的认同，让家校之间有效的互动和生成成为新生入学的美好前奏曲。

（3）电视台大片，聚焦教育问题的热点

每年寒暑假期间，广外外校电视台深入到学生的家庭中，拍摄年度专题片，这已经成为我们广外外校的传统。影片用纪实的手法促进了学校、家庭的良性互动，家长、教师一起探讨教育问题，聚焦热点话题，破解教育难题。如今，广外外校电视台拍摄的教育专题片《芭比带我去度假（系列）》《妈妈带我去哪儿》《简单任务》《4026》等，不仅成为广外外校师生和家长追捧的"大片"，更引起社会及媒体的强烈反响。事实证明：广外人对教育问题的探讨是前沿的、深入的，也是有温度的和最能打动人心的。

（4）学前家长会，共话学校发展大计

每一届新生入校前，准新生家长们就特别期待入学前的那次盛会，因为这一天，广外外校的准家长们从四面八方赶来，聆听外校人的殷殷叮嘱：即孩子在入学前要做好哪些心理准备？学会哪些基本的交往技巧？要具备哪些基本的生活习惯？形成哪些最基本的安全自护能力？这些来自广外外校资深教师的培训会，让家长们感到非常实用和受益。这一天，我们还会把根据问卷调查形成的个性化教育预案反馈给每一位家长。我们针对每个孩子一起探讨和修改切实可行的教育方案，共话孩子和外校的发展大计。

2. 入学教育，孩子与父母的特别成长礼

（1）入学礼，别样的交接仪式

广外外校特别重视小一新生的入学礼，和其他学校的"击鼓明志""朱砂启智"的形式不同，我们的入学礼则是把学校一天的日常校园生活通过仪式进行真实的呈现。这一天，家长牵着孩子们的手走上红地毯铺就的成长路，在礼堂举行一个特别的交接仪式，再由家长护送孩子到饭堂门口进行道别，让孩子们明白：从今天开始，我就是让人羡慕的广外外校小学生了，正式的称呼叫作"外校人"。

（2）网络直播，助家长、孩子齐适应

小一新生入校的第一周是我们寄宿制学校特别重要的一个过渡期。第一个夜晚，我们所有的领导、老师都会走进宿舍，帮助孩子们适应在校住宿的第一个晚上，我们的生活老师更是与孩子们同吃同住。当所有的孩子都睡下了，我们的老师开始通过微信、网络直播等，把孩子一天的学习和生活情况反馈给每一位家长，整整一周，每天都重复这样的程序。老师的良苦用心，换来的是家长的放心和孩子们的开心。

3. 活动育人，师生与父母共成长

家校共育，一头连接着家庭，一头连接着学校，而中间通过"活动育人"的桥梁托起的则是孩子们的健康成长。

广外外校自成立之日起，"活动育人"一直是我们的办学理念之一，目前这一特色已经成为我们最强的软实力之一。"活动育人"就是让学生在"活动"这个大课堂上学习相应的知识，锻炼相应的能力，熟悉必备的常识，形成相应的习惯，为价值观的形成打下基础。

广外外校的各种亲子运动、无作业日家庭总动员、好家风评选、传统节日家校行等活动，都已经成为我校的精品"活动育人"项目。例如，这个寒假开始前，我校积极响应总书记提出的"注重家庭 注重家教 注重家风"的重要精神，设计"寻找好家风 欢度中国年"的少先队实践活动作业。孩子们在传统节日里，追寻节日的优良文化传统，通过与家人团聚了解家风、家史、家训，通过写家书，制作中国结、灯笼，做团圆饭，拍全家福等方式，感受传统文化的魅力，继承和发扬优秀传统家庭文化。

一开学，孩子们就把自己在寒假完成的各式灯笼、中国结、全家福、家书等交给老师们。为了让孩子们过一个难忘的元宵节，老师和孩子们一起把作品挂满学校的文化长廊和学生宿舍的走廊。这些孩子们亲手制作的灯笼，设计新颖，环保美观，一经展出，便引来了师生们的积极围观。

元宵节这一晚，天还没黑，我们热心的家长、老师们，就为孩子们准备了丰富的活动。有的班级组织了做汤圆、煮汤圆活动，在节日这天让每个孩子都吃到了自己亲手做的汤圆；有的班级组织了猜灯谜活动，家委会给每个孩子带来了丰富的奖品；还有的班级带来了皮影戏的表演，让孩子们在浓浓的节日气氛中感受元宵节的传统文化。

孩子们在传统的元宵节里收获了知识，也收获了快乐，家长们更是收获了一份用心陪伴的幸福。

附一 新父母学校平台"入学调查问卷"设计

家长朋友：

您好！

习近平总书记在全国教育大会上指出，家庭是人生的第一所学校，家长是孩子的第一位教师，要给孩子讲好"人生第一课"，帮助扣好人生第一粒扣子。

伴随着经济发展和教育现代化进程，家庭教育、学校教育、社会教育正在转变为一种新的"重叠模式"，在孩子的成长中发挥着重要的作用，共同影响着孩子的成长与发展。我们希望三者形成合力，特别是家校携手，为每一个孩子"成为最好的 TA 自己"设计最佳预案。

……

在外校，我们认为每一个孩子都是一个独一无二的生命个体，我们的教育要针对每个不同的孩子设计不同的个性化教育方案，希望把 TA 培养成"健康，阳光，向真，向善"的外校人，希望 TA 成为有"健康力，交往力，学习力，思辨力，创造力，审美力"的"走向世界的现代人"……

来吧！请继续完成下列"真教育父母学堂"的填写吧。祝愿您在今天的外校家长学堂第一课中学有所获！

聊聊咱们的孩子

关于下列描述的一些情况，请您选择最符合孩子实际情况的选项。每个题目只能选择一个选项。

1. 您的孩子三岁以前主要由谁陪伴？

A. 父母　B. 爷爷奶奶或外公外婆　C. 保姆　D. 亲戚朋友　E. 其他

2. 您的孩子小时候充分地爬过吗？

A. 从来没有爬过　B. 爬得比较少　C. 偶尔爬过　D. 经常爬

E. 爬得非常多

3. 您的孩子在两岁左右时喜欢动手拆装东西吗？

A. 非常喜欢　B. 比较喜欢　C. 不确定　D. 不太喜欢

E. 非常不喜欢

4. 您的孩子看到别人有困难，会主动去帮助。

A. 比较不符合　B. 不确定　C. 比较符合　D. 完全符合

E. 完全不符合

5. 您的孩子会主动邀请其他小朋友加入他/她的游戏中。

A. 不确定　B. 比较符合　C. 完全符合　D. 完全不符合

E. 比较不符合

6. 总体来说，您觉得您孩子的身体状况是：

A. 很差　B. 较差　C. 一般　D. 较好　E. 很好

谈谈您和孩子的相处

1. 请问您的受教育程度为：

A. 没有上过学　B. 小学　C. 初中　D. 高中或中专　E. 本科及以上

2. 您家现在的经济状况是：

A. 很不好　B. 中等偏下　C. 中等　D. 中等偏上　E. 很好

3. 下列描述了一些情况，请选择您和孩子在家庭中的表现与下列情况符合的程度（每题只选择一个答案）。

（1）我和孩子彼此感觉非常亲近。

A. 完全符合　B. 完全不符合　C. 比较不符合　D. 不确定

E. 比较符合

（2）我与孩子有着共同的兴趣爱好。

A. 比较不符合　B. 不确定　C. 比较符合　D. 完全符合

E. 完全不符合

（3）孩子会与我谈论学校的生活。

A. 比较符合　B. 完全符合　C. 完全不符合　D. 比较不符合

E. 不确定

（4）我会与孩子一起练习拼写、数学和其他技能。

A. 完全不符合　B. 比较不符合　C. 不确定　D. 比较符合

E. 完全符合

（5）我会在周末或假期大部分时间陪孩子。

A. 不确定　B. 比较符合　C. 完全符合　D. 完全不符合

E. 比较不符合

探探我们的亲子阅读

请选择下列描述中符合您家庭的情况（每题只选择一个答案）。

1. 想方设法给孩子营造一种好的阅读学习氛围。

A. 完全不符合　B. 比较不符合　C. 不确定　D. 比较符合

E. 完全符合

2. 家庭成员经常通过阅读等方式学习各种知识。

A. 比较不符合　B. 不确定　C. 比较符合　D. 完全符合

E. 完全不符合

3. 在空闲时间，经常和孩子一起读书。

A. 比较符合　B. 完全符合　C. 完全不符合　D. 比较不符合

E. 不确定

分享我们的教育智慧

1. 您认为"您的孩子"的下列表现的"重要程度"：

（1）在每次考试中都拿"优秀"。

A. 一点不重要　B. 比较不重要　C. 不确定　D. 比较重要

E. 非常重要

（2）成为班上最好的学生之一。

A. 比较不重要　B. 不确定　C. 比较重要　D. 非常重要

E. 一点不重要

2. 请谈谈您对下列观点的意见：

（1）在学校表现出色对于孩子长大后过上幸福生活很重要。

A. 比较同意　B. 非常同意　C. 非常不同意　D. 比较不同意

E. 不确定

（2）在学校表现优秀是孩子将来成功的最好途径。

A. 非常同意　B. 非常不同意　C. 比较不同意　D. 不确定

E. 比较同意

以上交流仅为您的孩子制定个性化教育方案做参考，以下您的回答将作为我们"新父母学校"未来调整教育教学策略的重要参考！

倾听您的心声

今天，您走进了外校，走进了外校"新父母学校"，相信您此刻一定有许多特别的感受在心中荡漾。我们想借此机会对您做一次现场采访。您的感悟和思索将成为我们继续前行的动力！

1. 走进外校开放日的校园，又初次感知了外校的"新父母学堂"，您最深刻的感受是什么？您感觉还有哪些可以改进和提升的空间？

_____

_____

_____

_____

_____

_____

2. 我们很想听您谈谈您作为一名家长对当下基础教育现状的思考及对未来教育的期盼。

_____

_____

_____

_____

_____

_____

_____

_____

感谢您的分享！

附二 小学一年级入学课程

外外笑笑上学啦
——广外外校一年级入学课程

班级： 姓名：

前 言

　　亲爱的小朋友，你好！欢迎你加入广外外校，成为一名光荣的小学生！我们是外校可爱的小精灵，大眼睛短头发的男孩是外外，会说一口流利的英语。乐观爱笑的小姑娘是笑笑。从现在开始，我们将陪着你们一起度过快乐的小学生活。

外外　　笑笑

目　录

第一章　我长大了

1　独立能干的我

外外：小朋友，当我们背着书包升上小学，就意味着我们长大了。长大了的我们不再哭鼻子了，还能独立做许多事情呢！

笑笑：是呀，我们会自己穿衣服，能自己睡觉，会独立思考，自己的事情自己做！

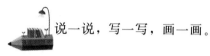 说一说，写一写，画一画。

长大了的你，会做哪些事情呢？

2 坚强勇敢的我

 外外：在寄宿学校里独立睡觉的小朋友是最勇敢的！虽然我很想妈妈，但我把这份想念放在心里。每天早上，我都从甜甜的梦里醒来。

笑笑：是呀，不管是独立睡觉，还是遇到挫折，我们都能自己想办法解决，并且勇敢地面对，这就是勇敢的外校小学生。让我们把最坚强的自己画下来吧！

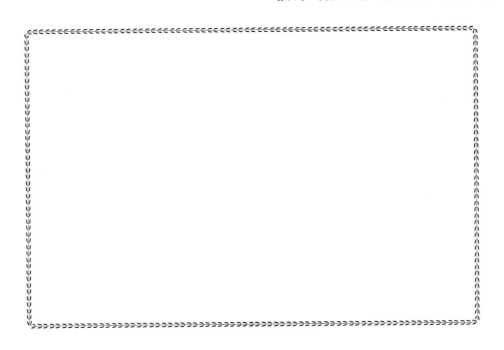

第二章　可爱的新家

1　我的新学校

外外：广外外校是我们的新家，这个家有序又美丽。请跟随我们一起了解我们的新家吧！请你读一读，涂一涂，记一记。

一、理念

培养走向世界的现代人

二、学风

知礼　笃学　创新　进取

三、美丽的校园

笑笑：我们的校园可大可美啦！现在跟着我们一起去逛逛并打卡吧！每到一处，就画个😊吧。

天鹅湖（　　　）

大榕树（　　　）

文化长廊（　　　）

黄华楼（　　　）

办公楼（　　　）

四、丰富多彩的活动

我们学校每年都举行丰富多彩的活动：艺术节、科技节、儿童节、运动会、英语节、读书节……

这些活动不仅给我们带来快乐，还能锻炼我们的能力呢！小朋友，你最想参加什么活动呢？

合唱节

体育节

科技节

读书节

255

儿童节

英语节

2　我的新家人

外外：在这个美丽的大家庭里，老师就是我们的爸爸妈妈，同学就是我们的兄弟姐妹。

笑笑：和他们在一起，我们很快乐。让我们一起来认识可爱的家人们吧！

1. 说一说：你认识的老师和同学。

2. 写一写：请你认识的老师和同学给你留言吧！

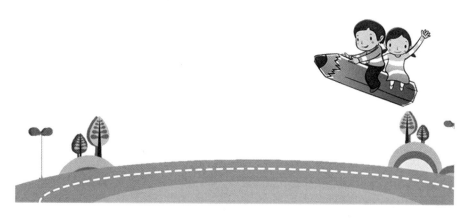

3　学校的一天

请跟随我们一起度过愉快的一天吧！

校园生活每天都很丰富多彩！

时　间	项　目
星期一至星期四	
7:00	起　床
7:00--7:50	晨练、早餐
8:00--8:30	早读、习字课
8:35--9:10	第 一 节
9:20--9:25	英语口语跟读
9:25-10:00	第 二 节
10:00--10:40	眼保健操、大课间
10:40--11:15	第 三 节
11:25--12:00	第 四 节
12:00--14:00	午餐、午休
14:30--15:05	第 五 节
15:15--15:50	第 六 节
16:00--16:35	第 七 节
16:40--17:20	第二课堂、社团选修

学知识

做运动

学生活

交朋友

学做人

共成长

17:20--18:50		晚餐、冲凉
18:50--19:10		看 电 视
一二三年级	四一五年级	项 目
	19:10--19:25	晚 读
19:10--19:35	19:30--20:10	第一节晚自习
19:45--20:10	20--21:00	第二节晚自习
20:10--20:40	21:00--21:30	宣 夜
20:55	21:45	就 寝
星期五		
7:40--8:15		第 一 节
8:25--9:00		第 二 节
9:00--9:15		课间餐
9:15--9:50		第 三 节
10:00--10:35		第 四 节
11:00		离 校

和同学说一说你的校园生活吧！

第三章　良好的习惯

外外：培根说过，好习惯是一种顽强而巨大的力量，它可以主宰人生。在学校里，我们在老师的帮助下养成了许多好习惯。

笑笑：作为外校学子，我们需要培养哪些好习惯呢？请跟着我们一起来学习吧！请你读一读，涂一涂，记一记。

学习习惯

专心倾听　　认真书写　　坚持阅读

乐于积累　　善于思考　　敢于提问

生活习惯

举止文明　　勤俭节约　　衣着整洁

善于整理　　作息规律　　坚持锻炼

做事习惯

勤于动手　　团结协作　　守时惜时

遵守规则　　勇于创新　　精益求精

做人习惯

热爱祖国　　珍爱生命　　诚实守信

勇于担当　　严于律己　　宽以待人

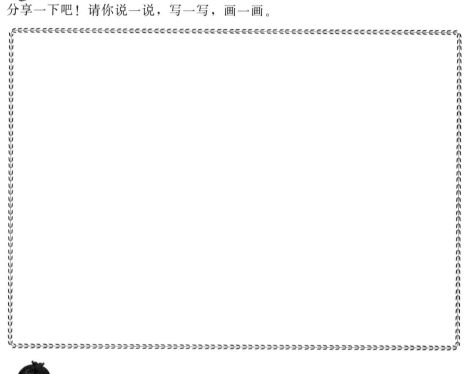

第四章　我的收获

1　我的收获

外外：在为期一周的入学课程里，你有哪些收获呢？让我们来分享一下吧！请你说一说，写一写，画一画。

一分耕耘，一分收获。让我们继续努力，成为那个最可爱的自己！

2　我的荣誉

外外和笑笑的祝福

亲爱的小朋友，很开心与你共同度过小学阶段的第一次入学旅程。在这

段短暂的旅途中,我们熟悉了新的家园,我们将在这里度过愉快的六年小学生活。我们认识了新的老师和同学,他们将是我们人生路上最重要的导师与战友。我们了解了许多规矩与习惯,它们会带我们走上成功的彼岸。

接下来的日子里,外外和笑笑会继续陪着你,一起学习,一起运动,一起吃饭,一起睡觉。对了,知道我们在哪里吗?嘘,我们就住在你的心里。

让我们以梦想为帆,以努力为桨,努力成为最好的自己!

外外　　笑笑

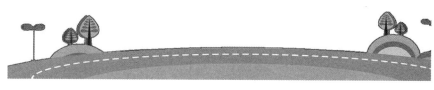

最喜欢的一张照片

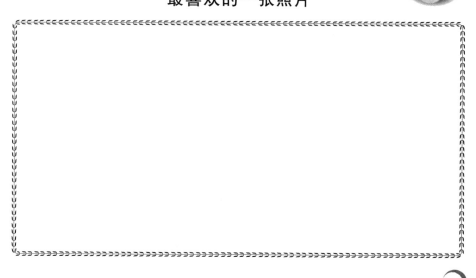

总策划：叶和丽、刘文娟、肖晓敏

主编：蓝玉芳

编委：张霞、叶霏、詹荣、赵玲、李求连、冯芳、徐艳珍、柯健、殷春、陈丽君、朱海霞、李宁、魏小燕

外外、笑笑设计：王琳

（二）"教育合伙人"契约

家委会是"家长委员会"的简称，是由家长代表代表学生和家长参与学校管理，行使教育监督权的一种群众性组织。家委会是学校教育教学过程中的重要监督力量，也是教育教学的间接受益者。近些年，家委会组织随着社会发展，功能更加强大，也更加贴近学校，贴近学生。在国家推进家庭教育的过程中，家委会发挥了不可忽视的重要作用。家委会的产生、选举过程，以及家委会的章程，是发挥家委会积极作用的基础。一直以来，广外外校都以"全人教育"作为教育途径，目的就是营造家庭、学校、社会在共同目标的指引下合力育人的效果。

家委会作为家校共育的重要组织力量，有着家校之间的桥梁和纽带作用，

选举家委会，也是家长普遍关心的一个问题。本着公平、公正、公开的原则，选择适合的、有教育主张的、有胸怀气度的、理解支持学校工作的家委会，是全体家长、学校、学生的共同期待。

附一 ▶ **广外外校小学部"公推直选"的民主选举制度**

广外外校是一所寄宿制的大型民办学校，学校家长委员会是由本校学生家长代表组成的，代表全体家长参与学校民主管理、支持和监督学校做好教育工作的群众性自治组织，既是教育改革的参与者、教育资源的开拓者、学生良好成长环境的创建者、家校关系的协调者，更是学校教育教学行为的监督者，在提高教育教学质量、促进学生全面发展等方面，具有不可替代的重要作用。

一、家委会委员要求。

家长委员会（以下简称"家委会"）成员应有广泛的代表性，兼顾不同行业、群体和户籍，并具备以下条件：

1. 了解和关心教育，懂得一定的教育规律，具有认真负责的工作态度，认同学校理念，有大局观念，愿意为学校、家长、学生服务。

2. 关注学校发展，热心为学校提供支持和帮助，愿意为家校合作尽心尽责。

3. 有较强的组织协调能力和社会活动能力。

4. 有比较丰富的家庭教育经验和良好的教育效果。

5. 能热心听取并向学校积极反映家长们所关注的问题。

6. 热心参与学校的公共事务管理，处事公正。

二、家委会委员产生办法。

1. 通过家长自荐和班主任、任课老师提名推荐相结合的"公推直选"形式产生家委会委员候选人。

2. 候选人通过竞聘演讲方式参与竞选，通过班级内家长、班主任、科任老师投票推荐等多种形式选出5—10名人员组成班级家委会委员（各班级根据班级建设需要安排人数），再从同年级的班级中选出每班1名人员组成年级家委会委员，最后从各年级中选出6—8名人员组成校级家委会委员。

3. 家委会成员受聘后召开家长委员会会议，选举产生家委会主任及确定人员分工。（其中1名校家委会主任，2名副主任，1名秘书长。其他职务可根据需要增设。）

三、家委会成立后，参照学校工作计划和家委会章程，结合实际情况，制订切实可行的家委会工作计划并认真实施。

四、具体安排。

1. 班级家委会推荐。由班主任将评选要求发给家长，通过竞聘演说、视频会议等方式，组织家长、班主任、科任老师等投票，产生各班级家委会委员，然后进行公示。

2. 推选年级家委会候选人。选举产生的班级家委会成员商议后推荐 3 名作为年级家委会组长。

3. 推选校家委会候选人。选举产生的年级家委会成员商议后推荐 1 名作为校家委会主任，2 名作为校家委会副主任。

附二　广外外校小学部班级家长委员会章程

家委会是家长、老师和学校之间沟通的重要桥梁和纽带，促使家长和学校形成教育合力，本着一切为了学生的宗旨和以为学生创造良好的教育环境为出发点，以促进学生勤奋、知礼、笃学、创新、进取为目的，起着协调、营造和谐而活跃的家校氛围，引领家庭教育，引领家风成长的作用。为紧密与学校教育相配合，以利于学生健康成长，特制定本章程。

第一章　总　则

第一条　家委会是班级老师推荐和家长自荐的"公推直选"形式下产生的自治组织，是家庭教育参与学校教育的平台，以增加班级与家长之间、家长与家长之间的沟通和交流，多方传递信息，交流经验，协调家校关系，协助开展家长学校课程，配合学校引领家庭教育、家风建设等工作，共同实现促进学生全面发展的教育目标，通过学校和家长、家长和家长、家长和社会的横向联系，拓展育人渠道。

第二条　家委会的宗旨是提高家长在班级管理中的参与度，支持、促进学校及班级的各项工作，使学生各方面和谐健康发展，提高学生的综合素质。

第二章　家委会职责

第三条　家委会作为家长代表，应充分发挥家长对学校及班级工作的积极支持与协助落实作用。

第四条　家委会应积极参与并配合班级、学校举行重大教育活动，与学校及班级齐心协力培养学生。

第五条　家委会应担当好家校共商共育平台职责，担任好家校沟通、渠道维护、学校教育管理工作的积极参与者与监督者。

第六条　家委会应组织、协调家长和学生一起开展有益的课外活动。

第七条　家委会应通过多种渠道大力开展家庭教育工作，推广成功经验，促进家庭教育与学校、班级教育协调一致。

第八条　家委会应利用好家长资源，在学校办学思想的统一指导下，根据学校办学需要，积极协调社会资源，为家长学校、校外实践基地等课程建设提供力所能及的帮助。

第三章　家委会组织形式

第九条　本班家委会属于自发性组织，但组织的活动和言行必须遵守法律、法规、校规，并接受学校、班级、学校家委会的领导和建议。

第十条　各班家委会一般设置会长、副会长、组织委员、财务委员、宣传委员、采购委员、家教专员、后勤委员等职务，分工明确，各班级根据需要设定人数。

第十一条　家委会班子实行民主选举制度，家委会会长、副会长、各个委员每学年由家委会成员提名（可自荐），家委会全体成员选举产生。对失职或者工作不力的，可按本章程第六章第二十四条决策流程进行罢免更换。

第四章　家委会管理分工及职责

第十二条　会长：传达校方和班级资讯，协调各方关系，召集与主持家委会会议及发布会议纲要；积极支持和服从班主任的安排，协助班主任开展、督促和落实家委会各项工作；负责家委会成员岗位分配；负责召集家委会委员会议，研究家委会工作，制订家委会工作计划。

第十三条　副会长：协助会长完成家委会各项工作（职责与会长一致）；指导各委员会成员完成和落实各项工作；负责班级通讯录的修改和信息发布；负责编制和完善每学期章程并发布；兼任组织委员，负责组织协调家委会的各项工作；精心策划、筹备和组织各类富有教育意义的活动；全面组织开展经家委会讨论决定的各项工作，负责每次活动参加人员的到位情况和整个活动过程的开展情况，包括活动分工、联系热心家长参与配合等；每学期根据班级建设需要策划班级活动，编制活动方案，向家委会会长报备；负责活动的筹备工作。

第十四条　组织委员：负责协调家委会的各项工作；精心策划、筹备和组织各类富有教育意义的活动；全面组织开展经家委会讨论决定的各项工作，负责组织每次活动参加人员的到位情况和整个活动过程的开展情况，包括活动分工、联系热心家长参与配合等；每学期根据班级建设需要策划班级活动，编制活动方案，向家委会会长报备；负责活动的筹备工作，如集思广益确定活动的意向，在班里动员开展活动，联系活动地点，探查活动路线等；草拟活动通知，经过报批及报备后并在班级群里发布，同时公告活动流程，如安排人员在活动地有序开展活动；发放、收集、汇总家长意见调查表；完成班主任及家委会安排的临时性工作。

第十五条　财务委员：负责班级的财务管理；负责汇总、保管收缴的班费和各项活动经费，有效掌控各项支出，做好各项收支的审核，登记明细账，保管好现金，定期公布费用收支情况，做到财务公开化；完成班主任及家委会安排的临时性工作。

第十六条　宣传委员：负责各项活动（自创活动、学校运动会、家长会、学校竞赛等）的宣传工作，如活动摄影、图片制作、用图片或者动画记录全班的学习与生活；做到有活动必到现场协助、有活动必有图片记录，有条件的可联系报纸、电台、电视台等媒体发布；完成班主任及家委会安排的临时性工作。

第十七条　采购委员：负责采购班级所需的各种学习资料、劳动用具及开展活动所需的一些用品等，包括活动所需物品的采购与发放工作；完成班主任及家委会安排的临时性工作。

第十八条　后勤委员：负责学生外出活动期间的安全和班级开展活动相关事情的事前计划和善后处理工作；完成班主任及家委会安排的临时性工作。

第十九条　家教专员：负责班级家长课程的组织和甄选。对家长课程进行收集、甄别，并上报家委会备案，然后上报班主任决定是否开展；定期组织家长开展家庭教育学习，通过在线共读、读书沙龙、问题讨论等方式，以问题为导向，积极对问题家庭提供正面的家庭教育指导，提升班级家庭教育整体水平；组织班级家长积极参与家长学校。

第五章　家委会成员权利及义务

第二十条　全体家委会成员拥有选举和被选举权，拥有各类提案发起权（包含罢免提议），拥有家委会相关知情权。

第二十一条　全体家委会成员要秉持家委会宗旨，遵守家委会章程，服从家委会的总体管理，禁止拉帮结派。

第二十二条　全体家委会成员要积极响应家委会号召，积极参加各项会议及活动。

第六章　家委会工作方式

第二十三条　每学期定期举行3次家委会例会（学期初、学期中、学期末），要求全体成员必须准时参会；根据需要不定期举行工作会议，原则上要求全体家委会成员必须准时参加，因故无法参会者需提前24小时向家委会请假。

第二十四条　家委会决策流程及会议召开流程如下：

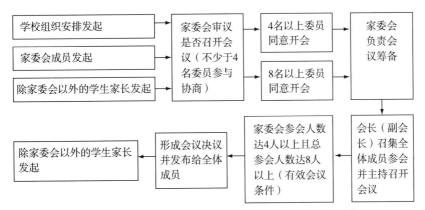

特别提示：每次会议需家委会参会人数达 4 人以上且总参会人数达 8 人以上方为有效会议！会议决议方为有效决议。

每次会议均需进行会议记录，并通过家委会微信群等沟通渠道及时发布。

第二十五条 家委会每学年需向全体成员汇报一次本学年工作总结及下学年工作计划。

第二十六条 家委会向全体成员公开联系方式，以及采用微信群等联系方式与各家委会成员进行工作联系及日常活动联系。为了营造良好的交流氛围，需要全体家委会成员精心维护信息交流平台，家委会需要做出及时的、正面的引导工作，如积极收集教育心得并发布在交流平台上让大家学习、共享等。

第七章　财务经费管理要求

第二十七条 家委会经费采用"固定班费＋活动班费"形式收取。

第二十八条 固定班费具体数额由各班家委会成员协商确定并通过微信群或其他方式提前告知全体家长，但每学期的固定班费总额不能高于 200 元人民币。

第二十九条 活动随机班费收取：当班级组织的活动使用固定班费不足时，可根据班级活动内容由家委会全体成员协商确定活动预算，并通过微信群或其他方式告知全体家长，全体家长过半数通过后，按每人相同数额的人民币收取班费。

第三十条 使用条件：以全班每一个学生均能共享为原则（如只是部分同学使用则不在班费使用范围之内）。

第三十一条 校内的、组织性的班级活动以及配合学校开展的各项活动的开支（少先中队、大队、元旦、六一、国庆等大中小型活动）；班级全体同学学习相关活动的开支（图书、老师指定学科练习册、物品奖励、学习用品等）；以班级名义参加的比赛活动的开支（如运动会、文艺演出等）；需要使用班费的其他活动。

第三十二条　家委会内部指定两名成员（分别担任出纳和会计）承担账务管理工作，设立电子账簿对收支情况进行记录。每学期的余额将自动转入下一学期使用（若下学期重新分班，则按余额的人均数额退还给全体家长）。

第三十三条　班费使用必须建立审批报账制度：使用前，家委会全体成员（可会同班主任）协商后起草关于班费用途和金额的通知（包含电子文件申请），经全体家长过半数通过后使用；使用后，产生的发票、收据和网购清单、支付结算的截图均可作为报账凭证，代购人员报账需提供购买账单，由经办的代购人员和家委会会长签名，经过老师的由老师和会长签名，出纳和会计据此支出和记账负责保管好相应的原始单据以便备查。

第三十四条　班费支出必须有详细记录：班费支出的时间、数额、用途。家委会财务人员在每次划扣班费后要及时在班级微信群发布明细及单据（发票、收据、网购清单、支付结算的截图等）照片。

第三十五条　所有班费转出给代购人员时不用现金，微信转账或银行汇款要保留单据（或截图），以便备查。

第三十六条　每学期的班费使用情况要在家长会上公布（尽量避免在班级微信群中公布），同时提供账簿（包括电子账簿）和单据供全体家长查阅。

第三十七条　班费的使用接受所有家长的监督，家长如对班费的使用有异议可向家委会和班主任老师提出。

第三十八条　班费收支建议采用"基础班费（100—300元）＋活动班费"（大型活动专项支出，一事一议，接龙记录通过情况，专款专用），允许部分家长不参与项目。

第三十九条　本办法由班级家委会负责解释。

家委会活动费用每学期如出现费用结余则自动转入下学期，如出现费用不足则根据需要予以补收。

第八章　进入及退出机制

第四十条　各家委会成员，如因特殊原因需加入或退出本班家委会，需按本章程第六章第二十四条家委会决策流程执行。

第九章　附　则

第四十一条　其他未尽事宜由本班家委会另行商定并修改。

广外外校小学部

二、从"家校协同"到"共育课程"

2019 年 7 月国家公布的《健康中国行动 2019—2030 年》提出 15 项重大行动，其中心理健康促进行动和中小学健康促进行动直接或者间接需要借助家庭教育来完成。身体健康、心理健康、社会关系良好和道德意识作为"健康"的四大元素，落脚点、起步线都在家庭。因为学校老师再努力，都没有办法完整系统地培养孩子的价值观、人生观。广外外校除了德育工作委员会、教学工作委员会，还有个叫"家校共育"委员会的组织，作为广州市家庭教育示范性基地，围绕我校"先做人，后成才"的教育理念，多年来，我们通过"新父母学校"构建了比较系统的"新父母课程"，从"好家风"如何传承中国优秀文化到融合中外优秀案例的"小家政"课程系列，都体现了家庭、学校在教育理念、传承文化、习惯养成、品格培养等方面的深耕合作。

（一）寄宿制学校的家校沟通策略

中国青少年研究中心副主任、研究员孙云晓针对寄宿制学生的心理现状进行研究后指出，从心理需求的角度来衡量，人越小的时候对情感支持系统的要求越高。小学生在认知、情绪等方面都需要家长时刻关照，有了烦恼需要及时排解。因此，这个年龄段的孩子如果寄宿，对学校的要求很高，学校要具备代理父母甚至超过父母的水平，给孩子家的感觉。如果给孩子选择寄宿，也应尽量结合家庭对寄宿的孩子建立一种补偿机制，让孩子在精神上达到一种平衡。

广外外校作为一所全寄宿制学校，要充分考虑从幼儿园教育到小学寄宿教育的转变过程中，儿童不仅面临学习、生活环境的变化，还要实现角色期望及行为规范的转换。德国的哈克教授指出，处于过渡时期的儿童面临六个方面的断层问题：关系人的断层（教师形象的突然变化使他们感到压力和负担）；学习方式的断层；行为规范的断层（儿童进入小学后要重新认识自己，感性逐渐被理性和规则所控制）；社会结构的断层（儿童在与幼儿园伙伴分离后要建立新的人际关系）；期望水平的变化（家长和教师赋予儿童新的期望）；学习环境的变化。孩子入学后，社会角色已由"幼儿"变成"小学生"了，生活和学习的模式也发生了改变，但很多孩子对这种角色的转换意识和对环境的适应性不强，影响了良好习惯的培养与学习新知识的进程。

所以，孩子入学后是否能很快适应环境、情绪是否能尽快稳定、角色能否顺利转换对于他们的健康成长非常重要。我校在建校之初，就把针对刚入读寄宿制学校的儿童心理发展作为我们"幼小衔接"课题研究的核心内容，培养和提高学生的心理素质，帮助学生学会如何恰当地应对现实生活中所面临的各种压力，使学生更有效、更积极地适应新环境，适应自身的发展变化，促进儿童心理健康的发展。

案例 寄宿学校家校之间有效沟通的策略研究

广州市广外附设外语学校　严珊红

我校是一所民办寄宿制学校，学生住校五天，放假回家两天。学生绝大部分时间在学校度过。如何让家长对学生在校学习和生活等各方面的成长和发展有一个及时的了解？如何将学校和老师的教育教学给家长及时的反馈和落实？如何充分团结和调动家庭教育的力量，加强沟通，增进了解，最终形成合力，积极影响学生使其健康发展？这些都是我们需要深入研究的课题。

一、寄宿制学校学生的来源

经调查，读寄宿制学校的学生主要来自以下几种家庭。

（1）远见型家庭

父母有较高的文化，意识到现在独生子女身上普遍存在的问题，希望自己的孩子早日在集体生活中磨炼意志，学会独立生活，提高综合素质。

（2）溺爱型家庭

目前家庭主要是"四二一"结构，六个大人围着一个孩子转。有些父母对孩子过分溺爱，使孩子过于任性，难以管教。因此，孩子被送往寄宿制学校。

（3）忙碌型家庭

许多家庭由于父母忙于生计，将孩子从小交给孩子的祖父母或外祖父母抚养，对孩子疏于管教。

（4）单亲家庭

在寄宿制学校，有相当一部分学生的父母是离异的。为了改变孩子的生活和学习环境，这些家庭的家长把孩子送到寄宿制学校学习，期望学校的封闭环境能锻炼孩子的独立生活和学习的能力。

只有了解了学生的来源，才能做到心中有数，有的放矢。

二、寄宿制学校家长容易产生的误区

寄宿制学校家长容易产生以下误区：

1. 家长认为读了寄宿制学校，孩子在校时间长，教育理应是老师的事情。

2. 家长对孩子漫不经心，任凭孩子自由发展，起初的放任慢慢导致孩子后来养成了很多不良习惯。

3. 家长工作忙，放下手中的工作往往会造成一定的经济损失而不参与学校活动。

4．教育无计划性，家长只在自己空闲或者孩子出现严重问题的时候才重视家庭教育。

5．学生在校寄宿，回家次数少，并且年龄较小，回家后父母往往抓住这样的机会弥补自己对孩子的关心不足。

对于以上几种家庭情况的学生，学校更需要与家长及时沟通，取得家长的帮助与配合。

三、家校联系的形式和途径

1．沟通从未谋面开始。

每年的九月，我们学校就要迎接新一批的学生，这些才满六岁还常常在父母跟前撒娇的孩子就要来到一个陌生的环境，开始全新的独立生活，内心的恐惧、不安、害怕可想而知。家校的沟通要从未谋面就开始。

（1）教学开放日

教育教学开放日是学校面向家长（有时也面向兄弟学校老师和社会各界人士）全景展示教育教学常规的一种形式。招生前，我们学校设有教学开放日。在开放日这一天，校园所有的设施、所有的课堂都向家长开放。很多家长会领着孩子提前来感受校园的生活。优美的校园环境、热闹的操场、琅琅书声的教室、干净整洁的宿舍、设施齐全的游乐场……完美的软硬件设施给家长朋友们留下了深刻的印象。最吸引人的是，走进教室让自己的孩子提前体验一下当学生的感觉。课堂上老师的大方睿智、和蔼亲切，学生的畅所欲言、活跃自如，教学形式的活泼多样，和传统的课堂完全不一样，四十分钟仿佛很快就过去了，自己的孩子居然能安静地听完四十分钟的课程。每位家长临走时，都会收到一份沉甸甸的礼物——学校的宣传资料。资料袋里，有宣传画册，有本校老师出版的教育科研论文集，有具有学校特色的近几期的刊物《广外外校报》。最吸引人的是学校的宣传片《培养走向世界的现代人》和往年一年级孩子入学情景的纪录片《上学》。家长和孩子们可以通过这些资料对学校进行全面细致的了解。开放日上会突出一些亮点，比如英语特色、礼仪教育、素质课堂、课间游戏、生活本领展示等。教学开放日以其生动、全景、常态等特点，便于家长深入了解学校理念、教育教学的场景和孩子在群体中的发展情况等，因而深受广大家长的欢迎。

（2）入学指导手册

开放日不久后就是报名时间了。报名时，每位家长能拿到一本入学指导手册。入学指导手册以小朋友苗苗为学习伙伴，小朋友和苗苗一起通过妙趣横生的画册参观校园，了解学校的环境、设施，体验学校丰富多彩的活动。画册还就孩子的入学心理准备方面、学习准备方面、生活准备方面、与人交往准备方面、安全自护准备方面进行了全面的指导。方便家长和孩子共同阅读。

（3）了解孩子情况

作为一个班主任，每当开学之初，首先会把本班学生的家庭情况详细地写在班主任记录本上，把家长的联系电话进行登记整理。孩子还没入学，就开始用短信和家长进行沟通。"您好，祝贺您的孩子考取我校，也很荣幸您的孩子×××分在我们班，一（×）班，九月一日是孩子报名的时间，请您为孩子准备好开学准备单中提示的物品并按时送孩子来校。我已从报名登记表中了解了您孩子的基本情况，如您还需要介绍孩子的其他具体情况，请发短信告知或见面时详谈。"短短的几句话，让家长们感到温馨，也让孩子消除了陌生感。

2. 组建家长委员会。

现在是市场化社会，市场需求指导行业发展。对于教育而言，这恰恰是教育服务性功能的本质体现。及时了解家长对教育的需求，认真听取家长对学校教育教学工作的意见和建议，有助于学校更加健康地发展。

我校根据全校各班级学生家庭的社会代表性、家长素质、对学校教育的热心程度等多方面，成立了学校家长委员会和班级家长委员会。学校家长委员会每学期定期组织召开家长委员会代表大会，对学校现有工作进行评议，针对学校的发展规划和下年度工作计划提出意见和建议。

班级家长委员会则为班级做实事，如为班级统一购买课外读物，大型活动时为孩子们准备服装、道具，组织季度生日会，运动会上为孩子们呐喊助威等，家长委员会是我们的坚强后盾。

3. 每周进行书面联系。

作为寄宿制学校，学生每个星期才能回家一次。为了让家长对学生一周来的学习和生活等情况有一个清晰的了解，完整地把握孩子的发展情况，我们设计了家校联系手册《放飞希望》。其中主体部分包括学生的自我评价，我最满意的照片，班级、小组、个人目标，每周的学习、生活表现，家长信箱，教师寄语，"我想对你说"等栏目。班主任和任课教师及时将孩子一周的表现如实反映给家长，家长则根据手册情况以及孩子在家的表现，与教师交换改进建议或努力方向，促进孩子向更高更好的方向发展。

学校每周出一封家长信让孩子带回家。信中有本周新闻播报栏目，报道一个星期来学校开展的活动及重大事件，如年级大型活动、安全教育活动、防治传染病活动、社会实践活动等。温馨提示栏目提醒家长要为孩子添加衣物，准备学习用品，做好下周活动准备等事项。家教资讯栏目有针对性地对家长近期教育方向进行有效指导，提升家长的教育理念，引导家长学习先进有效的家教措施。印刷的学生刊物《天鹅湖周报》选登孩子的画作、小练笔和口头作业，让孩子寻找到成功、自信的感觉。

4. 定期召开家长会。

我们学校有召开家长会的传统，一般每学期召开一次，大多以班级为单位并由班主任组织，任课教师和全体学生家长参加。

家长会的主要任务包括汇报和交流孩子一阶段来在学校和家里的学习、生活、品行表现等情况，改进的建议、措施，今后教育的方向和侧重点，以及彼此需要配合的诸多细节问题等。有时还邀请个别教育成功的家长发言，介绍自己的家教经验和体会，家长之间互相研讨家教中的热点和难点问题。家长会有时也会围绕一些专题性的活动展开交流，比如围绕文明礼貌、感恩教育、学习习惯、才艺汇报等进行交流。有学生参与其中的家长会内容往往比较丰富、形式多样，家长也能从中看到孩子在学校的学习、生活的现实场景，对孩子的发展和成长有更加感性的认识，有助于家长深入理解老师对学生的评价和建议，明晰家庭教育要努力的方向和重点。

5. 经常电话联系。

随着科技的发展，各种媒体的广泛应用也为教育提供了便捷。我们学校对全体教师提出经常性的电话联系要求，比如每月要有一次与每位家长的电话交流，平时遇到重要的事情也要与家长进行沟通，如孩子想家、孩子考试进步或失利、孩子参加什么活动、孩子之间发生一些纠纷等，都有必要向家长说明。

有些老师还利用 QQ 聊天、电子邮箱或者博客等与家长进行交流。我们学校还采用了电话短信联网、校讯通等形式，因时因地因人制宜，采取各种不同的方式与家长沟通，都取得了良好的效果。

教育无小节，沟通看细节。逢年过节一个小小的祝福和问候，使学校、老师和家长拉近了距离，融洽了关系，增加了情谊，最终形成了教育的合力。同时，便捷频繁的联系还可以使家长第一时间了解学校的动态，在无形中增强了家长的归宿意识乃至主人翁意识。

6. 家校论坛活泼生动。

家校论坛也是我校的一大特色。论坛上有老师和家长的沟通、家长和家长的交流、家长和孩子的对话、学生和老师的互动，等等。一年级孩子入学后是最让家长牵挂的，老师就把孩子每天的学习、生活情况拍成照片传到网上，把每天举行的活动向家长做简单介绍。看着孩子的笑脸，看着丰富多彩的校园活动，家长的心也就踏实了。有些家长常在论坛上给孩子写信，有些家长通过"与儿夜话"的方式和孩子每天在网上沟通，让孩子感受到父母对自己随时的关爱。周末时有些孩子通过论坛给老师送去祝福，向老师请教学业上的困惑。通过文字、图片的交流不仅快捷，还留下了珍贵的回忆。

四、家校联系的几个原则

1. 表扬为主，不告状。

没有教育不好的孩子，只有不适合孩子的教育方法。无论哪一种联系方式都应本着表扬为主的宗旨。即使教师的某一个电话、某一次谈话的主要目的是指出不足，开场都应以表扬为主。因为你一旦先表扬了，再提出批评也好，建议也罢，家长从心理上都比较愿意接受，你联系的目的也最终可以达到。如果一开头就是一顿埋怨或批评，哪怕家长也认可了这些批评，你下次再与他联系的时候，他也会担心，也会有些不情愿，就更别指望家长与你主动联系了。这样你与家长联系的意义就逐渐丧失了，家长也可能会离你越来越远。

2. 树立服务意识。

作为一名教育工作者，除了在校服务好学生，教育好学生外，还有一项工作，即为学生家长服务，为改善学生的家庭教育软环境服务。家长的素质参差不齐，孩子成长的家庭环境各不相同，家长所面对的孩子的问题各有区别，更多的家长是对教育的陌生，缺乏基本的教育方法和策略。因此，许多情况下，家长面对子女的问题往往束手无策，有些做法缺乏科学的教育性。但是家长的一些思想、价值观等深深地影响着孩子。因此，加强家校联系需要理智。明智的做法是引导家长，教授方法。对于家长的求助要区别对待，对家庭教育中积累的问题需要疏通，班主任可担当好疏通者，但千万不要暗示并鼓励家长动用武力。那样，家庭教育和学校教育都将面临孩子的敌视和背叛。

3. 与家长平等沟通。

在教育孩子的问题上，家长与教师是平等的，只不过是不同场合的教育者而已。教师不能因为学生在学校表现不好，一味地批评家长，甚至把家长也当成批评的对象，或对家长大发怒气，应该平等地与家长探讨。

作为教育工作者，要真正尊重每一位家长，虚心向家长学习，与家长共同成长。只有这样才能在平等和谐的学习环境中不断提高彼此的素质，为真正提高合作效果打下基础。

五、创新与探索

1. 开展"周末之星"的评比。

我校新近尝试开展"周末之星"的评比活动，活动起因是通过家长的信息反馈引起的。不少家长反映孩子在学校表现不错,可是回到家里就把好习惯都丢掉了。对此我们想到学校教育要自觉地与家庭教育保持高度统一,要让学生在学校养成的好习惯在家里也要保持和延续下去。为此,我们制定了"周末之星"的评比标准,以家长信的形式向家长公布,并约请家长作为孩子周末表现的评判员,给孩子打分。教师则每周根据家长的打分给学生评价,评出每周的"周末之星",在每周的基础上再评出每月的"周末之星"和学期的"周末之星"。这一活动实行以来,得到广大家长的热烈欢迎和大力支持。许多家长纷纷反映学生在家的表现有很大改变,这其实就是家校合作的一个成功案例。

2. 创建"学习型家庭"的评比。

我们运用现代教育理论知识,采取科学的方法对学生的家庭情况、家长对子女的期望以及教育子女的方式等进行问卷调查,发现许多学习成功的学生往往拥有一个良好的学习型家庭,家庭的学习氛围是影响孩子学习是否成功的重要因素。对此,我们积极探究并创建"学习型家庭"活动。根据许多学习成功的学生家庭情况编制"学习型家庭"的基本要求,通过适当的渠道组织家长学习,并采取自由申报、组织实施、过程监督、加强沟通反馈和验收成果等形式,培养一批学习型家庭,以带动更多的家庭参与其中。也以此为依托,深入研究家校联系的新思路和新方法,更好地指导教师的家校联系工作。

家校联系无论采取什么手段,都要努力做到让家长在教育理念、教育方法上和学校达成共识。实践证明,只有家校形成合力,教育效果才可能最大化。让我们架起学校与家庭的桥梁,加强沟通,相互配合,大胆创新,深入探索,全力开创家校联系的新天地,真正促进每一个孩子都能健康茁壮地成长。

(二)"家校共育"的协同发展设计

(以下论述由肖晓敏执笔)

家庭和学校都是培养人的地方,但是这两个组织在执行育人功能上却有着不同的方式。家庭教育的对象趋于个性化,学校教育的对象趋于集中统一管理。儿童在学校教育中集中学习学科知识,过集体生活,社会性得到发展。在家庭教育中形成良好的性格,发展个性特长。然而,儿童早期在家庭教育中形成的性格基础、个性特长,又会对学校集体教育中的学习、成长产生巨大影响。家庭、学校、社会共同携手,实施有统一目标的家校共育课程,成为必然选择。

1. 家校共育课程的实施原则

（1）以儿童成长为中心。康奈尔大学的布朗芬布伦纳教授在《人类发展的生态学》中提出生态环境与有机体的关系，告诉我们优良的生态环境对儿童的健康成长不可或缺，儿童应该在中心。卢梭的自然主义儿童观也强调对儿童的尊重。当前我们的素质教育，追求的是儿童的德智体美劳全面发展，新时代将"立德树人"作为教育的根本任务，不论是从国家教育政策，还是教育科学的研究发现，一切有明确教育目标的行为都是以人的成长作为根本任务，以儿童的发展作为出发点，只有尊重儿童的发展规律，才能实现儿童的全面发展。

（2）以家庭发展为方向。教育部颁发的《关于加强家庭教育工作的指导意见》指出："家庭是社会的基本细胞，注重家庭、注重家教、注重家风，对于国家发展、民族进步、社会和谐具有十分重要的意义。"当前家庭教育中，存在诸如唯分数论、教养方式简单粗暴、亲子关系紧张、心理问题、家庭暴力、家风缺失等问题，严重影响着儿童的成长，对儿童稳定性格的形成、文明素养的培养、身心的健康成长带来了不利影响。

事实证明，家庭教育对学校教育影响深远，家庭教育错位、缺失的儿童，在学校教育过程中往往因为性格偏执、交往能力不足、价值观等问题，无法实现五育并举的全面发展。

家校共育中，由学校主导和实施的家庭教育指导，从科学的教育视角，以儿童发展为目标，指向的是家庭教育的发展，帮助和引导家长树立正确的家庭教育理念，掌握科学的家庭教育方法，提升家长科学教育子女的能力，帮助家长做陪伴孩子幸福成长的智慧型家长。

（3）以学校治理为推手。2016年，全国妇联、教育部等九部门共同发布的《关于指导推进家庭教育的五年规划2016—2020年》文件中就明确提出，在中小学、幼儿园建立家长学校，将家庭教育指导服务作为学校工作的重要任务。

学校作为新时期家校共育的组织者和实施者，要注重家校共育课程的系统化建设，科学、合理推进家校共育的实施。

学校在推进家校共育过程中，从师资培训、课程开发、项目评价等角度，与现有教育资源深度整合，发挥学校的优势，推进家庭教育专业化发展，同时会推动学校教育的教育内涵延伸，推进学校与家庭、社会的更深层次的融合。

（4）以社会和谐为愿景。家庭教育发生在家庭里，学校教育发生在校园中，但都对国家、社会的发展起着不可低估的作用。家庭教育和学校教育开展得好坏，直接影响着孩子的终身发展，影响着国家和民族的未来与希望。党和国家提出的社会主义核心价值观，从个人、社会、国家三个层面对公民提出了要求和希冀，只有当个人命运与国家、民族命运同呼吸，同频率，个人价值才能实现最大化，民族才能有希望，国家才能有前途。

只有家庭、学校在携手育人方面达成一致目标时，才能实现教育效果的最大化。家校实现深度共育，有利于形成良好的社会风气。家校的良性互动，帮助学校形成积极向上的学风和向上向善的校风，使儿童形成稳定的人格和公民素养，这也是良好社会风气的前提。

立德树人的根本任务在家校共同努力下达成共识。立私德，树公德，培养社会主义事业的建设者和接班人。在以家庭、学校为生态环境的一致行动下，培育出来的下一代必将成为建设祖国的中坚力量。

2．家校共育课程的实施

统筹谋划，健全家委会制度。以学校为主导，建立校级家委会。制定《广外外校校级家委会章程》，起草《家委会参与学校管理制度》，明确保障家长对学校办学活动和管理行为的知情权、参与权和监督权。同时，做到流程规范、架构合理、权责相当。有效保证家长委员会参与学校管理的权利，调动家长参与学校工作的积极性，同时赋予家长委员会义务。

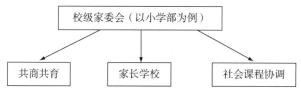

作为校级家委会，肩负着沟通学校和家长的重要任务。对于学校教育过程中的重要决议，邀请家委共商共育，可以增进家校互信，拓宽学校民主办学渠道。以校级家委会行使监督权为例，某学期，有部分一年级家长反馈我校周日晚餐菜品单一，青菜出品难看。学校经过充分调查后，组织家委会代表协商，主动提出对饭堂实施飞检。飞检是不事先通知，飞检时间由家委会代表决定，学校派代表跟进。家委会代表按照卫生要求进行飞检后，对学校后勤管理更加了解和信任。事后，家委会起草调查报告，对误会进行解释，并公布飞检细节，帮助学校成功化解危机，并建立了更为牢固的信任关系。

校级家委会应积极配合学校，组织开展家长学校，提升家长教育理念，提高家庭教育能力，建构和谐亲子关系。学部家委会联系年级家委会、班级家委会，针对不同年龄儿童的教育突出问题、家庭教育的普遍问题等，多形式地开展家长学校的活动。以家长会、专题讲座、家校热线、心理热线、百家讲坛等形式，开展高质量、有实效的家长学校活动。

家长委员会发展到深入阶段，会形成平台效应。以校级家委会、年级家委会的深度合作为例，家委会在参与日常事务的同时，更加了解和认同学校的办学理念，并形成默契。家庭教育在家校的共同努力下，不断取得进步。家长参与学校的积极性也会得到充分展现，家长可以为学校搭建各种平台，引进各种社会资源，丰富校外实践基地等。学校也会因势利导，采取"引进来，走出去"的思路，进一步拓宽办学渠道，激发办学活力。

学校家委会统领下的年级家委会、班级家委会，在职责上仍然以实现家校平等对话、共商共议为主。年级家委会更多时候在大型活动协调、年级实践活动等方面发挥积极作用。班级家委会是家委会的基层组织单位，承担着协助班主任管理班级事务、班级事务外联等功能。班级家委会更是与家长、学生打交道的桥头堡，对班级文化、班级风气的形成起着重要作用。班级家委会还是班级生活的协调员，增强了家校的凝聚力。为增强班级家委会的效能，明确家校共育的边界，许多班级组织家长共同起草了《家长公约》，用以指导、规范家长参与班级事务的行为，提升育人效果。

案例 ▶ 广外外校小学部一（3）班家长公约

作为父母，作为孩子的"第一任老师"，我们共同约定：

1. 家校合作。认同外校的办学理念，与学校共担育人之责，主动建言献策，做到"参与而不干预"。参与各项活动做到不迟到、不早退，若有特殊原因请提前向老师请假。

2. 尊师重教。信任外校，信任老师，维护老师的职业尊严，若有任何问题先向老师或向家委会的沟通负责人反映，共同寻求解决办法，坚持"沟通是解决问题的上上策"，避免家校之间、家长之间发生冲突，共建良好的家校、师生关系。

3. 遵守校规。外校是一所寄宿制学校，重在培养学生自立、坚强和解决问题的能力。请各位家长遵守寄宿制学校的各项规章制度，如无特殊情况，不随意到校看望孩子，即使因特殊原因到校，也应注意回避别的孩子，不影响或打扰老师对班级的教学和管理工作。

4. 尊重个性。尊重孩子的个性，鼓励孩子做最好的自己，不给自己的孩子和其他孩子贴标签，不将别人的发展模式和过高的标准强加给孩子，不随便评论别的家长的价值观以及教育孩子的方式、方法，家长无权越位去教育班级其他孩子。

5. 重视网络的威力，严防网络暴力。不在班级微信群里发表过激言辞、发泄个人情绪。注重用正能量引导网络环境，不在班级微信群里发布未经证实的消息。

6. 培养守时习惯。周日下午 5：30 前是每周返校时间，请提醒孩子准时返校。

7. 注重沟通。注重和各位老师沟通，了解老师们平日的引导方法、教育计划并进行相关配合；注重和孩子沟通，关注孩子的情绪、言谈，善于倾听孩子的心声。引导孩子建立和谐的人际关系，学会换位思考，学会感恩，学会宽容。

8、关注安全。每位家长有责任和义务一同维护校园周边的交通秩序，文明有序停车，保障学校周边交通安全。指导孩子掌握防暴、防骗等生存技能，提高自我保护、自我救护的能力，为孩子幸福成长保驾护航。

9. 以身作则。言行得体，举止文明，做孩子的榜样；为孩子创造轻松、良好的家庭成长环境和学习氛围。家长每次到校参与活动，都是给孩子最好的榜样示范。

我们向优秀家长看齐，共享优秀育人成果，努力身体力行，并相信：好父母是学出来的，好孩子是教出来的，好习惯是养出来的，好成绩是导出来的，好沟通是听出来的，好未来是我们共同创造出来的。

2015 级一（3）班　全体家长

（以上公约来自 2015 级一（3）班　班主任 海晏）

(三)"家校共育"课程类型

家校共育，学校是组织者、引领者，通过丰富多彩的家校共育课程，最终引导家庭教育的成长。回归家庭生活，让家庭生活更幸福，是家校共育的终极追求。

广外外校基于为学生终身发展负责，培养走向世界的现代人的办学理念，在教育教学过程中，注重家校合作，注重多元文化的兼容并包，在长期的教育实践中，与家长达成亲密的教育合伙人关系。

1. 认同型课程

广外外校创办以来，一直受到家长的追捧，这些风光的背后是家长的认同。每年招生季，我们招生办、各学部的工作人员，不分昼夜，奔走在一场场宣讲的路上。从幼儿园的精准对接到线上理念说明会，目的就是寻找教育路上的同行者、合伙人。这种全方位的说明会，从办学理念、特色课程、评价方式、多元出口、社会效益等角度，让家长第一时间了解学校，产生认知碰撞。每年广外外校动辄数千的报名人数，是对认同最好的诠释。起始年级家长会，也从理念、教学方式、成长环境等角度，科学介绍学校理念、班级文化、学科特点、教师教学特色等，从而获取家长的认同。

2. 理解型课程

为了帮助学生尽快适应学校生活，为了和家长达成理念上的一致，我们在暑假期间推出了系列家校共育推文：

《家庭教育十二法则：请永远给孩子希望和力量》

《世界十大家族的家训，终于知道他们的子女为什么成功了》

《6 岁入学的男生和女生有什么不同？一年级家长必看！》

《如何让孩子快速融入新环境？我们有妙招！》

《致 2019 级一年级新生家长的一封信》

这些系列化的推文提前帮助家长理解一年级学生学习和生活的要求，理解寄宿制学校的特点，做好基础性的铺垫。

一年级入学前，各班级还会在开学前组织召开家长会。家长会从办学理念、一年级寄宿生活的特点、一年级学生身心发展特点、一年级教育教学要求、家校合作要求等方面，全面、具体地向家长一一介绍，让家长理解学校工作的复杂性、多样性，感受教师在教育教学中"以生为本"的理念，理解教师教育教学工作的要求，配合学校各项工作的开展。我们还专门将每一年一年级学生入学的现场通过校园电视台记录下来，制作成高清纪录片，等到下一年一年级学生入校前，将真实的场景展示给家长们看，引起家长对成长的共鸣。近几年，一年级入学典礼，通过一场颇有仪式感的入学礼，教师宣誓效忠祖国教师事业，学生宣誓努力全面发展，让家长更加感受到学校的理念和办学模式的特色。

学校以家长会、校长讲座、家长信等方式，将不同学段的年龄特点、教学要求、管理要求、家校共育要求，一一告诉家长，争取获得理念上的认同、心理上的理解、行为上的支持。我校五年级举行的"亲子演读"活动，由家长和孩子一起挑选本学期课文中的经典名篇，将课文内容进行现场演绎，增进了学生对文学作品的理解，也增进了家长对语文学习的深入理解，加深了家长对教师劳动的理解和尊重。

这些多元化的家校理解课程，从办学理念、教育行为、学段衔接、儿童特点等多个角度，引起家校合作的共鸣，同时在潜移默化地改变家长的教育视野。

3. 共筑型课程

（1）浸润式的家校共读。如何将现代教育思想传递给家长？如何给家长提供科学的家教方法？广外外校作为一所寄宿制民办学校，坚持为家庭教育提供科学的家校咨询——周末家长信。家长信除了将学生的每周学习内容和学校生活告知家长外，还会为家长准备一篇关于家庭教育的文章。这些系列化的文章从育儿经验、家风文化、亲子阅读、成长故事等不同角度，给家长提供广外外校特有的家庭教育系列化学习材料，许多家长每周都会认真阅读家校资讯，浸润在长期有效的重家风、家教氛围中，家庭氛围会发生根本的改变。

（2）体验式的活动育人课程。为实现全面素质教育，追求儿童全面发展，"活动育人"一直是我校的特色。近些年，我们也将这种活动育人的理念引入家校共育的行动中。学校创设一系列家长、学校、学生共同参与的活动，在活动中体验、感知、升华。许多家长在参与学校活动以后，教育视野从原来只关注自家孩子变成了关注全班孩子；有些家长在活动中与其他家长互动，学到了更科学、更合理的育儿方法。

这种体验式的家校共育课程在广外外校全员育人、全方位育人的背景下，成为广外外校家校共育的特色品牌，深受家长欢迎。

广外外校气势磅礴的运动会入场式、亲子运动会、家长志愿者服务、六一广府文化进校园、家长开放日等活动，都给家长提供了解学校理念、感受学校文化、体验亲子互动、交流育儿心得、提升家教质量的重要机会。

每年春天到来的时候，我们会鼓励孩子和家长一起走向户外，寻找春天的印记。我们设计了"寻访春迹"无作业日主题活动；秋天到来的时候，我们也会在传统活动校运会那一周，组织一次"走进秋天"无作业日主题活动，学生在学校的倡议下，走进大自然，感受人与自然的关系，进行亲子远足、亲子运动等项目，放松身心，和谐家庭关系。

每年暑假，我们会设计安排少先队的实践活动，孩子们带着目标，在家长的协助下，或写调查报告，或走进企业，或动手制作，丰富了假期生活，也感受了自我与社会的紧密联系；每年寒假，全中国的春运大迁徙，我们结合在传统节日家庭团聚的氛围，组织学生开展"五个一"好家风活动，孩子在写春联、拍全家福、写家书、帮助父母做团圆饭的过程中，深刻感受了传统的家庭文化魅力，感受家风传承。

为加深家庭、学校、社会的三方联系，提升育人效果，我们提出了学生实践活动倡议"10＋行动"，即和父母一起，探访身边的 10 家博物馆、主题纪念馆、爱国主义教育基地等；探访 10 家及以上企业，了解企业运作，参与力所能及的劳动。

小学生活部开发的小家政劳动课程，旨在保持儿童独立生活的习惯，从学校到家庭，对儿童个人卫生整理、个人生活空间整理提出了要求，家长鼎力支持。在教育成长环境的一致性要求下，家长看到了儿童独立的一面，也深刻体会到 5＋2＞7 的道理。

为提高家长参与学校活动的积极性，我们积极引进家长课堂的建设。《飞机那些事》《环保纸的前世今生》《广东美食文化》《校园欺凌要说不》等一系列家长课程，增进了家校互信，丰富了校园课程体系，增强了儿童自信心。对于一些优秀的家长课程，我们给家长办了家长教师聘书，在全校推广。

（3）问题导向式的定制服务课程。每一个问题孩子背后，都有一个问题的家庭。如何解决儿童的问题，需要家校共同的付出。为了帮助孩子成长，小学心理健康指导中心积极对接年级组，对年级组的学生问题积极跟进，建立学生档案，积极约谈家长，共同商议制定可行的帮助方案，给予家庭教育正确的指导，帮助家长调整教育方法，形成家校合力。

学部成立的家校共育委员会也会在适当的时候，给问题家庭提供专业的家庭教育指导方案，改善亲子关系，改变教养方式，帮助孩子树立自信心。

在教育实践过程中，老师们积极创新家长会方式，研究出小型家长会，针对学校生活中存在同类问题的学生，组织家长召开家长会，大家共同探讨问题的解决方式，形成教育的合力。

随着多元化社会的发展，家校共育所面临的挑战也会越来越大。发展家校共育，要以问题为导向，让共育最终回归家庭，帮助家庭，改变家庭，幸福家庭。深入解决家校问题，需要一批专业的师资队伍，在引进优秀教育专家为家长提供指导时，学校应该大力发展一批有经验的家庭教育指导师。这些有经验的家庭教育指导师接受过专业的培训，有专业的眼光，有科学的解决方法，能为家校共育提供专业的指导和帮助。

4. 发展型课程

（1）新时代，好家风建设和传承。好家风和好家教可以为子女提供优良的生态环境和精神滋养，从而使整个家庭与子女甚至后代受益无穷。当前一段时期，受改革大潮影响，许多家庭对家风的传承不够重视，甚至遗忘。良好的家风建设，要结合传统文化或者优良家庭文化，善于提炼适合自己家庭实际的家风家教，形成主流价值观，在润物无声中滋润孩子的心灵。家校共育应重视家风建设的引导，积极开展书香家庭、爱心家庭、博雅家庭、运动家庭、艺术家庭、孝亲家庭等家庭的评比，积极引导好家风的形成。通过节假日主题活动，进一步丰富传统文化内涵，传承家风文化教育。

（2）互联网时代，学习型家庭的建设。互联网时代，学习途径更加多元化，学习方式也突破时空限制，变得更加方便。但是信息更新和发展的速度日新月异，行业的研究也更深入。

基于时代的特点，儿童成长需要终身学习，家庭的成长也需要放到时代的快车道里，构建学习型家庭是时代的需求，也是儿童发展的需要。在深圳，有一所翠北实验小学，他们的家长参加学校组织的家长夜校，常常学习到很晚。

（3）家校共育实践基地的建设。学校的发展离不开家庭、社会的支持。随着时代的发展，学生社会化的需求越来越高时，家校合作越来越深入时，资源整合越来越强大时，家校合作可以考虑独立于校园和家庭外的实践基地建设，为学生提供一个从事生产劳动、职业体验的全新环境，给学生带来不一样的成长体验。

案例一 ▶ 家校共育，协同发展

广州市广外附设外语学校　肖晓敏

摘要：家庭和学校是学生成长的最重要环境，家校携手，保持儿童成长的目标一致性。在实践工作中，家校双方也需要厘清彼此育人的边界，明确家校角色定位，不逾矩，尊重对方在教育行动上的权利，家校双方也应该彼此鼓励，共同进步。

分清彼此责任区域，更应该有一致的行动，深化家校共育的效果。学校在引导家庭教育健康发展方面应发挥专业教育效果，引导家庭教育积极发展，帮助和引导家长树立正确的家庭教育理念，掌握科学的家庭教育方法，提升家长科学教育子女的能力，帮助家长做陪伴孩子幸福成长的智慧型家长。

关键词：家校共育，责任，边界，行动

最近在网络上看到这样的段子：陪娃写作业，简直就是一道送命题！还有的家长，左手握着速效救心丸，右手拿着四十米长的戒尺，气急败坏地对孩子说："不要叫我爹，我没你这样的孩子！"

这样的场景，通过网络文化，间接激化了家校之间的关系，感觉我们和家长之间的关系已经超乎寻常，这是生死关系啊！

时代的变革，经济的发展，社会大环境带来的家庭教育缺席或极端化，成了学校教育绕不过的一道坎。

早些年（2012年前），引导家庭开展家庭教育的主要责任分工有中国妇

联、关工委等机构。近些年，随着国家对家庭教育的重视，人们越来越发现，家庭教育与学校教育密不可分，相互影响，学校作为最重要的教育阵地，有必要发挥其自身的优势，引领家庭教育的发展。2015 年教育部颁发的《关于加强家庭教育工作的指导意见》和 2016 年全国妇联、教育部等九部门共同印发的《关于指导推进家庭教育的五年规划 2016—2020 年》都提出，在中小学、幼儿园建立家长学校，将家庭教育指导服务作为学校工作的重要任务。

家校共育的时代就要到来，我们都准备好了吗？

一、家校共育，不同的责任

家庭教育是个性化教育，学校教育是集体教育。尽管家庭教育与学校教育在实施方式上有着明显的不同，但是在儿童的成人、成才方面却有着共同的追求。家校共育就是要共同承担促进儿童发展的责任。

只有在相同的责任背景下，才可能有一致的目标。开展家校共育行动，还需要厘清彼此责任边界，才能更好地发挥家校共育的积极效果。

1. 家庭教育的责任

家庭教育首先是要帮助孩子上好人生的底色。孩子人生的第一个 6 年是在家庭里度过的，父母把孩子养好、教好，上好人生的第一堂课，父母是孩子的第一任老师。家庭教育重在品德的培养和人格的塑造，要在儿童成长的早期把善良、爱心、友好、积极的种子播撒在孩子美好的心灵中，使孩子既知独善其身，又能做到相善其群。家庭教育的核心是养育，即在养中教，在教中育，教孩子做人、做事的道理，育孩子美好品格。

2. 家校共育中家庭责任模糊不清

有些父母很早就教孩子识字，有些孩子 3 岁会算 100 以内的加减法，4 岁会背乘法口诀。这些父母把自己的孩子当天才，逢人就炫耀。殊不知，长此以往，儿童变得对知识本身美好的意义不再有兴趣。到了真正该上学学习知识的时候，却对学习毫无兴趣，最后，家庭教育的错位导致的后果会在学校集体生活中凸显出来。

当前，三过家长比较多。对孩子的社会交往"过于保护"，对孩子的成长"过分溺爱"，对孩子的未来发展"过高期待"。过分溺爱是当前家庭教育的不足的重要表现，儿童作为独特的生命个体，在其生命生长初期，往往会有很多动物本能行为，而这些动物本能行为具有相对的狭隘性和自私性，在家长过分的宠溺下，未对其进行符合社会主流的道德教化和约束。最后，会形成与社会道德相违背的行为，纵容溺爱的后果往往会使儿童的成长发生畸变。最近，备受社会关注的云南孙××被判处死刑，这一社会毒瘤得到了应有的惩罚，其母从小就纵容、宠溺孙××，导致孙××横行霸道，最终酿成恶果！孙母也因包庇儿子犯罪、徇私枉法、行贿受贿罪被判处二十年有期徒刑。法律没有迟到，彰显了正义，处置了罪犯。孙××案给我们敲响了警钟。在我们的教育教学中，也有很多孩子因为娇生惯养，在集体生活中我行我素，给班级管理带来很大的困难。

3. 家校共育中学校责任边界不清

学校教育的重要职责是帮助学生完成预期的社会化要求，这与家庭教育有所不同。学校是制度化的教育安排，有着明确的目标、体系、管理要求和统一指定的教育内容，在固定的教育场所通过专业训练的师资加以实施。学校教育按照国家和社会要求意愿来培养人，更多地关注群体性的需求。

学校教育的越位主要表现为将学校的部分工作转嫁给家庭。要求家长批改作业，教师会给家长提出诸多要求，包括在线视频签到、课外辅导等，家庭变成了学校教室的延展。更有甚者，教师通过将考试成绩、排名等公之于众的方式，意图警醒排位靠后的孩子，鼓励靠前的孩子，这种做法增加了家长焦虑的情绪，更直接导致了家校关系的恶化，引起家校直接的冲突。

家校之间的冲突，需要在家校共育实践中，通过明确各自的责任边界来逐步改善、化解，使家校走向合作。

二、家校共育，一致的行动

厘清边界就是彼此了解自己的职责所在，不越权。不过，现实却不够完美，社会竞争的白热化、人均资源的短缺，都加剧了家庭之间的差异。并非所有家庭都有教育自觉，学校教育应该对无法承担和胜任家庭教育工作的父母给予帮助和指导，给儿童提供家庭生活教育指导和帮助。2019 年 6 月，《中共中央国务院关于深化教育教学改革全面提高义务教育质量的意见》就明确指出："学校要承担家庭教育指导服务的职能，要重视家庭教育，为家长提供公益性家庭教育指导服务。充分发挥学校主导作用，密切家校联系。"

行动一：引导努力建构良好的家庭亲子关系，形成稳定的家庭风气。

好的家庭关系是家庭生活的基础。一个融洽的家庭，一定是欢天喜地，而不是昏天暗地。好的家庭关系是彼此尊重，又彼此拥有自己独立的空间，在孩子需要帮助的时候，又能彼此守望相助。过分依赖父母的孩子，过分投入的父母，往往在家庭关系中丧失了个体的独立性，孩子会变得骄纵任性，这都不是健康的家庭关系，更不可能形成积极向上的家风。好的家庭关系包含夫妻关系、亲子关系、隔代关系等。既然是家校共育，我认为孩子在校期间的师生、生生关系应融洽、和谐。

行动二：构建符合儿童成长规律的教育环境。

儿童始终站在中央。儿童作为教育的主要对象，是家校共育的最终目标。儿童的天性来自家庭，它的发生、发展应该顺应人的自然属性，不应改变其成长的顺序。只有基于儿童生理、心理、生长顺序的教养，才能最终养育成一个拥有健全人格的人。当今社会，提前教育、神童教育等诸多逆儿童特点的行为常常会蒙蔽焦虑的家长，让家长以为在激烈的竞争中有捷径可走，最终导致儿童成长的不健全。无论是家庭教育、学校教育、社会教育，都应该在尊重儿童身心发展规律的前提下，采用儿童能接受的方式施加教育影响，尊重儿童作为个体生命的独特性，理解儿童文化与成人文化的差异，满足儿童成长所需要的合理需求，更要理解儿童个体之间的差异性。有的孩子记忆力好，有的孩子语言表达能力强，有的孩子运动素质高，有的孩子艺术理解能力超乎你的想象……在家校共育中，关注这些差异的目的就是让老师和父母有针对性地开展教育，给孩子提供精准的家校共育指导，帮助每个孩子找到适合自己的成长方式，做最好的自己。

行动三：打造以班级为单位的家校学习共同体。

一个班级 42 名学生，背后是 42 个风格迥异的家庭，大家从陌生到熟悉，再到彼此默契，共同目标是为了孩子。基于班级的组织形式，构建以班级为单位的家校学习共同体势在必行。优势有以下两点：

其一，班级组织形式容易形成共同目标。一个班级 42 个孩子，有 42 个家庭，但是还有一个共同的班级，在这一点上，大家目标一致。其二，班主任带领的家校共同体更容易凝心聚力。班主任根据一些好文章、好书籍定期开展集体阅读活动和线上交流活动，或针对班级问题经常与共同体成员进行交流，彼此增进了解，也更利于班级文化的形成。

以班级为单位的家校学习共同体，能以合适的体量、一致的目标，在班主任、科任老师、生活老师的共同带领下，在全体成员的积极参与中，共阅读，同分享，诚交流，共成长，最终为孩子成长和发展保驾护航。

总的来说，家校共育，家庭和学校职责不同，但是目的相同，那就是孩子的成长。家校共育过程中，学校往往是发起者，但是彼此更是合作者，地位关系是平等的。做好家校共育，改变的是家庭，幸福的是孩子，受益的是学校、国家和社会。

案例二 三年级"鸡蛋变形记"劳动课程设计

——"鸡蛋变形记"活动策划方案

广外外校生活部 叶俊等

利用"停课不停学"的宅家时光,对学生进行劳动教育是一件很有意义的事。劳动教育也是引导学生树立正确的劳动观,形成劳动最光荣、劳动最美丽的重要途径,梦想的花朵只有以劳动浇灌才能绚丽地绽放。广外外校一直秉持活动育人的核心教育理念,围绕"以劳树德、以劳增智、以劳育美"家庭和学校相结合的课程主体,在新形势下贯彻国家教育方针,注重教育实效。

一、活动主题

鸡蛋变形记

二、活动对象

全体三年级学生

三、活动目标

提高外校小学生的综合素质,激发学生参与劳动的热情,通过简单、有趣的科学小实验激发学生的探究热情,培养学生勤于思考、勇于创新的精神。

四、活动内容

A. 鸡蛋科学实验

把鸡蛋玩出了新花样,集探索性、科学知识性、趣味性于一体的鸡蛋科学小实验激发学生的好奇心和求知欲。研究鸡蛋立盐上的原理,做悬浮蛋、沉浮蛋小实验,观察白醋泡鸡蛋变成透明蛋。孩子们认真观察和思考,尝试写写观察日记。

B. 鸡蛋彩绘

把思念画在蛋壳上,龙猫、哆啦 A 梦、海绵宝宝、派大星、小蜗……各种各样的卡通人物,呆萌可爱。寥寥几笔,就可以勾勒出变化多端的表情。

C. 鸡蛋美食

饮食文化与烹调技艺是中华传统的一部分,数千年的中餐积累了多样的烹调技艺,孩子们尝试以鸡蛋为主食材制作鸡蛋美食。

五、操作要点

见活动操作指南

六、指导建议

鸡蛋营养价值高,结合营养和娱乐,建议孩子们在家长的指导下安全操作,注意安全使用电器及尖锐器具,尝试制作卤茶鸡蛋、爱心煎蛋、水果蒸蛋、火腿鸡蛋卷、凉拌鸡蛋丝、鸡蛋布丁、鸡蛋壳绘画、鸡蛋科学小实验等。

"鸡蛋变形记"活动操作指南

主题	指导细则	达标要求	温馨提示
鸡蛋变形记	1. 鸡蛋美食。 以鸡蛋为主题，鸡蛋营养价值高，结合营养和娱乐，做茶蛋、煎蛋、白水蛋、荷包蛋、火腿鸡蛋卷、凉拌鸡蛋丝、鸡蛋羹、鸡蛋布丁等。 2. 鸡蛋彩绘。 了解民间习俗：春分立蛋。春分到，蛋儿俏。春暖大地，万物生长，立蛋除有立住鸡蛋的本意，亦有"马上添丁"之意，意味着人们祈祷人丁兴旺、代代传承之意。 3. 鸡蛋科学小实验。 推荐一下，用白醋泡鸡蛋会变成透明蛋。也可通过互联网查找可操作的鸡蛋科学小实验，激发好奇心和求知欲	1. 学会做蛋类，有营养还美味，同时有健脑益智、保护肝脏、补血美容的神奇功效。 2. 了解鸡蛋的营养价值，学会做玉米鸡蛋饼、鸡蛋小米粥等。 3. 还可以在鸡蛋壳上策划出令人惊叹的30种创新做法	1. 鸡蛋营养价值高，结合营养和娱乐，建议孩子们在家长的指导下安全操作，尝试制作卤茶鸡蛋、爱心煎蛋、水果蒸蛋、火腿鸡蛋卷、凉拌鸡蛋丝、鸡蛋布丁、鸡蛋壳绘画、鸡蛋科学小实验等。 2. 把光溜溜的蛋壳打扮一下，也可以变得惹人喜欢，相信同学们在家都能手绘、贴纸，或加上一些小装饰，就可以让普通的蛋壳变身成为小矮人、雪人、兔子、小鸡、蜜蜂、小黄人……

"鸡蛋变形记"活动评价表

班级：三年   班   姓名：

鸡蛋变形记	评价标准	鸡蛋美食		鸡蛋彩绘		鸡蛋科学小实验		家长评语
		继续努力	我真棒	继续努力	我真棒	继续努力	我真棒	

说明：请家长对孩子的完成情况及时评价，在相应的栏目后面用符号"√"表示或写上一句相应的评语。

1. 高效完成：我真棒 √

2. 基本完成：继续努力 √

案例三 六年级"插花、整理系列"劳动课程设计

六年级小家政活动——插花

广州市广外附设外语学校六年级生活部 赵玉敏等

活动时间：第八周、第九周（10 月 27 日上交作品，10 月 27 日到 11 月 1 日作品展示）

活动内容：插花

活动目的：

1. 通过插花提高学生的设计能力、动手能力和合作能力。

2. 提高学生发现美、鉴赏美、创造美的能力，净化与陶冶心灵和情操，体会艺术插花的魅力。

3. 把自己的插花作品用来装扮宿舍、家居或赠送亲友，提高学生爱家、爱校、爱生活的情感和感恩之心。

活动参与人员：六年级全体学生和家长。

活动方案：

1. 通过家长信向学生和家长说明活动内容和要求，倡议家长支持活动，学生积极参与活动。

2. 通过上网学习或与同学或家人交流学习插花的基本造型、比例的确定和色彩的配置等插花基础知识和技巧，确定参与方案。学生和家长可以一起制作，可以以宿舍为单位参与，也可以自行结组，还可以个人独立创作。

3. 插花制作。（一、家里制作；二、周日返校制作）

插花器皿可以自己制作，例如修剪可乐或雪碧塑料瓶、玻璃器皿、金属器、陶器、藤、竹、草编等，也可以买成品。如以小组形式参与，可以在周末相约一起购买花卉；如以宿舍为单位参与可以周日每人购买不同的花，回到学校进行插花制作。要求作品要有名字，有主题。所以，要了解花语，选择符合作品主题的花卉进行设计。作品要有思想性、创造性、艺术性、观赏性。作品完成后在制作标签上写上作品名字，并写上简单的文字说明。

4. 作品展示。（一、在班级群发视频或照片来展示；二、宿舍区展示；三、拍照宣传栏展示）

5. 活动总结。（利用月会进行总结和表彰）

案例四 **构建"五育并举"的劳动课程**

广州市广外附设外语学校 肖晓敏

时代不同，人们对劳动教育的理解也不同。进入新时代，国家重提五育

并进，重视劳动教育具有深远意义。近些年，教育的功利主义，重才不重人，让劳动教育处在一个尴尬的境地，难以融入主流课程体系，常常沦为惩罚教育的工具。

2020年是国家全年建设小康的决胜之年，国家的强盛需要持续不断地优化劳动者的素养和能力，为新时代社会主义事业培养具有创新劳动能力的建设者和接班人。劳动是时代的最强音，劳动更是人类世界的独特属性。习近平总书记指出，要在学生中弘扬劳动精神，教育引导学生崇尚劳动，尊重劳动，懂得劳动最光荣、劳动最崇高、劳动最伟大、劳动最美丽的道理，长大后能够辛勤劳动，诚实劳动，创造性劳动。

马克思从人与自然、人与社会以及人与自身三个方面论述了劳动之于人的价值，提出劳动是人的本质。对中小学来讲，劳动教育最本质的目的是培养孩子的劳动情感，使其成为具有丰富人性的人。因为有了真正的内在的劳动热情，也就具有了一生追求幸福的根本。想象一下，一个个未来的少年，在时代的洪流中，用自己生命的力量，用奋斗的双手，能担起一代人的使命和责任。这样的他，懂得停下来，欣赏路过的每一处田园牧歌，内心亦有童心野趣的简单与坦然；知道如何更好地与自然相处，有随手播下种子的一颗匠心，亦怀有对种子成长为绿荫的美好希冀；懂得一日三餐的珍贵，拥有一双勤劳的双手随时自给自足，也能给家人带来安全幸福的相守。

劳动教育的意义：

劳动育爱。劳动教育的形式多种多样，在进行生产生活劳动中，学生参与体验劳动全过程，通过动手种植、养殖、照顾动植物等生活劳动，全程参与生命从萌发、生长、繁育到消亡的全过程。儿童在劳动的过程中，沟通了人与自然、人与生命的关系，在此过程中萌发对生命的关爱之情和敬畏之意。

劳动育情。劳动创造人类生活，中华民族是一个勤劳的民族，有着优良的劳动传统和光荣的劳动情怀。走进新时代，我们再谈五育并举，将劳动教育放在重要的位置，就是在继承和发扬中华民族优良的劳动文化和传统，针对当前年轻一代不爱劳动、不专心劳动、不劳而获的不正之风的一次纠偏。让儿童在各种劳动中，树立劳动最光荣、劳动最美丽的情怀。培养认真劳动、创造性劳动的能力，是构建和谐社会的基础。美好的情感往往伴随着劳动的双手和最终的劳动成果而产生。例如，在六年级"厨育大课堂"中，当孩子们自己从擀饺子皮到搅拌饺子馅再到一盘热气腾腾的饺子端上桌，这种内在的自豪感是油然而生的。在参与家人的厨艺大赛中，对平日爸妈劳累的切身体会，对亲人相依相守的亲情感知，对长幼有序的传统好家风的形成，都起到无声胜有声的作用。劳动的价值感在孩子一次次的劳动中逐渐形成。

　　劳动育责。在这个疫情超长的"待机"假期里，广外外校小学部始终贯彻"五育并举"的课程理念，在教育教学过程中，结合自身办学特点，将新时期劳动教育放在重要的位置，并根据"宅＋线上学习"特点将"小帮手—家庭生活劳动教育课程"作为学校德育实施的重要途径。

　　广外外校小学部的小帮手—家庭生活劳动课程分为"必达"和"选达"两个板块。必达板块属于学部的"顶层设计"，重在强调培养良好的生活习惯。内容包括个人卫生清洁、个人生活空间整理、个人学习空间整理、厨育大课堂、绿植种植与培育。必达项目的设计基于社会生活实际，基于儿童"成长，成人，成才"的必备素养。

　　选达板块的设计由各年级生活部制订，依据学生年龄不同、身心特点不同，从易到难，形成阶梯。例如美食制作，有简单的炒鸡蛋、煮米饭，也有学做一道拿手菜的不同设计。旨在不同的学生都能逐步起航，感受劳动的艰辛，也能体味劳动的快乐，更能珍惜劳动成果。

　　通过"宅＋"劳动课程的分层设计，让每一个宅家的学生因地制宜地参与到活动项目中来，从"好玩、会玩"到"能玩、玩转"，充分享受"劳动"的快乐，在"玩"中充盈了自己的内心和灵魂，同时形成正确的劳动价值观。

　　无论是必达的劳动项目，还是选达的劳动项目，从自理、自立意识开始，让孩子对自己负责。通过不断的劳动，强化劳动意识和劳动担当，从对自己负责，再到逐步能担当家庭之担、社会之责。通过长期浸润性的劳动教育，在强化儿童独立自主的性格时，也能促进儿童责任意识的成长。例如，四年级学生的"物归其序"的房间整理与美化活动，无论是男孩子还是女孩子都能把自己的房间打理得井井有条，尤其是女孩子把自己的小屋布置得温馨而艺术。更多的孩子还帮助家里老人整理房间，为防止爷爷奶奶忘记放东西的位置，有男孩子用流程图的方式标出来，便于爷爷奶奶及时找到东西。

　　劳动赋能。愉快的劳动不仅培养了孩子们积极向上的性格，更让孩子们成为一个个劳动小能手。例如，在三年级"鸡蛋变形记"课程中，孩子们通过在蛋壳、蛋托上作画把鸡蛋变成一家人，把蛋托变成工艺品，通过醋泡鸡蛋的实验写观察日记，通过对鸡蛋孵小鸡的条件论证尝试让小鸡从蛋壳中破壳而出。从鸡蛋上孩子们竟然衍生出无穷无尽的自己的课程，作为成人的我们很难想象，小小的一枚鸡蛋，在孩子们的手中竟然能变出这么多的花样。在劳动教育的实施过程中，逐渐培养了儿童自理的生活能力、简单家务劳动的能力、集体生活的管理能力、志愿服务等方面的能力。儿童在进行各方面协调沟通中，也发展了语言能力、协调能力。

　　劳动健体。劳动是光荣的，是快乐的，在劳动锻炼中成长的孩子身体是健壮的、结实的。但是劳动不等同于体育锻炼，劳动是有目的、有创造性的生产生活活动，劳动面向的是儿童的全面发展。生活劳动不仅能强身健体，更能培养学生的意志力，锻炼学生的整合能力和协调能力。

劳动育美。创意的劳动让孩子们感受到劳动的美。家庭茶艺，打领带（男孩），系丝巾（女孩），从艺术插花中领略插花的艺术之美，从摄影的镜头中捕捉大自然的魅力，从传统工艺的手工制作到疫情期口罩DIY，都让孩子们充分地感受到劳动让我们发现生活之美，劳动能够创造美、创造美的生活。

劳动教育的实施：

广外外校是一所寄宿制民办学校，学生一周有5天在校内生活，劳动教育的课程设计要依据学生发展需求，依据学生年龄特点、学校特点，我校的劳动教育课程设计如下：

1. 小帮手—家庭生活劳动课程

基于学生家校生活实际开发的"小帮手—家庭生活劳动课程"旨在帮助家庭、学校、儿童共同建立一致性的劳动认知，强调以自我服务和家庭服务为主的劳动教育。通过有计划、有组织、有评价的课程实施，在个人卫生、个人空间整理、家务劳动、简单膳食制作、照顾动植物、关心帮助长辈、接待来访客人等活动中，保持寄宿制儿童独立自主生活的一致性，推动儿童在课程实施过程中树立"自己的事情自己做"的自我服务意识，树立劳动最光荣的意识；培养儿童的基本生活能力，照顾他人的能力，以及未来创建美好生活的能力。家校的共同努力让家庭成为儿童劳动教育的重要基地，依据儿童的年龄特点在必达和选达项目上有所区分，通过实际操作演练，总结反思和交流提升，并在实际生活中应用。

2. 小助手—校园自主管理课程

作为一所全寄宿制学校，发挥学生自主管理的积极性尤其重要。在教师的指导下，学生通过手脑并用参与校内劳动，包括班务劳动、校务劳动和特色劳动等。班务劳动包括扫地、打水、拖地、擦黑板、清洁门窗等日常劳动，以及班级考勤管理、班级日常管理、公共区域管理等。校务劳动包括校园公共区域的保洁、校园美化、除草等活动。特色劳动包括校园实践、收取派送资料等。2020年，习近平总书记提出节约粮食、拒绝铺张浪费的口号，我校小学部少先队值周班一直在践行"珍爱粮食，杜绝浪费"的行动。一直以来，小学部学生检查，监督，减少了学生剩饭剩菜现象，也杜绝了学生用餐中的不文明行为。在学生的认真管理中，浪费明显减少，没有乱扔餐具的现象，得到了学校的一致肯定。小助手—校园自主管理课程的实施，能帮助班主任提高班级管理效能，也能让儿童在有序组织的课程中加强"我为人人，人人为我"的公德意识，体验服务劳动的价值感和成就感。

3. 小能手—校园农学、工艺体验课程

学校在每一届的三年级都举行"播种生命，陪伴成长"的主题种植活动，从养蚕活动入手，体验生命的生长变化，再到学生跟随科学老师一起，走进"耕读园"，亲手种下白菜、萝卜、豆角等的种子。在精心呵护下，学生收获自己亲手种植的果实。这些果实，或通过拍卖的形式，获得的善款捐献给有需要的山区小朋友们，或在厨师的指导下，动手制成菜肴，让孩子们品尝。每年的六一儿童节，广外外校小学部举行的广府文化进校园活动，让传统文化的手工艺制作走进校园，带孩子们一同体验手工制作的文化魅力和守艺的艰辛，培养了儿童对传统文化的兴趣，树立了自己亲手劳动的意识。

4. 小使者—校外实践、志愿者体验课程

每年秋天，我们都会带着孩子们去农场、饲养场、工厂、报社等地方，亲身体验劳动的光荣，让学生在农艺、非遗、厨艺等实践活动中提升自觉劳动的意识，提高劳动认识，学习劳动技能。在我校的家校共育中，我们通过家委会、校友会等机构，一步步丰富我校校外劳动基地课程资源，整合集团学校办学优势，力争在未来的课程建设中，发掘一批具有教育意义、理念先进、安全可行的劳动教育基地。

中国近代思想家、教育家、政治家、史学家梁启超曾经说过："人类一面为生活而劳动，另一面为劳动而生活。"我们或许可以从梁启超的话中读懂劳动对人类生活的重要意义：劳动教育给儿童的灵魂注入积极的生长因素，让儿童在劳动中锻炼健强的体魄，塑造健全的人格，涵养美好的心灵，并建立面向未来的劳动能力，让劳动教育与儿童生存技能、生活习惯、生长规律结合，指向健康生存、快乐生长、幸福生活的新形态。

外一章 智慧校园的文化智慧内生

一、从"智慧校园"到"智慧教育"

"智慧校园"一词最早出现在 2010 年的信息化建设"十二五"规划中，浙江大学率先提出建设一个"令人激动的智慧校园"。随着"互联网＋"时代的到来，信息技术越来越渗透到学生学习和教育教学的方方面面中。

智慧校园是指以促进信息技术与教育教学的深度融合为方式，以提高学与教的效果为目的，以物联网、云计算、大数据等新技术为核心，为教育环境创造一个智慧型、数据化，能够协同教学、科研、管理、生活服务等为一体的智慧环境。

我们这里所提的"智慧教育"包含了两层含义。第一层含义是指艺术哲学层面，如印度哲学家克里希那穆提出的"教育就是帮助人们认识自我、消除恐惧、唤醒智慧"。英国著名哲学家怀特海所提出的"儿童智慧教育理论"认为，生活教育的目的在于开启学生智慧。第二层含义是在当代信息技术背景下的智慧教育，祝智庭教授在《智慧教育：教育信息化的新境界》文章中分析了信息时代智慧教育的基本内涵：通过构建智慧学习环境（Smart Learning Environment），运用智慧教学法（Smart Pedagogy），促进学习者进行智慧学习（Smart Learning），从而提升成才期望，即培养具有高智能（High-Intelligence）和创造力（creativity）的人，利用适当的技术智慧地参与各种实践活动并不断地创造价值，实现对学习环境、生活环境和工作环境灵巧机敏的适应、塑造和选择。

从"智慧校园"到"智慧教育"是由信息技术运用为教育赋能到技术文化为教育赋魂的过程。

（一）"智慧校园"建设基础

1. 建设理念

正确的教育理念和教育策略的选择来自我们对教育现状的把握，来自我们对教育的过去和未来的洞悉，来自我们对教育相关元素的认知和统筹。

①社会层面：互联网深入影响社会生活的方方面面已经成为不争的事实，教育作为社会系统中的一部分，受其影响是全面而深远的。面对新的技术环境、发展趋势，教育不可能无动于衷，一定要做出相应的改变。

②国家层面：国务院国家教育事业发展"十三五"规划中提出，学校教育要充分利用信息技术构建智慧学习环境，探索新型教学模式以推动信息技术与教育教学实践的深度融合，加快推动人才培养模式、教学方法改革，促进"课堂革命"的有效、有序开展。

教育部办公厅 2019 年 1 号文也明确提出，推动教育信息化融合创新发展，实现教育理念与模式、教学内容与方法的改革创新，提升区域教育水平，探索积累可推广的先进经验与优秀案例，形成支撑和引领教育现代化的新途径和新模式。

③学校层面：面对时代的发展和国家政府的要求，学校必须做出自己的嬗变，方能跟上时代发展的步伐。因此，以信息化引领构建以学习者为中心、以教师为主导的教育新生态，促进人的全面发展的教育势在必行。

④个人层面：互联网信息技术的发展，为个人的个性化学习提供了更多的可能。"可汗学院"的发展，以及众多免费、收费授课平台的发展，使得当代学生获得知识的途径不仅只限于学校教师，对于每个能熟悉掌握互联网操作的人来说，一个知识自助的时代已经全面来临。

在这样的背景下，我校制定了"基于深度学习、融合创新的智慧校园"建设方案。

方案明确了智慧校园的定义：校园管理、教学、生活与信息技术融合的便捷的、高效的智慧校园生态系统。明确了建设场室硬件平台、管理的沟通平台、培训的学习平台、学习的互动平台、资源的共享平台五大任务，分项目负责，层层有序推进。

2. 建设基础

近年来，我校在省教育技术中心、市教育信息中心、白云区教育局、华南师范大学教育信息技术学院的正确引领与支持下，在全校领导、师生的共同努力下，我校教育信息化建设取得了一定的进步。通过建设、学习、运用、维护，我校已走出一条智慧校园建设与运用的路径，基本具备了较好的智慧环境基础、实践基础和推动基础。全体一线教师，98％可以熟练使用多媒体、白板智能系统。全校管理干部、教师参加智慧校园、智慧课堂的理念层面、操作层面等培训。

经过多年的建设与发展，我校已为智慧校园建设奠定了坚实的硬件基础：

覆盖全校的数字网络、模块化云计算框式核心交换机 S8610E、6 个汇聚交换机、一台数据交换机、150 台接入层交换机、主干 96 芯光纤、48 芯光纤到汇聚楼层、1000 M 六类网线、学校电信宽带出口 500 M、教育网宽带出口 1000 M。

此外，我校还建有多个服务器：阅卷服务器、OA 服务器、校车服务器、学籍管理服务器、学生成绩管理服务器、借阅图书服务器、一卡通服务器、期末考评服务器等各类服务器四十多台。

师机比略大于 1∶1，生机比 5∶1 左右。多媒体教室 204 间，专业计算机机房 8 间，远程教室 3 间，网上数字图书馆系统 1 套。

还有教室智能交互云班牌，创客实验室，3D 打印及扫描、激光切割雕刻一体机等设备，新能源探究室，生物创新探究室。智能录播室和云媒体资源平台，实现了录播系统画面在线实时直播、资源点播、课件自动上传、远程录播系统控制等功能。

我校图书馆 8 楼精品录播和智慧教研系统，采用苏格拉底评研系统，可以实现对智慧课堂相关数据的采集，并对智慧教学视频进行录制，进而对录制的课程进行切片分析，满足智慧教研需求，促进教师专业化成长。

3. 成绩取得

目前在"智慧化校园"的建设进程中，已经取得如下成绩：

广东省信息化中心学校

广州市中小学智慧校园首批实验研究项目学校

广州市智慧校园基地校建设中期检查优秀学校

白云区智慧校园基地校建设中期验收优秀学校

智慧课堂应用案例获广州市优秀案例

校本创客课程开发与应用研究课题获市教育局立项

智慧课堂环境下生本教学新模式研究课题获省重点课题立项

基于科学课程的小学 STEM 项目研制与教学实施课题获国家立项。

已实现两次远程教学示范的 STEM 示范课，网易新闻、广东网络广播电视台教育频道、广东省教育资源公共服务 3 大平台对活动进行了同步直播。累计点击观看人数超 57.4 万人次，实现了粤港澳浙四地 50 万人同上一堂课的智慧壮举。

（二）"智慧教育"支撑计划

1. 已经明确的建设项目

序号	类别	主要组件
1	校园安防系统	视频监控、入侵报警、出入控制、消防报警、紧急呼叫（求助）报警、紧急广播系统、综合管理平台等
2	无线 WI-FI 工程	教学区域、办公区域
3	录播教室	录播系统
		专递课堂（具有远程互动功能）
4	智慧教室	多媒体设备（一体机、电子白板、多媒体讲台等）
		电子班牌系统：智能班务牌管理系统、Web 服务器、数据库服务器、班级终端、班务牌终端 App 等
		智慧课堂系统（课堂云终端、智慧课堂软件、智慧课堂教师 PAD、学生 PAD、充电柜、交互智能平板等）
5	信息化特色场室	创客实验室、机器人活动室、3D 打印实验、智慧阅读、艺术创作等创新实验室等
6	校园"一卡通"系统	公共部分：一卡通管理平台、道闸门禁部分（图书馆）、校车考勤部分等
7	智慧图书馆	图书馆升级改造
		图书馆管理系统：自动化管理软件、馆员借还系统、图书防盗系统、激光扫描枪、电子借阅证、综合查询检索系统、条形码、图书编目等
		电子图书阅览系统：数字资源在线阅读软件、正版图书资源、服务器、电脑（windows 系统平板）等
8	校园电视台	校园电视台系统软件、高清摄像机、视频编辑软件、液晶显示器、教学视频资源管理平台、非线性编辑系统软件、钢质导播操作台、LED 三基色背景灯、LED 三基色面光/侧光灯、主持桌椅、导播桌等
9	泛在学习中心	基于多平台的支持离线学习、即时记录学习进度的学习系统

2. 项目的具体任务及实施

（1）智慧阅读工程

具体任务：

①开展全科阅读、师生共读和家长亲子阅读等活动。

②为学生阅读提供课程资源，依托市智慧阅读平台和学生的所在学段、心理特征、阅读能力推送个性化阅读资源，实现双"三十目标"（学生每天阅读 30 分钟，每天有 30％的学生完成阅读记录或开展阅读活动）。

③打造好读书节系列活动。

④申请加入市智慧阅读推荐校。每年增加纸质、电子图书采购。

负责部门：校教学委员会。

经费预算：智慧阅读相关设备、活动经费、学生奖品、图书采购、电子书籍采购等。

实施：

第一阶段：成立工作小组，召开教学委员会协调下的语文教研组、信息中心、图书馆、后勤相关部门协调会议，教研组制订工作计划。

第二阶段：引进设备，采购图书等。

第三阶段：实施阅读推荐、家庭阅读案例征集等活动。

第四阶段：考核评价、征文、颁奖典礼、经验总结。

（2）AI＋智慧教学工程

具体任务：

①按市人工智能课程装备配备指引引进相关设备，开设相关课程。

②开展人工智能教育课程实验，推动 5G、4K、物联网等新一代信息技术在智慧校园和信息化中心学校的深入应用，打造智能化校园。

③人工智能教育与 STEM、创客教育有机融合，为学生提供多元、协作的学习活动与体验。

④构建基于 VR 技术的沉浸式学习模式，实现知识的结构化、情境化、系统化。

负责部门：校教学委员会。

经费预算：设施设备费、专家指导、课程开发。

实施：

第一阶段：校教学委员会统一协调，整体调研，制订工作计划。

第二阶段：引进设备，设定课程，安排上课人员。

第三阶段：开设实验课程，跟进调研。完善课程、设备相关内容。

第四阶段：反馈总结，改进，形成可推广的模式。

第五阶段：全面实施，整体推进。

（3）智慧评价工程

具体任务：

①依托广东省中学生综合素质评价信息管理平台和学校自主开发的学生综合评价平台，采集学生数据，采取质性与量化相结合的评价方式，建立规

范的学生综合素质档案，客观记录学生成长过程中的突出表现，反映学生德智体美劳全面发展情况，为学生发展指导并提供依据。

②参与、探索初中学业水平考试英语口语及物理、化学等实验操作考试信息化辅助实验。

负责部门：校德育委员会。

经费预算：专家指导、校平台的进一步改进，与省中学生综合素质评价信息管理平台对接。

实施：

第一阶段：校德育委员会统一协调，整体调研，制订工作计划。

第二阶段：对已有评价平台进一步整合，将身体健康、行为记录、考试成绩、特长、社会实践、心理健康等纳入记录体系。

第三阶段：在充分调研的基础上，形成具有广外外校特色的学生行为评价方案和德育评价体系。

第四阶段：反馈总结，改进，形成可推广的模式。

第五阶段：全面实施，整体推进。

（4）协同创新工程

具体任务：

①建立校、区、市纵向联动，校各部门、相关企业横向协同的协同推进机制。

②争取加入广州教育学会智慧教育协同创新专委会，探索资源共享和服务供给新机制，优化资源配置，促使我校教育信息化服务能力的持续提升。

③配合市战略部署，推动教育领域国产软硬件的运用。创新服务组织形式和资源保障机制。到 2022 年，建立具有广外外校特色的智慧教育协同创新机制。

负责部门：校办、信息中心、后勤。

（三）"智慧教育学校"投入方案

2019 年，学校智慧校园建设预算资金总数为 600 万元。资金来源为学校自筹。

2020 年，监控 100 万，改造部分宿舍和食堂监控；计算机 120 万，机房＋教师机；8507 录播室改造 80 万；多媒体改造 53 间教室，217 万；网络 VPN 改造 25 万，上网行为与流控升级改造 35 万；网站等保 20 万；智慧阅读、智慧图书馆建设；黄华楼礼堂 LED 显示屏 120 万；虚拟现实 VR 实验室，学生智慧综合评价系统。

2021 年，监控 80 万，改造部分宿舍和教室监控；计算机 60 万，4302 录播室改造 40 万；多媒体改造 28 间艺术教室，112 万；防火墙升级改造 30 万；

智慧课堂基础改造 30 万；数字广播改造；数字沙画；初中智能班牌系统；智慧校园管理系统。

2022 年，监控 60 万，改造剩余部分监控，淘汰所有的模拟监控设备；计算机 80 万，升级机房＋教师机；多媒体改造 20 间实验室，80 万；小学智能班牌系统；物联网改造等。

此外，如果能入选市智慧校园支撑校，对于所需设备等建设，我校可以基本保证有充足的预算，具体数额需主管部门、专家、各负责部门统筹策划后计算。

二、从教育创新到人才创新

（一）未来以人工智能辅助教育教学的深度改革

未来几年，我校将根据规划，开展 AI＋智慧教学工程、智慧评价工程、协同创新工程等项目的一系列探索实践，以人工智能辅助教育教学活动中的深度应用，推动课堂革命，提高教学效率，实现校园管理和教育治理智能化。

此次我校积极申报中央电化教育馆人工智能教育实验校，并正在采购相应的硬件及配套软件。

1. 当前所具备的硬件环境支撑

类别	名称	功能和要求	单位	数量
教学区通用装备	基础装修	1. 我校目前有两间 85 m² 支持教学活动的实验室； 2. 配备定制化造型台、物品存储和展示柜、电子白板、学生桌椅等教学设施	间	2
	无线网络设备	1. 我校目前有支持教学活动的无线网络，同时支持 100 路终端接入，可完成移动设备屏幕无线投射至大屏幕； 2. 网络标准：IEEE 802.11a、IEEE 802.11b、IEEE 802.11g、IEEE 802.11n、IEEE 802.11ac wave2； 3. 最高传输速率：3Gbps（1733Mbps＋867Mbps＋400Mbps）； 4. 频率范围：三频（2.4GHz、5GHz、5GHz）	台	2
	智能中控系统	目前我校所有教室都装有 idste（艾迪思特）中控；支持投影机、新风、背景音乐、视频源、灯光、实物投影等 AIOT 网关集中控制	套	2

类别	名称	功能和要求	单位	数量
人工智能专用教学装备	教学机器人	目前正在准备采购优必选 Alpha 2 智能机器人 1. 智能语音系统，可实现语音聊天、同声传译、语音搜索、语音复述、语音指令等功能 2. 内置超声、触摸、加速度传感器 3. 其他特点： 材料：铝合金结构，ABS 外壳 自由度：16 个自由度（腿 5＊2，手 3＊2） 处理器：STM32－F103RDT6 内部储存：标配 128 M，最大可支持 32 G 控制方式：双模蓝牙 Bluetooth3.0/4.0 BLE＋EDR 软件编程：3D 可视化基础上实现仿真模拟	台	26
	教学平板（教师端）	目前我校有安卓平板 50 台，型号为联想 TB－8703R	台	2
	教学平板（学生端）		台	30
	人工智能开源硬件（基础版）	目前正在准备采购 50 套人工智能开源硬件	套	50
	人工智能开源硬件（进阶版）	目前正在准备采购 50 套人工智能开源硬件	套	50
	超算服务终端	目前两间实验室都配有一台服务器，型号为联想 ThinkServer TS250	台	2

2. 目前所具备的软件环境

类别	名称	功能和要求
人工智能专用教学装备软件	教学机器人软件	目前正在采购的优必选 Alpha 2 智能机器人有相配套的软件，可以提供如下功能： 1. 提供丰富的机器人表情界面，分别对应不同的机器人状态。 2. 支持通过 Wi-Fi 与平板教学软件进行连接，支持师生的自由切换。 3. 支持接收已关联的平板教学软件上传的编程文件，并能依据编程结果立即执行对应功能：计算机视觉（包括人脸识别、文字识别、物体识别、场景识别等）、智能语音（语音合成、语音识别、声纹识别等）等人工智能
	教学平板（教师端）软件	目前正在采购教师端的人工智能专用相配套的教学软件，可以提供如下功能： 1. 支持教师授课场景，课件可直接调用和播放。 2. 人工智能自由编程系统：提供图形化编程与 Python 编程工具。 3. 编程交互使用：可通过编程调用包括摄像头、麦克风、扬声器、显示屏等器件，从而可实现计算机视觉（包括人脸识别、文字识别、物体识别、场景识别等）、智能语音（语音合成、语音识别、声纹识别等）等人工智能
	教学平板（学生端）软件	目前正在采购学生端的人工智能专用相配套的教学软件，可以提供如下功能： 1. 以学生为主，并提供学生创作成果查看管理系统。 2. 人工智能自由编程系统：提供图形化编程及 Python 编程工具。 3. 编程交互使用：可通过编程调用包括摄像头、麦克风、扬声器、显示屏等器件，从而可实现计算机视觉（包括人脸识别、文字识别、物体识别、场景识别等）、智能语音（语音合成、语音识别、声纹识别等）等人工智能
	人工智能开源硬件配套软件	目前正在采购的人工智能开源硬件有相配套的软件，可以提供如下功能： 1. 机器人软件可响应教学平板的 AI 能力编程调用，进而与用户交互。 2. 可展现人工智能特性，包括语音唤醒、语音合成、语音评测、声纹识别、语音转写、文字识别、人脸识别、场景识别、物体识别和机器人翻译等

续　表

类别	名称	功能和要求
人工智能专用教学装备软件	超算服务终端软件	目前正在采购相应的软件。 1. 师生进行简单人工智能算法模型训练的系统，支持学生体验数据集的收集、自定义标注、自定义分类、模型训练、模型测试等人工智能模型训练步骤。 2. 图像分类训练：通过对图片数据集进行分类训练来训练不同的分类模型。 3. 声音分类训练：通过对声音/声纹数据集进行分类训练来训练不同的分类模型。 4. 个性化发音训练：对个体声纹数据集进行特征提取训练，可按照该声纹特征进行语音合成播报。 5. 文本分类训练：支持用户自定义文本分类模型中的分类项，输入所需文本数据并进行训练与验证

3. 人工智能课程开设计划

（1）授课计划

我校预计从 2020 年 10 月到 2021 年 1 月开始授课，每周 1 课时，共 14 个课时，时间安排在每周一及周三下午 18：20 到 19 点。

（2）授课时间安排表

日期	周次	上课时间
9 月 27 日—10 月 3 日	1	周一、周三下午 18：20—19：00
10 月 4 日—10 月 10 日	2	周一、周三下午 18：20—19：00
10 月 11 日—10 月 17 日	3	周一、周三下午 18：20—19：00
10 月 18 日—10 月 24 日	4	周一、周三下午 18：20—19：00
10 月 25 日—10 月 31 日	5	周一、周三下午 18：20—19：00
11 月 1 日—11 月 7 日	6	周一、周三下午 18：20—19：00
11 月 8 日—11 月 14 日	7	周一、周三下午 18：20—19：00
11 月 15 日—11 月 21 日	8	周一、周三下午 18：20—19：00

续 表

日期	周次	上课时间
11 月 22 日—11 月 28 日	9	周一、周三下午 18：20—19：00
11 月 29 日—12 月 5 日	10	周一、周三下午 18：20—19：00
12 月 6 日—12 月 12 日	11	周一、周三下午 18：20—19：00
12 月 13 日—12 月 19 日	12	周一、周三下午 18：20—19：00
12 月 20 日—12 月 26 日	13	周一、周三下午 18：20—19：00
12 月 27 日—1 月 2 日	14	周一、周三下午 18：20—19：00

（3）授课对象

我校以"课题"为抓手，以"课堂"为主阵地，用"课型"推动人工智能"课程"建设，以人工智能为辅助手段，推进我校课改向纵深方向发展，努力成为"人工智能实验学校"的全国样板单位。目前我们采用的是分年级、分项目、分层级开课，已开设的各种科技类相关的课程有：

课程名称	对象	学生人数	上课时间段
机器人	三—六年级	20	周二 18：20—19：00
STEM 科技制作班	三—六年级	30	周二 18：20—19：00
Scratch 创意编程	三—六年级	30	周四 18：20—19：00
创客小制作	三—六年级	30	周一 18：20—19：00
Steam 机器人	二—六年级	30	周一 18：20—19：00

预计将要开设的人工智能课程在四—六年级中开展教学。四—六年级的学生已经有一定的信息技术基础，并且大部分学生都有简单的编程基础，所以在人工智能学习上将会更得心应手。课程安排如下：

课程名称	对象	学生人数	上课时间段
人工智能（1）班	四—六年级	40	周一 18：20—19：00
人工智能（2）班	四—六年级	40	周三 18：20—19：00

（二）基于"人才创新"的智慧课程构建

哈佛大学认为，学生是为增长智慧走进学校来的，是为服务社会走出学校去的。教知识和内容不是教育的目的，增长智慧才是教育的目的。我们的教育要向国际教育学习的是增长学生的智慧，我们要培养的是面向21世纪需要的创新型人才。

1. 设计思维——以系统方法解决问题为轴线

培养创新一代，我们需要设计思维。设计思维不是一门课程，而是一个解决问题的过程，是一种激发创造力的策略。根据智慧校园创新型人才培养计划，我校借鉴美国STEM课程理念，结合本土实际，设计了人工智能课程、创客、STEAM等系列课程。这些课程的核心是以系统的方法来解决问题，特别强调问题解决者在选择或者执行解决方案前，要尽可能运用"创新思考"提出各种可能方法，进行发散性思考，再汇聚思考，找到解决问题的有效途径。

2. 设计理念——教育第一，技术第二

我校的智慧课程包括机器人、编程、人工智能等系列课程。智慧系列课程相对于传统教学科目有更多的理工专业技术知识，包括传感器的运用、电子电路、机械结构和原理、编程、设计思维、工程等，这些知识往往是学生智造所需的"手脚"。然而，无论哪门课程，首要目的是培养人，培养人的自信心、责任心、抗挫折等终身受用的品质。智慧课程的目的在于培养创新型人才，而不是低龄技术搬运工。所以，在课程的设计和执行过程中，我们始终秉持"教育第一，技术第二"的理念。

3. 课程依据——《义务教育小学科学课程标准》与《美国新一代科学标准》

课程设计以我国《义务教育小学科学课程标准》为依据，参考美国NGSS《美国新一代科学标准》，在满足国家科学教学要求的前提下，利用STEAM课程，在科学和工程实践、跨领域概念和创新设计三个维度，有目标地拓展学生的学习内容并培养其相应的学习能力。如以下课程目标根据《义务教育小学科学课程标准》整理：

目标领域		1—2年级	3—4年级	5—6年级
科学知识学段目标	物质科学	观察、描述常见物体的基本特征；辨别生活中常见的材料；知道常见的力	描述物体的特征和材料的性能；描述物体的运动，认识力的作用；了解不同形式的能量	初步了解常见物质的变化；知道不同能量之间的转换
	技术与工程	认识身边的人工世界；了解常见的工具，知道简单工具的功能和使用方法；利用身边可制作加工的材料和简单工具动手完成简单的任务	知道人工世界是设计和制造出来的；意识到使用工具可以更加精确、便利、快捷；知道设计包括一系列步骤，完成一项工程设计需要分工与合作，需要考虑很多因素，任何设计都有一定的条件制约	了解技术是人们改造周围环境的方法，是人类能力的延伸，工程是依据科学原理设计和制造物品、解决技术应用的难题、创造丰富多彩的人工世界的一系列活动；了解科学技术是推动着人类社会的发展和文明进程的
科学探究学段目标	提出问题	在教师的指导下，能从具体现象与对事物的观察、比较中提出感兴趣的问题	在教师的引导下，能从具体现象与对事物的观察、比较中，提出可探究的科学问题	能基于所学的知识，从事物的结构、功能、变化及相互关系等角度提出可探究的科学问题
	做出假设	在教师的指导下，能依据已有的经验，对问题做出简单猜想	在教师的引导下，能基于已有经验和所学知识，从现象和事件发生的条件、过程、原因等方面提出假设	能基于所学的知识，从事物的结构、功能、变化及相互关系等角度提出有针对性的假设，并能说明假设的依据
	制订计划	在教师的指导下，了解科学探究，制订计划	在教师的引导下，能基于所学知识，制订简单的探究计划	能基于所学的知识，制订比较完整的探究计划，初步具备实验设计的能力和控制变量的意识，并能设计单一变量的实验方案

目标领域		1—2 年级	3—4 年级	5—6 年级
科学探究学段目标	搜集证据	在教师的指导下，能利用多种感官或者简单的工具，观察对象的外部形态特征及现象	在教师的引导下，能运用感官选择恰当的工具、仪器，观察并描述对象的外部形态特征及现象	能基于所学的知识，通过观察、实验、查阅资料、调查、案例分析等方式获取事物的信息
	处理信息	在教师的指导下，能用语言初步描述信息	在教师的引导下，能用比较科学的词汇、图示符号、统计图表等方式记录和整理信息，陈述证据和结果	能基于所学的知识，用科学的语言、概念图、统计图表等方式记录和整理信息，表述探究结果
	得出结论	在教师的指导下，有运用观察与描述、比较与分类等方法得出结论的意识	在教师的引导下，能依据证据运用分析、比较、推理、概括等方法，分析结果，得出结论	能基于所学的知识，运用分析、比较、推理、概括等方法得出科学探究的结论，判断结论与假设是否一致
	表达交流	在教师的指导下，能简要讲述探究过程与结论，并与同学讨论、交流	在教师的引导下，能正确讲述自己的探究过程与结论，能倾听别人的意见，并与之交流	能基于所学的知识，采用不同的表述方式，如科学小论文、调查报告等方式，呈现探究的过程与结论（能基于证据质疑并评价别人的探究报告）
	反思评价	在教师的指导下，具有对探究过程、方法和结果进行反思、评价与改进的意识	在教师的引导下，能对自己的探究过程、方法和结果进行反思，做出自我评价与调整	能对探究活动进行过程性反思，及时调整，并对探究活动进行总结和评价，完善探究报告

目标领域		1—2年级	3—4年级	5—6年级
科学态度学段目标	探究兴趣	能在好奇心的驱使下，对常见的动植物和物质的外在特征、生活中的科学现象、自然现象表现出探究兴趣	能在好奇心的驱使下，表现出对现象和事件发生的条件、过程、原因等方面的探究兴趣	表现出对事物的结构、功能、变化及相互关系进行科学探究的兴趣
	实事求是	能如实讲述事实，当发现事实与自己原有的想法不同时，能尊重事实，养成用事实说话的意识	在科学探究中能以事实为依据，不从众，不轻易相信权威与书本；面对有说服力的证据，能调整自己的观点	在尊重证据的前提下，坚持正确的观点；当多人观察、实验结果出现不一致时，不急于下结论，而是分析原因，再次观察、实验，以事实为依据做出判断
	追求创新	在教师的指导下，能围绕一个主题做出猜测，尝试多角度、多方式认识事物	乐于尝试运用多种材料、多种思路、多样方法完成科学探究，体会创新的乐趣	能大胆质疑，从不同视角提出研究思路；采用新的方法，利用新的材料，完成探究、设计与制作，培养创新精神
	合作分享	愿意倾听、分享他人的信息；乐于表达、讲述自己的观点；能按要求进行合作探究学习	能接纳他人的观点，完善自己的探究；能分工协作，进行多人合作的探究学习；乐于为完成探究活动分享彼此的想法，贡献自己的力量	能接受别人的批评意见，反思、调整自己的探究；在进行多人合作时，愿意沟通、交流，综合考虑小组各成员的意见，形成集体的观点

1. 科学和工程的实践	3. 创新设计
（1）（对于科学）提出问题、（对于工程）确定问题	物质科学
	（1）物质及其相互作用
（2）建立和使用模型	（2）运动与稳定性、力与相互作用
（3）设计和实施研究	（3）能量
（4）分析和解释数据	（4）波及其在技术领域的应用——信息传递
（5）使用数学与计算的思维方法	
（6）（对于科学）创立解释、（对于工程）设计解决方案	生命科学
	（1）从分子到生命体：结构与进程
（7）基于证据的辩论	（2）生态系统：相互作用、能量和动力学
（8）获取、评价和交流信息	（3）遗传：遗传与特性的变异
2. 跨领域概念	（4）生物演化：统一性与多样性
（1）模式	地球与空间科学
（2）原因与结果；机制与解释	（1）地球在宇宙中的位置
（3）尺度、比例和数量	（2）地球的系统
（4）系统与系统模型	（3）地球与人类活动
（5）能量与物质；流动、循环和守恒	工程、技术和科学应用
（6）结构与功能	（1）工程设计
（7）稳定性与变化	（2）工程、技术、科学和社会的联系

（注：以上摘自 NGSS）

4. 课程目标——21 世纪核心素养 5C

根据北京师范大学中国教育创新研究院对外发布的《21 世纪核心素养 5C模型研究报告（中文版）》研究成果，基于我国社会、经济、科技、教育发展需求而提出：文化理解与传承（Culture Competency）、审辩思维（Critical Thinking）、创新（Creativity）、沟通（Communication）、合作（Collaboration）。

5. 教学方法——Project-Based Learning（基于项目的学习）

PBL 是一种以学生为中心的教学方法。学生在动手做项目的过程中，通过积极探索现实世界中的挑战和问题来获取更深的知识。学生可以通过长时间工作来研究和回答复杂的问题，从而了解某个主题。

案例一 智慧课程教学案例：设计一款无接触消毒装置，避免交叉感染

适合学生群体（小学三、四年级）

广州市广外附设外语学校 智慧河课程中心提供

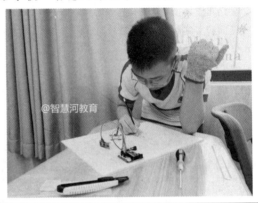

节数	课程安排	要解决的问题	重难点	教学目标
1～2 周	STEM 课程介绍（工程设计、跨学科整合）	设计一个解决实际问题的产品与手工活动有什么区别？	我们会在课堂上运用哪些学科的知识和工具？	学习工程设计的流程，以便开展接下来的项目
3～6 周	技能准备	初步接触课程项目中涉及的基本技能：机械、电子、编程，沟通、团队合作，数学、绘制设计草图	根据学生能力水平设计相应的教学活动	机械、电子、编程，沟通、团队合作，数学、绘制设计草图的相关技能
7～8 周	确定问题和项目标准	1. 学生在项目开始之前可能不太明白活动的目的； 2. 学生在活动开始之前不清楚设计的标准，找不到明确的方向	引导学生明确项目产品的目的及限定条件	1. 了解项目产品的功能和作用； 2. 体会通过工程设计确定问题的过程； 3. 了解限定条件

节数	课程安排	要解决的问题	重难点	教学目标
9～10周	调查研究	1. 学生不知道如何开展调查？通过什么方式调查？ 2. 学生不清楚调查的目的和调查需要记录哪些信息	1. 查阅资料的方法； 2. 了解人们各方面的需求，如安全性、舒适度、简便性等； 3. 应考虑的因素	了解即将运用的工具和材料
11～12周	设计可能解决的方案	学生不知道如何根据调查的结果以及通过文献资料的研究获得的数据来确定设计	1. 画出设计草图； 2. 选择材料，包括所用的电子元件	解决问题的方法
13周	选择一种方案	如何从几种方案中选出最佳方案？	对于方案的评估具体如何操作？	1. 如何评估设计方案？ 2. 团队交流，分享方案
14～15周	方案展示活动	如何最好呈现自己的工程设计成果？	1. 小组讨论设计中存在的问题，并且讨论如何解决可能出现的问题； 2. 教师指导应包含哪些表达成果？	1. 展示自己设计的成果； 2. 团队合作与语言表达的能力

案例二 ▶ **STEM 项目设计：设计、制作科普（垃圾分类）飞行棋**

（适用年级：小学四、五年级）

广州市广外附设外语学校 STEM 组　叶和丽　檀廷国　谭可峰　马睿

一、问题的提出

2011 年 4 月 7 日，《广州市城市生活垃圾分类管理暂行规定》（以下简称《规定》）正式施行。依照《规定》，广州的生活垃圾分为可回收物、餐厨垃圾、有害垃圾和其他垃圾四类，垃圾分类将贯串垃圾产生、投放、收运和处理的全过程。

八年过去了，推行情况并不理想。原因是多方面的，其中和广大城市居民垃圾分类知识缺乏、垃圾分类意识不足有很大关系。

在一次班会课上，孩子们接触到了"垃圾分类"的话题，受到触动，产生了进一步学习的愿望。

在孩子们学习了"垃圾分类"的相关知识，了解了"垃圾分类"的现状后，突发奇想：能不能借助一种广泛流行而又深受欢迎的游戏形式来推广"垃圾分类"知识，促进"垃圾分类"意识的提高？于是，孩子们想到了利用他们小时候都和家长们玩过的飞行棋。他们的理由有三：1. 小孩、大人都会玩；2. 小孩、大人都喜欢玩（大人已经很少玩棋类游戏了，但是他们会陪孩子玩飞行棋）；3. 飞行棋分四种颜色，垃圾也分四类。

受此启发，我们设计的问题是：请同学们每4人为一组，代表公司的不同研发团队，设计、制作以科普教育为目的的创意飞行棋产品。产品的规格与使用场景不限，但必须紧扣"垃圾分类"的主题。

第一批飞行棋的科普主题为"垃圾分类"，以后，可开发其他科普主题的创意飞行棋产品。

二、评价标准

技术要求：

1. 设计合理，集科普与娱乐功能为一体。

2. 材料安全，符合相关的儿童玩具行业标准。

3. 牢固耐用，可正常使用至少6个月。

商务要求：

1. 外形美观，符合目标销售地6—12岁儿童的审美情趣。

2. 独创新颖，与现有产品具有明显的区分度，不涉及知识产权纠纷。

3. 价格合理，在保证材料牢度的基础上，注意成本控制。

三、限制条件

1. 4人为一组，通过团队合作，在3周50个小时内完成项目。

2. 各个组代表不同的研发团队，不得抄袭其他团队的作品（窃取商业秘密）。

3. 提交成品与详细的工程记录（包括图纸、图表、日志等）。

四、学科联系

【数学】针对研发人员：测量、面积（体积）计算、排列组合规律、成本核算等。针对目标使用者：20 以内计数、10 以内加减法、基本形状认知等。

【科学】材料的属性、测试与用途；电路原理；垃圾分类的基本概念与基础知识。

【技术】建造技术：电子电路、编程搭建。探究技术：网络搜索、数码相机使用。沟通技术：网络视频会议、电子邮件使用。表达技术：视频制作、PPT 制作等。

【艺术】儿童创意绘画、工业设计—产品设计。

五、材料清单

45 cm×45 cm 绘画纸、铅笔、橡皮、水彩笔、直尺、模板尺、曲线尺、儿童剪刀、胶水等。

注：学生可自备材料，但必须注明材料的来源与价格，计算产品的成本。

六、课时安排

第一课时：相关科学概念的构建

1. 什么是"垃圾分类"？

2. 为什么要"垃圾分类"？

3. 如何"垃圾分类"？

第二课时：调查研究垃圾分类的现状

1. 实地调查：自己家庭垃圾分类的现状。

2. 实地考察：自己所在社区垃圾分类的现状。

3. 访谈或问卷调查：其他人流聚集的地方垃圾分类的现状。

第三课时：实施"垃圾分类"现状的调查研究

1. 教师事前检查调查研究的准备情况。

2. 提醒学生注意调查研究时的安全。

3. 学生开展实地调查研究，收集原始数据。

4. 进行学校调查研究。

5. 进行家庭、社会调查研究。

6. 分析数据，得出结论。

7. 撰写调查报告。

第四课时：问题聚焦与设计标准制定

1. 垃圾分类，我们能做点什么？能否把"垃圾分类"的宣传与平时喜爱玩的游戏结合起来？

比如，飞行棋。

2. 进一步研究飞行棋的特点，寻找融合点，论证可行性。

3. 根据飞行棋的棋盘规律和着棋规则设计原型。

4. 初步完成原型制作。

第五课时：改进原型

给飞行棋加装蜂鸣器和 LED 灯带：在传统飞行棋的基础上研发出能发声和发光的飞行棋。

第六课时：测试改进，完善原型

1. 每组测试原型，做好工程笔记，注重每次测试的偏差或测试失败的理由，思考改进方案。

2. 每组改进原型，整理工程笔记。

第七课时：沟通反思

1. 教师邀请外部专家、目标消费者与使用者到现场。

2. 学生分组陈述产品的设计思路，展示产品，反思学习得失。

后　记

教育园地　万物生长

叶和丽

20 年前，机缘巧合，我来到了南方这所毗邻白云山、端坐机场高速入口处的学校。记得在开学的第一次教职工大会上，我随手翻阅了会前放在桌上的那份双版八开的报纸，上面除了学校新闻之类，让我记住的便是有一个版面连载的关于心理健康的知识讲座，作者的署名是"文言"。在带着对新单位的忐忑适应中，我的心里突然有了如触电般的共鸣：作为一所学校，不仅找回了"人"的存在，已经在研究"人的内心和精神"的健康存在，这可真是具有一双了不起的有洞穿力的"教育者之眼"啊！读完心理健康知识讲座的内容，当时的直觉是聘请了外界专家开辟了这个专栏，对于一张小小的校报能请来外界专业大咖开辟专栏，我不得不对这份校报还有这个新单位刮目相看了。

很快得知，这位"文言"老兄就是这所学校的一位语文教师，真名"扈永进"是也。因为后来我不断被校报约稿，不仅相识"文言"，更结识了"文言"身边的"子虚""子曰""墨庸""老土""清风徐来"等文人墨客，而后再结缘"墨矿""艺溶""视角""零度刻线""亮亮独"等一帮活跃在学校亚组织的"民间团体"。聚是一团火，散是满天星，这些人日常教学时是分别散落在政治、语文、数学、英语、化学、美术、音乐、体育等各学科的骨干，课堂之外他们喜欢捣鼓一些"课堂之上"的文化项目。如今这批人和著作本身已让学校"扬名立万"了。

比如，世界文化巡礼系列活动，作为承载我校"为学生的终身发展负责，培养走向世界的现代人"办学理念的文化平台，已经成为我校具有标志性的传统文化活动，如今已经走过二十七站，"巡礼"了二十五个国家和"诺贝尔奖""心理学发展"两个专题。作为一所以"培养走向世界的现代人"为宗旨的学校，培养学生与国际社会和现代文明接轨，全方位地审视人类文明的成果，深入思考如何使自己的成长与人类的发展同步，可以说是每一个外校人的终极目标。

比如，学校电视台唯一在全国连续 15 年荣获由中央电教馆、中国教育电视协会主办的全国校园影视节金奖、组委会大奖，我校也是蝉联届数最多、奖项最高、数量最大的学校，成为全国中小学校园影视的一面旗帜。我校电视台张洪亮老师作为全国教育电视协会特聘专家，为全国近万名教师做专业培训。

再比如，一年一度，广外外校连续拍摄十三部教职工贺岁片，成为老师、家长、校友、学生的一道年度文化大餐，通过影像打造校园文化，传播办学理念。如今，广外外校的"春晚""贺岁片"通过腾讯、网易等知名媒介，影响辐射到全国的其他校园，在成为外校人的精神大餐的同时，更成为广外外校特有的文化传播形象。

还有一年一度的中秋灯会、六一广府文化庙会、游园节、社团活动日等传统项目，虽然一直被模仿，但是从未被超越。

……

感谢当年的相遇，一批批来自全国各地的优秀教师，带着对教育理想信念的追求，带着各地优良的思想文化，相聚在这片教育的生态园里，他们以思想作为犁铧，在名为"广外外校"的这片厚土上，深犁翻耕，剔除石子，捡出蚜虫，敲碎板结的土坷垃，将"心和种子一起埋进地里"。

感谢这次为本书提供想法、素材、案例的专家、老师们：冯国文、扈永进、姚小平、刘文娟、肖晓敏、周英、檀廷国、陈其升、李春魁、袁艳萍、杨文霞、海晏、付丽丽、张牡玉、徐培敏、曾秋莲、张霞、谭可峰、王琳、刘金玲……一个个名字、一份份答卷交出的是 20 年在外校走过的成长与收获。还有更多优秀的案例，但因为这次篇幅所限，未能选入本书，"遗珠之憾"难免。

感谢无数个在外校经年累月默默耕耘的所有教职员工、支持外校发展的社会人士和家长朋友们，他们有个共同的名字叫"外校人"。感谢那些曾经把青春留给外校而今离开外校仍然奋战在各个教育岗位上的永远的"外校人"：徐华宁、文红梅、詹志梅、严姗红……"一天外校人，一世外校情"，这是大家一起在激情燃烧的岁月里携手并肩战斗中结下的"革命情缘"。感谢广外教育集团课程总监沈璐主任多年来以"课题驱动"方式，带领 STEM 课题组从学校的"种子课程"走向全国 STEM 课程的"种子学校"。

感谢在外校每一个努力"成长·成人·成才"的孩子，他们从这里起步走向世界，成为社会各行各业建设的中坚力量，成为名副其实的"走向世界的现代人"。

感谢万清华总校长，多次鼓励我要把学校成功的办学经验沉淀、沉潜下来，变成系统工程，希望能够发挥辐射效应，影响更多的学校，福泽更多的学子。正因为有这样的提点和支持，才有了这本书。

因为时间仓促，本人水平有限，难免有疏漏之处，敬请各位读者批评指正！同时，关于此书中的很多办学思想和观点来自学校早期的文献资料，比如《广外外校教育发展模式》以及后来学校的两个《五年发展规划》等文献（属于团队共同研发，不同时期由不同人执笔），在书中没有——注明，在此一并感谢！

而今，当你沿着白云机场高速转向华南快速的交汇处盘旋而下的时候，一片红褐色建筑群映入眼帘，特别是悬挂在教学楼顶"培养走向世界的现代人"十个大字，不仅成为行驶方向的特别标识，更成为每一位家长对孩子未来的目标期许。广外外校学位一位难求的场景依然在每年同时段上演，也成为不断鞭策我们每个"广外人"向着更高品质发展的不竭动力。

犹记得学校创办者在讲述当年确定学校目标的情景：一群开拓者设计学校总体规划至深夜，为了使头脑清醒，几个"亚组织"成员登上楼顶，此时一轮明月已经偏西，在朗朗明月的照耀下，在徐徐清风的吹拂下，一架刚刚从白云机场起飞的空客380正昂首冲向云霄，飞向远方。蓦然，"培养走向世界的现代人"一行字划破思想的航道深入脑海，继而成为今天一直悬挂在楼顶的办学方向。二十多年来，"广外人"始终是以这样的视角仰望着我们的目标，脚踏实地地践行着这样的办学理念。

2018年，"广外人"再次以这样的视角许下"办卓越百年名校、幸福人文外校"的宏愿。此书唯愿作为"百年名校"在百年航程中的一个阶段印记予以留存，更作为下一个阶段的进军号角予以铭记。

回眸来时路，初心未改；瞻望未来园，万物生长！

以上是为后记！

2020 年 10 月 16 日

主要参考书目

1. 叶澜. "新基础教育" 论：关于当代中国学校变革的探究与认识 [M]. 北京：教育科学出版社，2006.

2. 郭思乐. 教育走向生本 [M]. 北京：人民教育出版社，2012.

3.（日本）佐藤学. 静悄悄的革命 [M]. 李季湄，译. 长春：长春出版社，2003.

4. 查有梁. 课堂模式论 [M]. 桂林：广西师范大学出版社，2001.

5. 查有梁. 教育建模（修订版）[M]. 南宁：广西教育出版社，2003.

6. 金美福. 教师自主发展论：教学研同期互动的教职生涯研究 [M]. 北京：教育科学出版社，2005.

7. 陈如平，刘宪华. 学校课程新样态 [M]. 北京：开明出版社，2016.

8. 钟启泉，课程的逻辑 [M]. 上海：华东师范大学出版社，2019.

9. 广州市广外附设外语学校. 活动育人 [M]. 太原：山西人民出版社，2016.

10. 广州市广外附设外语学校. 生本与生成 [M]. 重庆：西南师范大学出版社，2013.

11. 广州市广外附设外语学校. 人本与生本 [M]. 重庆：西南师范大学出版社，2013.

12. 广州市广外附设外语学校. 精细化管理 [M]. 太原：山西人民出版社，2016.

13.（日本）佐藤学. 教师的挑战：宁静的课堂革命 [M]. 钟启泉，陈静静，译. 上海：华东师范大学出版社，2012.

14. 刘良华. 新父母学校 [M]. 北京：北京师范大学出版社，2009.

15. 张文质. 父母改变 孩子改变 [M]. 北京：北京师范大学出版社，2009.

16. 联合国教科文组织，国际教育发展委员会. 学会生存：教育世界的今天和明天 [M]. 华东师范大学比较教育研究所，译. 北京：教育科学出版社，2005.

17. 康丽颖. 家校共育：相同的责任与一致的行动 [J]. 中国教育学刊，

2019（11）.

18. 王佳佳，喻宇轩. 家长委员会的立场迷失与回归［J］. 当代教育科学，2019（6）.

19. 吴遵民."五育"并举背景下劳动教育新视野：基于"三教融合"的视角［J］. 现代远距离教育，2020（2）.

20. 钟启泉. 课程改革：挑战与反思［J］. 广西教育，2006.

21. 肖川. 课程改革的意义［J］. 基础教育参考，2003（10）.

22. 联合国教科文组织. 教育：财富蕴藏其中［M］. 北京：教育科学出版社，2001.

23. 马克思. 1844年经济学哲学手稿［M］. 中共中央马克思恩格斯列宁斯大林著作编译局，译. 北京：人民出版社，2002.

24. 叶澜. 俯仰间会悟：叶澜随笔读思录［M］. 庞庆举，选编. 北京：中国人民大学出版社，2019.

25. 陈立永. 学校家长委员会建设范式的转型［J］. 教育科学研究，2011（7）.